O CORAÇÃO PENSANTE

Blucher

O CORAÇÃO PENSANTE

*Três níveis de terapia psicanalítica
com crianças e adolescentes*

Anne Alvarez

Tradução
Tania Mara Zalcberg

Revisão técnica
Liana Pinto Chaves

Título original: *The Thinking Heart: Three Levels of Psychoanalytic Therapy with Disturbed Children*
O coração pensante: três níveis de terapia psicanalítica com crianças e adolescentes
© 2012 Anne Alvarez
© 2021 Editora Edgard Blücher Ltda.

Publisher Edgard Blücher
Editor Eduardo Blücher
Coordenação editorial Bonie Santos
Produção editorial Isabel Silva, Luana Negraes, Milena Varallo
Preparação de texto Cátia de Almeida
Diagramação Negrito Produção Editorial
Revisão de texto Karen Daikuzono
Capa Leandro Cunha
Imagem da capa iStockphoto

Blucher

Rua Pedroso Alvarenga, 1245, 4º andar
04531-934 – São Paulo – SP – Brasil
Tel.: 55 11 3078-5366
contato@blucher.com.br
www.blucher.com.br

Segundo o Novo Acordo Ortográfico, conforme 5. ed. do *Vocabulário Ortográfico da Língua Portuguesa*, Academia Brasileira de Letras, março de 2009.

É proibida a reprodução total ou parcial por quaisquer meios sem autorização escrita da editora.

Todos os direitos reservados pela Editora Edgard Blücher Ltda.

Dados Internacionais de Catalogação na Publicação (CIP)
Angélica Ilacqua CRB-8/7057

Alvarez, Anne
  O coração pensante: três níveis de terapia psicanalítica com crianças e adolescentes / Anne Alvarez; tradução de Tania Mara Zalcberg; revisão técnica de Liana Pinto Chaves. – São Paulo: Blucher, 2021.
  392 p.

  Bibliografia
  ISBN 978-65-5506-060-7 (impresso)
  ISBN 978-65-5506-059-1 (eletrônico)

  1. Psicanálise infantil I. Título. II. Zalcberg, Tania Mara. III. Chaves, Liana Pinto.

20-0266   CDD 150.195

Índices para catálogo sistemático:
1. Psicanálise

Conteúdo

Prefácio 7

Introdução 11

1. Níveis de trabalho terapêutico e níveis de patologia: o trabalho de calibragem 23

Parte I. Condições de nível explicativo

2. Condições emocionais para o desenvolvimento do pensar em dois trilhos [*two-tracked thinking*]: a sensação de ser agente e a sensação de abundância 59

3. Obstruções e desenvolvimento para pensar em sequência: ligações entre fantasia, pensar e caminhar 83

4. Fazendo ligações e fazendo tempo: passos para descompressão de pensamentos e criação de vínculos entre pensamentos 105

Parte II. Condições de nível descritivo

5. O papel igual da satisfação e da frustração no desenvolvimento do senso de realidade ... 125

6. Imperativos morais e correções no trabalho com crianças atormentadas e desesperadas: desejos ou necessidades? ... 145

7. Malignidade sem motivo: problemas da psicoterapia de pacientes com características psicopáticas ... 167

8. Questões de narcisismo, autoestima e relação com o objeto obtuso: desvalorizado ou não valorizado? ... 189

9. Tipos de transferência e contratransferência sexual no trabalho com crianças e adolescentes ... 215

10. Subintegrações e integrações no nível esquizoparanoide ... 241

Parte III. Nível de vitalização intensificado

11. Brincar e imaginação: quando o brincar patológico pode exigir uma resposta mais intensa do terapeuta ... 269

12. Descobrir o comprimento de onda: instrumentos na comunicação de crianças com autismo ... 299

13. Outras reflexões: contratransferência, posições paranoide e esquizoide e especulações sobre paralelos com a neurociência ... 319

Referências ... 343

Apêndice ... 379

Índice ... 383

Prefácio

Muito aguardado por profissionais e interessados no alcance da psicanálise a partir da prática clínica com crianças, *Coração pensante* de Anne Alvarez com certeza tocará todos nesta bem cuidada edição em português. Em muito boa hora, contemplará a expectativa daqueles que, após conhecer Anne pela mente receptiva e transformadora da analista em *Companhia viva*, a reencontram agora em sua continuidade de percurso. Novamente, com boas lembranças, ou mesmo como leitores estreantes, nos deixaremos fisgar pela linguagem convidativa, refinadamente elaborada, consistente conceitualmente e, ao mesmo tempo, emanando o frescor e a intimidade emocional de cada novo movimento de encontro analítico.

Este segundo livro aprofunda temas e ajusta nuances interessantes, prosseguindo o diálogo com tramas clínicas anunciadas no livro anterior, mas trazendo ampliações em refinamento clínico ao descrever níveis interpretativos no trabalho psicanalítico, configurações preciosas para os que trabalham de maneira dinâmica com a constituição psíquica em suas modulações e delicadas articulações.

Considerando a gradiência nas interpretações de um nível mais explicativo, passando pelo descritivo e chegando ao nível mais primitivo de necessidade de vitalização, essa é justamente a forma como Anne agrupa suas contribuições em três blocos abrangentes que descortinam detalhes clínicos e conceituais em que a vemos trabalhando. Aborda, entre outros temas, sempre de maneira encarnada na prática do contato, modalidades do pensar, a gramática dos processos projetivos e interpretativos, o brincar, imaginação, fantasia e senso de realidade, níveis de construção simbólica, modalidades transferenciais e contratransferenciais, comunicação e instrumentos de acesso a estados de mente atormentados e desesperados, psicopáticos, narcísicos, perversos e autísticos.

Percebemos, na proposta e ao longo do livro, sua cautela em não tomar toda a atividade de busca de contato do profissional psicoterapeuta/analista como sua aclamada "reclamação" (*reclaiming*), conceito bastante difundido e utilizado como desbravador de um campo pouco explorado anteriormente, mas que poderia agora correr o risco de diluir sua especificidade e sua força de resgate em situações de extrema superutilização indiferenciada. Anne, como já a conhecemos em sua gramática clínica, é profundamente precisa em considerar nuances diferenciais em suas comunicações interpretativas e faz valer detalhes que iluminam nossas investigações e reflexões na teoria da técnica psicanalítica.

Conversando com o coração pensante de Anne, nesta leitura, temos a oportunidade de um contato com o pensamento ativo de uma figura viva representativa da psicanálise contemporânea, por seu atravessamento de matrizes clássicas em Freud, Klein, Bion e outros, sempre pensadas e repensadas a partir da própria clínica, e por contribuições do campo dos estudos em desenvolvimento infantil e paralelos inspirados por pesquisas em neurociências. Reconhecemos aqui a sempre jovial transmissora entusiasmada que vem animando tantas gerações de aprendizes.

Com esses ingredientes, temperados com a força da comunicação que emerge do contato com o íntimo do humano em relação, suas contribuições ultrapassam a fronteira da utilidade exclusiva para a psicanálise da criança e alcançam potência terapêutica no campo da psicanálise com adultos, com os vínculos iniciais, com famílias e em *settings* de saúde e educação.

Tem sido gratificante, em cursos e discussões de leitura, acompanhar o interesse das áreas afins pela maneira de pensar de Anne Alvarez, e a experiência parece mostrar que o polo atrator vem justamente da pensabilidade dos aspectos emocionais e da emocionalidade dos aspectos pensantes, na melhor tradição bioniana do pensar a experiência emocional. Tal revelação, talvez não tão inesperada, expressa no título desta publicação e na indivisibilidade dos binômios de coração pensante e cérebro sensível (*the thinking heart* e *the feeling brain*), aponta um rumo precioso para a divulgação e a penetrabilidade da psicanálise junto aos que se ocupam do "cuidar".

Interessante podermos olhar o percurso da autora de um livro a outro, como um diálogo com a fruição de sua obra e as comunicações ao vivo ao redor do mundo, já que Anne, ao longo de seus mais de cinquenta anos de experiência clínica, se mostrou bastante disponível a compartilhar diálogos para além de seus centros de trabalho e produção, com colegas e supervisionandos interessados em suas compreensões, pessoalmente ou por Skype e outras modalidades virtuais.

As reflexões de Anne oferecem receptividade e abrigo ativo à prática do pensar pelo contato vivo com o mundo interno e externo em funcionamento dinâmico. Os pensamentos e as trilhas conceituais que brotam da experiência "emocional" com seus pacientes são tão vivazes quanto sua figura e seu contato direto conosco, leitores, cuidadosos tradutores sempre também entusiasmados pela imersão em seu trabalho e companhias em seu percurso. Sua segunda publicação é uma demonstração, em nível macro, da capacidade psicanalítica de escuta da autora e em busca do melhor "comprimento de onda" (metaforização interessante oferecida pela própria Anne a partir do contexto clínico) para comunicação com seus interlocutores. Quando nos encontra, quer saber sobre a compreensão de suas comunicações em diálogo com outros "pensares". Da mesma maneira como conversa com seus pacientes, conversa com seus leitores e reflete sobre a vida de seus conceitos em seus voos alçados nos campos da escuta e da utilização terapêutica a partir de sua criação. E aí continua dialogando com eles, como parece ter ocorrido com seu cuidado em relação ao conceito de *reclaiming*.

Este livro é uma continuação de conversa, ou uma ótima (re)apresentação para quem quer (re)ver ou conhecer Anne Alvarez, após anos de espera e busca por exemplares da primeira obra esgotada. Edição muito oportuna em nosso meio neste momento de atenção para o "infantil", para o olhar psicanalítico ao bebê em suas relações, para as contribuições da psicanálise com crianças como parte do "corpo" estrutural da formação em psicanálise, configura-se como uma nova abertura de campo para o refinamento clínico em linguagem ao mesmo tempo própria e compartilhável que a psicanálise vem sendo convocada a apresentar diante dos desafios para a saúde emocional pensante do tempo em que vivemos.

Mariângela Mendes de Almeida
Psicóloga clínica com mestrado pela Clínica Tavistock e doutorado pela Unifesp, em formação psicanalítica pela SBPSP

Coordenadora do Núcleo de Atendimento a Pais e Bebês (Pediatria Unifesp)

Introdução

> *Precisamos mais de arte lenta: arte que conserve o tempo como um vaso conserva a água.*
>
> Robert Hughes, 2004

Amo a psicanálise, principalmente porque dá resultado. Acho possível dizer que a psicanálise ajudou a maioria das crianças que tratei durante os últimos cinquenta anos. Não obstante, dois pacientes meus, mais doentes, durante os anos iniciais do meu trabalho – um menino *borderline* psicótico paranoico e um menino com autismo grave –, desafiaram meus métodos de tal modo que me deixaram perplexa e frustrada. Descobri que, com frequência, algumas interpretações dadas ao menino paranoico faziam-no ficar mais doente, mais perseguido, mais desesperado e perigosamente violento. Muitas interpretações dadas ao menino autista, Robbie, em grande parte, dificilmente o alcançavam. Em livro anterior, tracei as origens da minha descoberta acidental de uma forma de chegar até ele e minhas tentativas de conceituar esse fato como uma espécie de reclamação. Com as duas crianças, aprendi o que *não* fazer e a ter uma ideia de métodos um pouco diferentes dos clássicos. Só muito depois é que comecei a ponderar como esses métodos diferentes se encaixariam em um esquema mais amplo de intervenções e prioridades psicanalíticas. Este livro tenta descrever e mapear três momentos desse contínuo.

Em *Companhia viva* (1992), tentei mostrar a diferença entre a postura psicanalítica mais neutra ou continente e a postura reclamatória em que tentava convocar Robbie para o contato e para um senso mais vital de ser. *Companhia viva*, contudo, não foi apenas um livro sobre autismo: a segunda metade consistiu de muitos capítulos sobre questões técnicas surgidas no trabalho com pacientes *borderline*, com capacidade limitada de ego e tão tomados por desespero ou perseguição que, dificilmente, se beneficiariam de interpretações que buscam remover defesas contra verdades dolorosas. Aprendi que precisava responder ou até sustentar para eles as suas esperanças e aspirações e que essas intervenções, se aplicadas de modo cuidadoso, não necessariamente precisavam incentivar a negação maníaca. Contudo, na época, não só não tinha clareza de como essas ideias e respostas técnicas se relacionavam como também diferiam do processo de reclamação. No entanto, observei o fato de muitos leitores pensarem que a referência à vivacidade do título significava que deveríamos empreender a reclamação ativa com todos os nossos pacientes, ao passo que esse título dizia respeito apenas aos momentos reclamatórios com Robbie. Também comecei a observar no meu trabalho e no de outros uma intervenção que, embora não fosse igual à reclamação mais positiva, tinha certa intensidade em comum com ela. Agora, em retrospecto, tenho mais clareza de que a ideia de um contínuo de formas diferentes de atribuir e de transmitir significado pode lançar alguma luz sobre o tema, ao levar em conta a capacidade de o paciente compreender realmente o que dizemos: isto é, sua capacidade de introjeção ao lado de sua capacidade de um nível complexo de cognição, chamada pensamento em dois trilhos [*two-tracked thinking*]. A experiência posterior com Robbie, quando ele já estava muito mais vivo para sentir, foi o que me fez pensar sobre isso. Naquele momento, ele tinha sua própria fonte de vivacidade que, às vezes, o avassalava.

Atendi Robbie – que tinha autismo grave e, segundo eu achava, era muito isolado – em base não intensiva e bastante interrompida dos 7 anos em diante. Finalmente, vim a compreender que, ao contrário de outras crianças com autismo, ele não se escondia: estava perdido. De qualquer modo, apenas aos 13 anos ele passou para o tratamento cinco vezes por semana. Alguns anos depois, já adiantado na adolescência, ficou mais lúcido, finalmente conseguiu ter noção de tempo (ainda que uma noção muito ansiosa) e se orientar espacial e geograficamente, de maneira a conseguir vir sozinho de metrô da casa dele até a minha. Além disso, naquele momento, às vezes, ele já tinha acesso muito rápido a sentimentos. Se houvesse atraso no metrô ou se saísse atrasado e, portanto, estivesse um ou dois minutos atrasado para a sessão, tocava a campainha em estado de frenética agitação e fúria. Quando eu abria a porta, um homem de um metro e oitenta avançava em minha direção com o braço em riste, o punho fechado, apontando diretamente para o meu peito. Nessa época, ele estava aprendendo a lutar boxe, e essa visão era assustadora.

Primo Levi, em *The Search for Roots* (2001), antologia pessoal de livros vitais para ele, ao longo da sua vida, explica por que inclui a advertência de Ludwig Gattermann sobre prevenção de acidentes de trabalho no laboratório de química orgânica. Gattermann adverte:

> *Nunca se deve realizar o trabalho com substâncias explosivas sem óculos de proteção. Com éter e outros líquidos voláteis rapidamente inflamáveis sempre se*

> deve tomar a precaução de não ter fogo aceso nas imediações. Em caso de incêndio, tudo que puder entrar em ignição deve ser imediatamente removido. O fogo deve ser apagado com toalhas molhadas e com jatos de tetracloreto de carbono, nunca com água. *(citado por Levi, 2001, p. 75)*

Durante meses, sempre que Robbie investia desse jeito, muito provavelmente eu usava água. E, certamente, eu não estava removendo as substâncias inflamáveis.

Com certeza, tentava interpretar de forma rápida e precisa. Eu dizia algo como: "Você está muito aborrecido e zangado porque você (ou os trens) está atrasado. Você sente que deve ser culpa minha e não quer saber o que aconteceu realmente, ou o que causou seu atraso". Era uma interpretação explicativa verborrágica "por quê-porquê" e "quem-você". Ele continuava agindo assim, ainda inflamado. Alguns meses depois, encurtei a fala, disse simplesmente e de forma empática: "Você está muito aborrecido hoje". Esse comentário sobre o sentido "o quê" [*whatness*] da experiência ajudou; ele desacelerou um pouco, mas não muito. Note-se que eu ainda tentava localizar a experiência nele ao dizer "você". Alguns meses depois, aconteceu de eu dizer, sem olhá-lo, olhando para o espaço, para algum lugar entre nós, e meio de lado: "É muito aborrecido quando os trens não estão no horário" ou, simplesmente, "É tão aborrecido estar atrasado". Isso o ajudou a fazer uma pausa e pensar. Steinberg (comunicação pessoal, 1999), que trabalhou com Boyers (1989), disse que a equipe da unidade de internação aprendeu a nunca dizer a palavra "você" a uma pessoa em estado psicótico paranoico. Penso que isso deva ser porque, às vezes, a simples palavra "você" pode inundar ou aparentemente acusar uma pessoa já oprimida, ao passo que a forma neutra pode permitir um mínimo de perspectiva. O paciente pode tomar para si o tanto que puder tolerar. Em ambos os casos, *o que* se sente pode ter precedência a *por que* se sente ou até, em dado momento, *quem* sente.

Contudo, com certeza, o ato de reclamação – convocar Robbie do péssimo estado anterior de vazio – foi muito diferente. Não envolvia um "por quê" nem mesmo um "o quê", mas uma espécie de "alô"! Este novo livro é a tentativa de descobrir e compreender os vínculos possíveis entre essas três posturas terapêuticas e examinar mais de perto os estados mentais do paciente que exigem do terapeuta mais um tipo de resposta que outro. São identificados três momentos em um contínuo de níveis de trabalho analítico e de significado: na Parte I, o nível explicativo que oferece significados alternativos (por quê-porquê); na Parte II, o nível descritivo que amplia significados (a natureza do que é [*whatness*] e a natureza do ser [*isness*]); e na Parte III, o nível mais intensificado, vitalizante, que insiste no significado (alô!). Muitos outros autores contemporâneos sugeriram que, quando as interpretações explicativas não alcançam o paciente, um nível anterior (que, entre outras coisas, envolve dar significado via descrição ou ampliação) é mais eficaz para ajudar a pensar. Neste livro, ressalta-se que esse segundo método, quando apropriado para o nível de desenvolvimento e o nível psicopatológico do paciente, não precisa ser considerado inferior ou menos completo que o tipo anterior. Quando vai ao encontro da profunda necessidade de compreensão, pode *parecer correto*. Alguns autores descrevem que isso é sentir *em lugar de* outro, é sentir *com*. Qualquer tipo de método de dar significado, via interpretação, diz respeito ao que [*whatness*] da experiência, ao ser [*isness*] da experiência e, sugiro, aborda questões relativas ao grau e à natureza dos processos introjetivos, bem como ao nível da capacidade de formação de símbolos do paciente. Respeita a necessidade de ajuda do paciente, ao que Bruner (1968) denominou nível do pensar em um único trilho [*one-tracked thinking*], sem lhe empurrar ideias de dois trilhos [*two-tracked*] mais exigentes e, possivelmente, incompreensíveis. Repetindo, penso que tal nível de trabalho é mais bem definido em termos do que é e do que proporciona do que não é.

Não sugiro que não precisemos usar palavras para transmitir nossa compreensão, apenas que, quando estamos em contato com os sentimentos mais profundos que o paciente evocou em nós, podemos conseguir acertar as palavras, o tom e o tato. Isso envolve atenção cuidadosa aos nossos sentimentos contratransferenciais e à natureza da transferência do paciente, tanto positiva como negativa, em relação a nós. O assunto do livro é a possibilidade de usar essas observações das mais diversas formas. Certa vez, ouvi um musicólogo brasileiro dizer que a dimensão estética desacelera a velocidade cotidiana utilitária da fala para nos fazer prestar atenção. A obra de arte, disse, detém o tempo. No trabalho psicanalítico, muito ocasionalmente, podemos conseguir fazer o mesmo.

Plano do livro

No Capítulo 1, esboço e discuto os três momentos do contínuo.

Na Parte I, "Condições de nível explicativo" (Capítulos 2, 3 e 4), tento mostrar que o estado mental exigido para absorver os níveis superiores de interpretação explicativa de duas partes envolve a capacidade de pensar/sentir em dois trilhos, ou seja, capacidade de pensar dois pensamentos (ou de manter dois sentimentos) ao mesmo tempo. As pré-condições emocionais são claras: é preciso haver certa capacidade de tolerar ansiedade e dor e suportar pensar – em outras palavras, um estado não muito distante do que Klein denominou "posição depressiva". No entanto, também envolve um elemento de funcionamento cognitivo – isto é, já ter alcançado o desenvolvimento do ego e a formação de símbolo. Tomado em conjunto, isso pode envolver um estado mental neurótico ou *borderline* moderado. Vale a pena notar que até mesmo uma interpretação de transferência aqui e agora – relativa ao momento em que um menino, digamos, queixa-se de como a professora trata outro menino na escola – envolve considerar quatro pensamentos simultaneamente: isto é, "ela", "ele", "você" e "eu". No entanto, acredito que pensar e sentir na transferência e na contratransferência continua sendo absolutamente fundamental para esse trabalho. Permanece a questão: quanto e com que frequência devemos nos referir a isso abertamente com o paciente (Roth, 2001)? Os três capítulos (2, 3 e 4) descrevem, primeiro, as condições emocionais/cognitivas para o desenvolvimento do pensar em dois trilhos e as diversas obstruções em crianças que, no entanto, têm certa capacidade de administrar essa condição.

Na Parte II, "Condições de nível descritivo" (Capítulos 5 a 10), discuto diversas situações com crianças que sofreram traumas ou negligências graves e que não exijam a oferta de significados alternativos ou adicionais, mas, sim, a elucidação e a ampliação de significados únicos, um de cada vez, por assim dizer. Os seis capítulos dessa seção dizem respeito a uma variedade de estados mentais e de transferências no paciente que exigem esse nível de trabalho mais descritivo ou amplificador, às vezes, via dramatização, mas, na maior parte das vezes, por meio de comentários verbais, vivenciados do ponto de vista emocional. Incluem estados de desespero acabrunhante, de amarga vingança paranoica, de fria crueldade psicopática e fragmentação. Esses capítulos também ilustram maneiras de pensar – e de ser sensível a – rápidos sinais, às vezes, minúsculos, de recuperação. Vale a pena ressaltar, a esse respeito, que a psicanálise passou décadas estudando processos de projeção, mas, atualmente, também se presta atenção aos processos introjetivos dos pacientes (G. Williams, 1997). Nessa seção, tento identificar momentos em que foi útil o terapeuta desacelerar o trabalho para um nível descritivo mais simples, a fim de tentar proporcionar uma compreensão passível de ser absorvida. Atualmente, aceita-se que o trabalho nas profundezas da posição esquizoparanoide envolve a continência, na contratransferência do analista, das partes más do *self* ou do objeto do paciente (Feldman, 2004). Não obstante, também é importante prestar atenção à questão do bom que não está suficientemente desenvolvido. Tento mostrar e ilustro ainda mais que essas funções continentes podem ocorrer nesse nível descritivo simples e empático.

Elemento específico do trabalho descritivo: atenção a momentos de satisfação e de curiosidade

Antes, argumentei que considero necessário um suplemento para a teoria da aprendizagem, proposta por Freud e Bion, que é a experiência da realidade frustrante que nos desperta dos sonhos infantis e nos torna alertas e capazes de aprender. Sugeri que as experiências prazerosas – sentimentos de ser amado ou de amar, de aspirações reconhecidas – podem ser tão animadoras quanto as mais sóbrias, especialmente no caso de crianças com poucas esperanças e expectativas. Crianças que sofreram grande privação podem ser animadas, não só do ponto de vista emocional como também do cognitivo, pela descoberta de confiabilidade, honestidade e responsividade contratransferencial do seu terapeuta. Minhas experiências com essas animações baseiam-se em fenômenos clínicos, mas é interessante que atualmente a pesquisa sobre o cérebro confirme que, no primeiro ano de vida, o crescimento do cérebro é facilitado por neurotransmissores, como opiáceos e dopamina, que, em si, são eliciados por eventos como sorrisos, olhares e voz do cuidador (Gerhardt, 2004; Panksepp, 1998; Panksepp e Biven, 2011; Schore, 1994) (ver Capítulo 13, para a discussão mais detalhada de possíveis paralelos com certos achados da neurociência). A maioria dos argumentos e ilustrações clínicos está nos Capítulos 5 a 10. Provavelmente, com muito mais frequência do que pensamos, precisamos desacelerar nosso trabalho de maneira a verdadeiramente poder conservar o tempo, como um vaso conserva água.

Na Parte III, "Nível de vitalização intensificado" (Capítulos 11 e 12), tento mostrar que, com certas crianças autistas, desesperadas/apáticas, fragmentadas ou perversas, podemos precisar descer a outro nível de trabalho, ainda anterior, que envolve continência e *transformação intensificada* de objetos internos percebidos como inúteis e não valorizados (e não *desvalorizados*), fracos ou facilmente excitados por perversão. Prossigo acrescendo a minhas ideias originais de reclamação, como atividade vitalizante com pacientes (em que o déficit ou o prejuízo se deu no ego, no *self* e no objeto interno), e ilustrando algumas formas adicionais de trabalhar nesse terceiro nível de psicoterapia via insistência urgente no significado. Esse terceiro nível – com pacientes esvaziados ou pervertidos – não diz respeito a pensar sobre sentimentos nem mesmo identificá-los, mas a obter acesso ao sentimento em si. Com pacientes perversos, isso pode significar abrir caminho para um tipo de sentimento muito diferente das formas desviantes de excitação às quais estão habituados. Esses capítulos oferecem ilustrações de diversos métodos intensificados ou vitalizantes e de como desencorajar preocupações viciantes ou perversas. Não é fácil conseguir o equilíbrio entre ser intenso demais e, portanto, intrusivo, e ser distante ou fraco demais. No entanto, muito antes de certos pacientes poderem processar seu ódio e encontrar sua capacidade de amor, podem precisar desenvolver a capacidade de se interessar por um objeto com certa substancialidade, vida ou, no caso de perversão, força e capacidade de se excitar de maneira não perversa. Essa função vitalizante envolve o trabalho no alicerce da capacidade humana de se relacionar. Apesar de precisarmos chamar a atenção à falta de interesse deles – ou, por sinal, a seus interesses perversos – às vezes, devemos encontrar formas de demonstrar que outras experiências podem ser interessantes e até excitantes. Talvez precisemos atrair sua atenção e, então, aprender a mantê-la. Uma vez que se alcance isso, o trabalho pode se mover para níveis "superiores", às vezes, no curso de uma única sessão.

Ao longo deste livro, sustento que nosso trabalho com crianças e adolescentes muito perturbados ou autistas necessita de conhecimento não só do ponto de vista psicanalítico como também do ponto de vista do desenvolvimento e da psicopatologia. Este livro não é um manual (testemunhe milhares de qualificações e exceções), apenas uma tentativa de revisitar alguns casos mais antigos e muitos novos e de calibrar as respostas técnicas do terapeuta a uma variedade de estados mentais, segundo uma espécie de hierarquia de prioridades. Talvez, a essa altura, os terapeutas de crianças e adolescentes tenham aprendido o suficiente para tentar dar sentido teórico e técnico coerente a nossas décadas de experiência com crianças e adolescentes extremamente perturbados e com atraso de desenvolvimento. Como nós psicanalistas, de Freud em diante, tivemos de aprender com base em nossos erros.

Breve nota sobre o quadro e as figuras

O quadro e as figuras deste livro, como muitos gráficos, são bastante esquemáticos e simplificados.

O Quadro 1.1 (no Capítulo 1) tenta colocar o conceito de níveis de trabalho em forma de esquema visualizável.

As Figuras A1, A2 e A3 (no Apêndice) tentam conceituar visualmente minha elaboração e ampliação da teoria kleiniana do desenvolvimento da posição esquizoparanoide para a depressiva. A Figura A1 ilustra algumas características da posição depressiva como descrita por Klein. As Figuras A2 e A3, porém, diferem do modelo kleiniano, ao fazer a distinção entre estados paranoicos/perseguidos e esquizoides/vazios. Omitem todo tipo de questões relativas a patologia, por exemplo, quando sentimentos positivos se agravam para defesas maníacas, quando sentimentos negativos prosseguem para destrutividade viciante ou até sádica e perversa e também quando estados passivos, vazios, descritos no último gráfico são usados ou mal usados para conseguir que os outros ajam ou vivam por nós. E, com certeza, não fazem justiça às miríades de complexidade da mente humana com as quais nós, clínicos, precisamos lidar (e pelas quais somos arrebatados) a cada dia.

1. Níveis de trabalho terapêutico e níveis de patologia: o trabalho de calibragem

Introdução

Em décadas recentes, tem havido muita discussão sobre a importância relativa de dois níveis de trabalho com pacientes *borderline* ou muito prejudicados, ou seja, *insight versus* outros níveis mais primários de compreensão. Neste capítulo, mostro que concordo com esses autores, mas também avento a necessidade de um terceiro nível, anterior a ambos. Também proponho a ideia de que os três níveis podem estar interligados, como pontos de um contínuo de níveis de significado. No terceiro nível (de psicopatologia e, portanto, de técnica), questiona-se se sentimentos e significados têm importância para pacientes em estados desafetados de autismo, de dissociação, de apatia desesperadora ou em estados desviantes de excitação.

As discussões dos primeiros dois níveis têm sido expressas por diversos termos: uns dizem respeito ao equilíbrio entre a necessidade de o paciente se responsabilizar por algum sentimento *versus* a necessidade de que seja contido pelo analista

(Bion, 1962b; Feldman, 2004; Joseph, 1978; Steiner, 1994). Outras versões discutem *insight versus* mentalização (Fonagy e Target, 1998) e interpretação *versus* brincar (Blake, 2008). Outros ainda sublinham a importância de algo além da interpretação, em termos de um modo "processual" de compreensão de informação durante um "momento de reconhecimento" (Sander, 2002; Stern *et al.*, 1998). Schore (2003, p. 147) ressalta a necessidade de uma "conversa entre os sistemas límbicos" do paciente e os do terapeuta nos níveis mais graves de patologia. Botella e Botella (2005) descrevem a necessidade de o analista empreender o "trabalho de figurabilidade" com pacientes cujos traços de memória não são representativos e se assemelham mais a "traços amnésicos". Mais recentemente, Tuch (2007) discutiu a maneira de facilitar a função reflexiva com trabalho pré-interpretativo.

A própria Klein, a grande especialista dos níveis infantis da personalidade, ressaltou que, quando emoções e fantasias pré-verbais são revividas na situação transferencial, surgem como "memórias em sentimento". Disse ainda que "não podemos traduzir a linguagem do inconsciente para a consciência sem lhe conceder palavras do nosso território consciente (Klein, 1957, p. 180). As psicoterapeutas de crianças Lanyado e Horne investigaram diversos modos de trabalhar na área transicional com crianças e adolescentes muito prejudicados e atuadores, e Blake (2008) ilustrou a importância do humor para atenuar impasses com adolescentes agressivos que sofreram *grande privação* (Lanyado e Horne, 2006). Nas Partes II e III, tento demonstrar que, para chegar até – e se comunicar com – memórias em sentimentos, ou pior, grave perda de sentimento, podemos precisar ir além das palavras e considerar o uso de nossas respostas contratransferenciais emocionais e até emocionadas, de formas que determinem se escolhemos a palavra e especialmente o tom certo.

Roth (2001) identificou quatro níveis de interpretação transferencial, abrangendo desde comentários relativos ao significado das relações no mundo externo até *enactments* no aqui e agora da relação analítica. Ela sugeriu que, enquanto este último nível está no epicentro da análise, o analista precisa estar disposto a acompanhar o paciente em um panorama bastante amplo da sua vivência para fazer uma descrição mais rica e mais completa do seu mundo. Roth comenta, no entanto, a capacidade de sua paciente se apropriar de certa culpa em um momento em que ela formula uma interpretação especialmente enérgica, o que sugere, ao menos nessa questão, que, segundo ela, a escolha do nível depende da capacidade de o paciente escutar algo. Mas a força principal do seu argumento é a utilidade e o enriquecimento propiciados pelo trabalho em todos os níveis. Roth parece sugerir que todos podem favorecer o *insight*. Contudo, parece que a maior parte da preocupação primária dos autores anteriores é a necessidade de identificar em que condições as interpretações com função de fornecer *insight* são inadequadas e exigem que, primeiro, se faça algo mais.

Anna Freud colocou a questão de maneira vívida, mas em termos da psicologia tradicional unipessoal. Ao voltar à discussão do conceito de defesa com seus colegas da Clínica Hampstead, referiu-se à necessidade de estruturação anterior da personalidade: disse que, se ainda não se construiu a casa, não é possível jogar alguém para fora dela, isto é, usar mecanismos projetivos. Sandler acrescentou: "Nem jogar a pessoa no porão", isto é, usar repressão (J. Sandler e A. Freud, 1985, p. 238). Um teórico kleiniano das relações objetais, que trata crianças que sofreram grandes privações, concordaria e acrescentaria que, às vezes, se trata basicamente de uma questão de construir duas casas, uma para o *self*, outra para o objeto interno. A. M. Sandler (1996, p. 281) e Hurry (1998, p. 34) ultrapassam Anna Freud quando sustentam que é falsa a diferença entre terapia do desenvolvimento e trabalho psicanalítico. Nesse caso, enfatizo que o trabalho analítico precisa estar ao mesmo tempo amparado no desenvolvimento e na psicopatologia e, consequentemente, precisa levar em conta a capacidade de introjeção do paciente.

Rocha-Barros (2002) introduziu a ideia de um contínuo, ao assinalar que *passos em direção* à pensabilidade podem ser fornecidos por pictogramas afetivos em sonhos. Afirmou que, nos primeiros estágios do seu surgimento, essas imagens visuais e dramatizadas ainda não são processos de pensamento, mas podem conter elementos expressivos e evocativos potentes subjacentes a fantasias inconscientes (p. 1087). Ele não diz se o analista deve responder a esses passos iniciais com um tipo diferente de interpretação, mas afirma que tais imagens podem levar à transmutação e à elaboração, o que, por sua vez, levam à função simbólica e à compreensão verbal. Moore (2004) demonstrou haver, nas crianças traumatizadas, a tendência de criar desenhos que assumem forma não de representações, mas de novas representações, não genuinamente simbólicas. Com a psicoterapia, os desenhos das crianças tendiam a se tornar mais livres e mais genuinamente representacionais. Comparou essa mudança às observações de Hartmann (1984) sobre a evolução, em adultos traumatizados, dos terrores noturnos do estágio 4 do sono para os sonhos REM, o que sinaliza que ocorreu – e está ocorrendo – certo processamento e digestão do trauma.

Assim como Rocha-Barros e Moore, também apresento a ideia de um contínuo que leve em conta a maneira de encontrar o nível de intervenção adequado ao nível de distúrbio e/ou de desenvolvimento do ego (e do objeto) do paciente. Isso implica considerar sua capacidade de introjeção. Rocha-Barros apresenta o meio dos sonhos como modelo de um passo específico com seus pacientes adultos, enquanto levo em conta a maneira de fazer contato com os diversos níveis de desenvolvimento mental/emocional das crianças ou adolescentes, durante o brincar ou na conversa entre paciente e terapeuta, de modo que façam sentido – e alcancem o paciente. A maneira pela qual o terapeuta verbaliza e exprime sua compreensão e processa seus sentimentos contratransferenciais, possivelmente muito perturbadores, pode facilitar ou impedir movimentos em direção à simbolização. Nos casos dos pacientes descritos a seguir, às vezes, é uma questão de passos de elaboração, como Rocha-Barros sugeriu. Em outros casos, porém, em que a questão não é apenas processar a dor e a ansiedade, mas introjetar experiências possivelmente muito novas de alívio, prazer ou da natureza atraente, bem como da receptividade dos seus objetos, podemos querer ressaltar esse outro termo, "trabalhar em direção a" [*working towards*] ou acrescentar outro, como "pôr para dentro" [*taking in*], em vez de elaborar [*working through*].

Questões de introjeção, internalização e identificação estão em causa. Klein (1957) escreveu:

> *Não há dúvida de que, se o bebê realmente for exposto a condições muito desfavoráveis, o estabelecimento retrospectivo de um objeto bom não consegue desfazer as experiências más iniciais. Contudo, a introjeção do analista como objeto bom, se não estiver baseada na idealização, em certa medida, tem o efeito de fornecer o objeto bom interno onde ele em grande parte faltou. (p. 90)*

Atualmente, compreendemos, baseados em Bion, nos teóricos do desenvolvimento e nos neurocientistas, que a capacidade de pensar e, portanto, de assimilar interpretações, envolve funções cognitivas e emocionais, ou, como diz Urwin, funções cognitivo/emocionais (Bion, 1962b; Panksepp, 1998; Schore, 1994;

Trevarthen, 2001; Urwin, 1987). Depende em parte do nível de desenvolvimento do ego, do *self* e do objeto já alcançado, mas também do nível de transtorno emocional em cada momento específico: se o distúrbio for grave, pode interferir em um ego e na função simbólica já desenvolvidos.

Os neurocientistas mostraram que o trauma ou negligência social/emocional na primeira infância afetam não só o desenvolvimento comportamental e psicológico como ainda o crescimento do cérebro. A dissociação que surge depois do trauma – ou, possivelmente, a desatenção ou retraimento que surgem no autismo – pode empurrar a pessoa na direção de uma trajetória de desenvolvimento emocional e cognitivo desviante, o que pode interferir profundamente no crescimento em partes afetivas e relacionais do cérebro (Perry, 2002; Schore, 2003). Na verdade, o córtex orbitofrontal, essencial para a compreensão empática da mente de outras pessoas e das emoções pessoais, desenvolve-se quase inteiramente na vida pós-natal (Gerhardt, 2004) – via interações do bebê com outros seres humanos. Quando Robbie, que sofria de autismo e de trauma, finalmente começou a usar sua mente, com frequência parecia que parte de sua mente/cérebro se comportava como um músculo quase atrofiado – debatendo-se de modo repentino e errático em movimento e vida. Na ocasião, as descobertas modernas sobre o cérebro não estavam disponíveis, mas a pesquisa atual me leva a crer que esses eventos estavam acontecendo no cérebro e na mente de Robbie (ver o Capítulo 13 para reflexões sobre os paralelos com a neurociência).

Na Introdução, descrevi os passos que tomei para, finalmente, encontrar um modo de ajudar Robbie com seus pânicos frenéticos sempre que estava atrasado e como, por fim, passei a evitar a palavra "você" quando tentava descrever seus sentimentos. Comecei assinalando com sentimento que "É aborrecido quando...", e isso pareceu permitir a perspectiva necessária. Parecia que ele, então, podia tomar para si tanto quanto pudesse tolerar. Em todo caso, em certos momentos, *o que* está sendo sentido precisa ter precedência sobre *por que* está sendo sentido (e, como eu disse antes, até sobre *quem* está sentindo).

Eu poderia sugerir, portanto, que, se estamos comprometidos com a construção da casa de Anna Freud ou com as duas casas de Klein (para o *self* e para o objeto interno), podemos ter de começar pelos alicerces de cada casa. Os intersubjetivistas descreveram o problema do déficit no *self*, e a diferença entre estratégias defensivas destinadas a compensar a interrupção do desenvolvimento e as verdadeiras defesas contra desejos conflituosos (Stolorow e Lachmann, 1980). Em linguagem kleiniana, podemos querer levar em conta a diferença entre a tentativa de "superar" esse déficit e a tentativa de se defender dele (Klein, 1937).

Neste livro, contudo, gostaria de acrescentar outra dimensão à questão do déficit ressaltando a existência, em alguns pacientes, de um déficit ou de danos no objeto interno. Isso diz respeito a objetos vividos como desinteressantes, não valorizados (e não *desvalorizados*), imprestáveis e, possivelmente, desmentalizados. Também pode dizer respeito a objetos com excitabilidade perversa, às vezes, sadomasoquista. Alguns anos atrás (Alvarez, 1992, 1999), sugeri que um nível intensificado de intervenção – denominado "reclamação" –, em resposta à sensação contratransferencial de urgência desesperada, seria necessário com pacientes como Robbie em risco iminente de algo semelhante à morte psíquica. Como descrito anteriormente, a experiência posterior – com um Robbie muito vivo e quase freneticamente psicótico – levou-me a imaginar as condições sob as quais ele – e outros como ele nesses diversos estados – poderia ouvir minhas tentativas de chegar até ele.

Sugiro, portanto, que progressos históricos e cronológicos na teoria e na técnica de Freud e Klein, passando por Bion, para os especialistas em autismo – de cima para baixo, por assim dizer –, podem precisar ser revertidos quando levamos em conta considerações clínicas, psicopatológicas e de desenvolvimento. Trabalho meu trajeto descendente a partir do nível superior da casa descrita por Anna Freud, passando pelo térreo, até o subsolo e seus alicerces, examinando três formas diferentes em que a interpretação pode atribuir significado à vivência ou à fantasia. Schafer (1999, p. 347) ressaltou que o uso do modelo hermenêutico não implica necessariamente "relativismo obtuso". E, com certeza, não há implicação de que os analistas ou terapeutas aqui citados defendam apenas um nível de trabalho. Cito artigos específicos de autores que abriram caminho para a ampliação da técnica. Além do mais, isso não quer dizer que o trabalho analítico possa ser nitidamente dividido nesses três níveis. Já houve mapas psicanalíticos antes, notavelmente a grade de Bion (1963), mas espero ligar o nível de desenvolvimento simbólico com a técnica. Há muitos pontos no contínuo entre cada um dos três, mas, ainda assim, é possível considerar que envolvam passos reconhecíveis do alicerce para cima, por assim dizer, em direção ao funcionamento simbólico superior. Em primeiro lugar, certos pacientes precisam ser ajudados a ter capacidade de sentir e encontrar significado, às vezes, por meio da experiência de que algo tem significado imperativo para outra pessoa; assim, os sentimentos podem começar a ser identificados e investigados; finalmente, explicações que acrescentem significados alternativos adicionais podem ser escutadas e assimiladas.

O contínuo de técnica de cima para baixo

Nível explicativo: oferecer significados alternativos

Freud (1893-1895) descobriu o poder das interpretações explicativas a respeito da ligação entre as partes reprimidas e deslocadas da personalidade e as defesas contra elas. (A crença de que sua perna está paralisada se deve à culpa inconsciente acerca de sua hostilidade contra seu pai moribundo quando você estava cuidando dele.) Essa é uma interpretação "por quê-porquê". Klein (1946) elaborou e ampliou o trabalho de Freud sobre projeção, ao ressaltar que partes inteiras da personalidade poderiam ser projetadas para dentro dos outros. Isso pode conduzir a outros tipos de interpretação explicativa, ou seja, localizando ou realocando partes excindidas ou projetadas da personalidade. (Você está tentando me fazer sentir inferior para se livrar de seu próprio sentimento de inferioridade.) Essa é uma interpretação "quem?-você" ou "onde?-lá". Ambos os tipos de interpretação tendem a substituir um significado por outro, o inconsciente pelo consciente ou o renegado pelo recuperado. Bion (1962b, 1965) estabeleceu a ligação entre identificação projetiva e contratransferência: ressaltou que a identificação projetiva emanada do paciente podia ser poderosamente sentida na mente do analista e exigia continência e transformação, antes de ser devolvida ao paciente.

Nível descritivo: atribuir ou ampliar significado

Bion aprofundou a questão: sugeriu que certas identificações projetivas não ocorreriam simplesmente por motivos defensivos ou destrutivos como também com intuito de uma comunicação necessária (Bion, 1962b). Joseph (1978) e Steiner (1993) prosseguiram, chamando a atenção para esse elemento de necessidade, ou seja, a necessidade de certos pacientes de que o analista contenha as projeções em determinados momentos, sem as devolver. O analista investigaria a natureza da parte faltante do paciente enquanto estivesse dentro de si, até que o paciente pudesse se apropriar dela ou recuperá-la. Essa atitude mais receptiva à necessidade de projetar do paciente não difere das ideias de Winnicott relativas a permitir que o objeto transicional tenha significado por si próprio (paradoxal), sem ser explicado e destituído de forma prematura demais (Winnicott, 1953). A partir da perspectiva do desenvolvimento normal, o estudo dos pesquisadores da comunicação pais-bebê – e de suas consequências para a saúde mental do bebê – identificou processos que ocorrem em estados mentais ou emocionais compartilhados, dando a entender que certos comentários mais simples, empáticos ou amplificadores, por não sobrecarregarem o paciente com ideias, podem alcançar, ao mesmo tempo, as partes relativas aos sentimentos e as partes pensantes da mente (Stern, 1985; Trevarthen, 2001). Os kleinianos citados anteriormente estão descrevendo o fenômeno "sentir por" e os estudiosos do desenvolvimento estão descrevendo "sentir com". Ambos parecem essenciais para a tarefa de comunicar compreensão em níveis muito básicos. Cada um dos métodos que dão significado, quando se trata de uma interpretação, diz respeito à natureza do que é [*whatness*] e à natureza de ser da experiência [*isness of experience*] e, conforme sugiro, isso levanta questões a respeito do grau e da natureza dos processos introjetivos e do nível de capacidade de formação de símbolos do paciente. Respeita a necessidade de ajuda do paciente no nível do pensar em um único trilho sem lhe empurrar ideias de duplo trilho [*one-tracked thinking* e *two-tracked ideas*] mais exigentes e, possivelmente, incompreensíveis para ele. Sugiro que esse nível de trabalho se define melhor em termos do que é em lugar do que não é.

Um nível ainda anterior de trabalho – nível vitalizante: insistência no significado

No caso, como já mencionei, gostaria de acrescentar outra dimensão à questão do déficit, ressaltando a existência em alguns pacientes de déficits ou de danos no objeto interno. Isso diz respeito a objetos vivenciados como não interessantes, não valorizados (e não *desvalorizados*), imprestáveis, desmentalizados ou excitáveis de modo perverso. O nível de trabalho exigido precisa preceder o nível explicativo e o descritivo. No nível mais grave de psicopatologia – e, portanto, o nível mais extremo de técnica –, questiona-se se sentimentos e significados têm qualquer importância para pacientes em estados desprovidos de afeto do autismo, de dissociação ou de apatia decorrentes de um desespero crônico. Nesse caso, o déficit era ainda mais grave: o objeto era tão remoto e fraco que praticamente não existia. Também surge a questão de quando a dissociação e o endurecimento agregaram motivações perversas ao déficit e, nesse caso, a ligação com um objeto interno vivo pode atrofiar.

Esse nível final de trabalho – nos alicerces da vida mental e relacional – aborda o problema de ser escutado por pacientes que não podem escutar nem sentir, talvez em razão de autismo, dissociação de natureza crônica em razão de trauma ou apatia crônica resultante de desespero ou negligência. Não se trata de uma questão de um trilho ou dois; primeiro, é questão de ajudar o paciente a entrar no trilho, ou voltar ao trilho, em situações em que ele esteve profundamente perdido (não se escondendo). Ou, voltando à metáfora da casa, ajudar nossos pacientes a ficar em "terreno sólido", como disse um adolescente autista em recuperação (Edwards, 1994). O que está em jogo não é simplesmente um ego fraco nem mesmo déficits importantes no senso de *self*: é uma questão de déficits tanto do *self* quanto do objeto interno, *ambos* sendo vividos como mortos e vazios ou imprestáveis. Com frequência, há uma indiferença crônica acerca das relações que ultrapassa o desespero. Nada se espera. Green (1997) descreve algo semelhante no caso de pacientes que, na infância, viveram uma depressão súbita da mãe. Ele descreve o "desinvestimento do objeto materno e a identificação inconsciente com a mãe morta" como defesa contra a perda abrupta do amor materno em razão de luto ou perda dela (pp. 150-151). Aqui, contudo, penso em casos em que mais provavelmente o retraimento da mãe era mais crônico ou o retraimento do paciente mais semelhante a uma "não atração" [*undrawal*], muitas vezes, por motivos constitucionais. Bob Dylan descreve algo similar, de modo mais agressivo: "Não estou procurando nada nos olhos de alguém" [*I ain't looking for nothing in anyone's eyes*] (Dylan, 1987). No entanto, Dylan sabe o que não está procurando. Algumas crianças não sabem. Esses problemas clínicos podem surgir de maneiras muito diversas em um subtipo "não atraído" [*undrawn*] específico de autismo e também em crianças que passaram por grandes privações ou que foram abusadas e perversas. Sugeri que a ação de reclamação ou reivindicação de um terapeuta, que responde a um senso de urgência contratransferencial muito forte, pode ser uma forma extrema da atividade normal da mãe de despertar e alertar o bebê normal, levemente deprimido ou um pouco distraído (Alvarez, 1980, 1992). Esclareci, depois, que essa técnica só seria relevante em casos de um subtipo específico de autismo ou de privação em que há grave déficit do senso de *self* e de *objeto* (Alvarez, 1999). Esse tipo de trabalho pode envolver despertar o paciente para atenção e significado – ou, em termos de Bion, pelo menos oferecer realizações para preconcepções minimamente vivenciadas (Bion, 1962b). Quando as realizações falham, as preconcepções podem ter desaparecido ou atrofiado. Refiro-me ao trabalho com crianças e adolescentes, mas Pierazzoli (comunicação pessoal, 2002), McLean (comunicação pessoal, 2003) e Director (2009) sugeriram que a atividade de reclamação também pode ser relevante para trabalhar com certos adultos esquizoides cronicamente desconectados. Psicoterapeutas de crianças também utilizaram o conceito (Edwards, 2001; Hamilton, 2001; Music, 2009), enquanto Nesic (comunicação pessoal, 2005) sugeriu que trabalhar com pacientes com síndrome de Asperger envolve um processo de minirreclamações constantes.

Reid (1988) descreveu uma intervenção similar mais intensificada: enquanto reclamação se refere a situações em que o terapeuta chama a criança para o contato com ele, escreveu a respeito de como o terapeuta pode tentar atiçar certo interesse por um brinquedo ou qualquer outro objeto da sala. Ela chamou isso de "geração" ou "demonstração" de interesse ou significado. Explica que só usa esse método com certos pacientes autistas semelhantes a Robbie e apenas em determinados momentos.

A propósito, seria essencial diferenciar o paciente passivo desesperado, em razão de um objeto interno morto, do tipo de paciente descrito por Joseph (1975), que projeta interesse e preocupação dentro do objeto, que passa, então, a se sentir pressionado a ser o portador da vivacidade e da capacidade de atividade que parecem faltar ao paciente. (Há um exemplo em que ambas as situações se aplicavam a um paciente esquizoide limítrofe. Consegui responder a ambas, em uma rara ocasião, devolvendo parte do sentimento projetado para o paciente, mas eu mesma conservei e o expressei um pouco. Ver Alvarez (1992, p. 88).) Seria essencial também desenredar elementos da quase atrofia encontrada em algo semelhante ao deserto psíquico das pessoas envolvidas no "refúgio psíquico", descrito por Steiner (1993). O deserto psíquico, no primeiro ano de vida, pode reunir motivos defensivos ou viciantes durante o desenvolvimento para a idade adulta e, evidentemente, esses motivos precisam de cuidado analítico. Contudo, o mesmo se daria com relação ao déficit que acompanha e subjaz à situação em que o objeto, mais que ser evitado, nem sequer é encontrado, em razão de seu distanciamento ou fraqueza. Nesses estados mentais, o paciente não está se escondendo, está perdido. O refúgio ao menos oferece um lugar para ir; o deserto nada oferece.

Aprimoramento do estado mental do paciente relevante para o trabalho nos três níveis

Interpretações explicativas: precondição necessária

Eis um exemplo sucinto de interpretações mais comuns sobre raiva, por causa de perda ou ciúme, em pacientes que não estão em estado mental psicopático, *borderline* ou psicótico, mas funcionando em nível relativamente neurótico, em que é positivamente útil dizer algo como: "Você está zangado, está bravo, porque…". Isso em pacientes em que há alguma capacidade de culpa, de amor, algum ego, que possa processar o *insight* sobre sua própria agressividade, mas também em quem já se estabeleceu certo autorrespeito. Recentemente, uma adolescente chegou muito emburrada para a última sessão da semana. Explicou que a irmã a fizera se atrasar meia hora para sua sessão, mas recusou-se a dizer mais e sentou-se de costas para mim, absolutamente furiosa comigo. Pacientes *borderline* ou psicopáticos podem levar semanas para se recuperar desse tipo de decepção ou contratempo. Na verdade, podem estar sentindo não só raiva ou fúria: podem estar vivenciando confusão ou desespero, ou um aumento gélido de seu cinismo. Mas, para Linda, fui capaz de dizer: "Você está absolutamente furiosa comigo porque temos essa sessão tão curta hoje, especialmente sendo a última sessão da semana. Deve ser culpa minha". Ela se virou e disse: "Sim, *e* tenho provas na próxima semana". Ela se acalmou bem rápido. Foi suficiente interpretar sua raiva: não foi necessário considerar seu desespero nem suportar o sentimento de injustiça por ela, já que ela própria estava em contato com ele. Algumas pessoas *borderline* em desespero precisam que contenhamos isso por elas (ver Capítulo 6 sobre imperativos morais), mas Linda não. Ela foi capaz de se sustentar por si mesma, o que precisava ser processado era sua raiva. Muitos desenvolvimentos emocionais e cognitivos importantes já haviam ocorrido na vida dessa jovem para ela chegar a esse estágio. (Discuto isso na Parte I.)

Esses níveis superiores de interpretação envolvem uma interpretação em duas partes e, portanto, supõem capacidade de pensar em dois trilhos, ou seja, a capacidade de pensar dois pensamentos de forma bastante completa ao mesmo tempo (Bruner, 1968). As pré-condições emocionais são evidentes: certa capacidade de tolerar ansiedade e dor e de tolerar pensar – em outras palavras, um estado não muito distante da posição depressiva. No entanto, também envolve um elemento de funcionamento cognitivo, isto é, de desenvolvimento do ego e de formação de símbolo já adquiridos. Tomados juntos, isso pode envolver um estado mental neurótico ou moderadamente limítrofe. Bruner (1968) descreveu o desenvolvimento cognitivo que denominou capacidade de "pensar entre parênteses" ou de manter algo em reserva. O estudo de Bruner observou bebês em desenvolvimento desde o nascimento, verificando o que chamou de atenção de um trilho, em que os bebês só conseguiam mamar ou olhar, e uma capacidade coordenada de dois trilhos, aos quatro meses, quando conseguiam fazer as duas coisas mais ou menos ao mesmo tempo. Bruner (1968, pp. 18-24, 52) chama esse estágio final de "marcar o lugar" (como pôr o dedo em uma linha de um livro, enquanto se escuta alguém por um instante).

Outros autores descreveram algo similar ao pensar em dois trilhos de Bruner. Bion (1950) destacou a dificuldade do paciente psicótico com a visão binocular, e Segal (1957) sugeriu a importância do desenvolvimento da posição depressiva na aquisição do funcionamento simbólico – um tipo de pensar e sentir entre parênteses em um nível emocional profundo, em que amor e ódio não estão mais separados, mas integrados, embora não borrados nem confusos. Bion (1955, p. 237) também descreveu como os pensamentos podem se comportar como pessoas, isto é, se sobrepor um ao outro, e, poderíamos acrescentar, nos caçar, nos assombrar, caçar uns aos outros e, na poesia e em outras artes, ocasionalmente, conjugar-se harmonicamente. A criança normal pode manter um pensamento em reserva, levar em conta o pensamento dentro do pensamento e o pensamento além do pensamento. Por outro lado, pacientes *borderline* (em seus momentos psicóticos) são concretos, com pensamentos em um único trilho, avassalados pela singularidade do seu estado mental, em perigo de equações simbólicas e de cisão e projeção maciças. Podemos correr o risco de produzir integrações prematuras se tentamos passar por cima dos seus estados mentais urgentes, imperativos, obstinados.

Bruner não discute as condições em que o senso de reserva pode ser facilitado ou perturbado, mas psicanalistas aventaram que as condições emocionais envolvidas na passagem das relações bipessoais para as triangulares (edípicas) também podem desempenhar um papel importante no desenvolvimento desse tipo de apreensão quantitativa profunda (Britton, 1989; Klein, 1932b, pp. 183-184; ver Capítulo 2 para outros exemplos de bebês usando essa capacidade). Parece provável que a capacidade de registrar duas versões diferentes do objeto, às vezes, ambas positivas (*i.e.*, pode estar próxima, mas também distante, ainda que presente; ou é sugável, mas também visível; ou conversa com ele, mas também presta atenção em mim; ou me espera em segundo plano enquanto converso com ele), desempenha um papel no desenvolvimento da formação de símbolos e pode ser precursor importante da capacidade da posição depressiva de reunir dois pensamentos/sentimentos muito diferentes e opostos (amor e ódio ou amor e perda).

No entanto, há ainda outro fator emocional na capacidade de manter pensamentos em reserva, que examino com mais detalhes no Capítulo 2: ou seja, o elemento de prazer e de confiança e o senso de agência, abundância e antecipação que se ganha quando se vivencia mais que só um trilho de experiência. Há um elemento de confiança envolvido em esperar que uma ideia esteja na retaguarda da mente enquanto prestamos atenção em outra coisa. Igualmente, há um grande elemento de confiança e sensação de aventura, por exemplo, na base da coragem envolvida em aprender a andar e em avançar na investigação de novas ideias. Isso pode ser visto como decorrente da grande visão de Bion (1967) de que as relações entre pensamentos parecem se comportar como as relações entre pessoas ou entre o *self* e os outros. (Os Capítulos de 2 a 4 ilustram essa noção de diversas maneiras.)

Nível descritivo: atribuição simples ou ampliação de significado com pacientes com déficit egoico

Muitas crianças são doentes demais ou têm dificuldade de aprendizagem (em razão de autismo, trauma ou negligência) para conseguir pensar dois pensamentos juntos ou mesmo em sequência próxima. Para elas, a simples investigação das características que cercam um aspecto do objeto (por exemplo, seu brilho) ou do *self* (minha voz pode ser mais alta!) pode ser suficiente para prosseguir de modo a fazer sua mente crescer. Muitos pacientes com dificuldade de aprendizagem parecem ter subjacente algo semelhante a uma "incapacidade de querer saber". Devo dizer que, embora tenha sugerido que níveis diferentes de patologia correspondem aos três níveis, os pacientes se recusam ao enquadramento em categorias diagnósticas estritas, assim, os níveis só se referem aos diversos estados mentais que, evidentemente, podem ocorrer no mesmo paciente, em momentos diferentes da mesma sessão. Há muito tempo, Glover (1928a) alertou que "a interpretação transferencial da fantasia é incompleta" e que, "como regra geral, nossa próxima interpretação transferencial diz respeito aos indícios transferenciais de defesa" (p. 18). Mas ele também defendia uma cuidadosa regulagem e dosagem da interpretação com pacientes *borderline* e advertiu contra os perigos das interpretações prematuras nesse tipo de caso (Glover, 1928b, p. 213).

Bion descreveu duas etapas no desenvolvimento da capacidade de pensar: primeiro, a preconcepção precisa encontrar uma realização para que nasça uma concepção e, segundo, a concepção precisa encontrar frustração para que nasça um pensamento. Curiosamente, ele não disse muito acerca da primeira etapa. Parecia muito mais interessado na segunda: pensava que a verdadeira aprendizagem dependia da escolha entre técnicas de evasão e técnicas de modificação da frustração (Bion, 1962b, p. 29) e ligou a tolerância à frustração ao senso de realidade. Seu conceito de uma preconcepção que se junta a uma realização parece ter alguns indícios do elemento do encaixe perfeito sugeridos nas teorias de narcisismo primário (Freud, 1938, pp. 150-151), simbiose (Mahler, 1968) e ilusão (Winnicott, 1953), e que parecem insinuar um estado desmentalizado, algo sonolento. Contudo, surpresas agradáveis podem alertar ao extremo e estimular, do ponto de vista cognitivo, de tal modo que talvez a primeira etapa de Bion, a de introjeção de momentos de contato ou "momentos de encontro ou momentos de reconhecimento" (Sander, 2000), mereça mais estudo. O sentimento de ser compreendido pode levar a se *sentir bem*, sem implicar um simples modelo de adaptação ou gratificação. Na verdade, tais experiências podem não envolver exatamente encontros ou reconhecimentos: por causa do elemento de surpresa prazerosa, podem ser vitalizantes e fomentar pensamentos.

De qualquer modo, esse nível de trabalho envolve algo mais parecido a atribuir ou dar significado. Aqui, como disse, sugiro que estamos na área das ideias de Joseph (1978) sobre continência da identificação projetiva dentro do analista, por algum tempo, e o afastamento da devolução prematura do projetado, e de Steiner (1994) sobre a importância das interpretações centradas no analista. Isso se relaciona às ideias de Winnicott (1953) sobre respeitar o paradoxo na área transicional, ou seja, não identificar o objeto transicional rápido demais como pertencente ao objeto ou ao *self*. Conceitos como partilha e sintonia de estado mental, oferecidos por estudiosos do desenvolvimento como Stern (1985), ou companhia atenta, sugerida por Trevarthen (2001), também são relevantes.

Duas recomendações de Schore (2003) sobre técnica com pacientes *borderline* também são adequadas: o reconhecimento e "a identificação de afetos inconscientes que jamais foram regulados de maneira interativa durante o desenvolvimento" (pp. 280-281) nem representados internamente, e uma abordagem que não só identifica afetos distintos, automáticos, expressos por meio de expressões faciais e prosódia como também leva em conta a intensidade e, especialmente, a duração e a labilidade dos estados emocionais. Em termos de Stern, o terapeuta desses pacientes pode precisar estar alerta para os "afetos de vitalidade" do seu paciente, isto é, forma, intensidade e temporalidade das emoções do paciente, tanto quanto para seu conteúdo e, com certeza, para seu vínculo com outras emoções (Stern, 1985, pp. 53-60). Ou seja, não só podemos dizer "Você está muito aborrecido hoje" como também "Você ainda está muito, muito aborrecido, não está?". Ou, para uma criança antes rigidamente controlada e controladora: "Você parece realmente gostar de quicar essa bola, especialmente porque ela nem sempre volta para o mesmo lugar". Ligar a experiência a outros pensamentos, por exemplo, com suas ligações simbólicas, pode ser redundante, no melhor dos casos, e, no pior, interferir com um novo progresso. Trata-se de avaliar se devemos pensar que interpretações descritivas ou amplificadoras são parciais, incompletas (Glover, 1928a, p. 18) e simplesmente preparatórias para a coisa real, ou se devemos pensar que ocorre uma vivência mais completa nesses momentos. Seria necessariamente uma vivência parcial, quando algo parece tão certo?

Um instrumento muito útil para trabalhar nessa área é o conceito de "função alfa" de Bion (1962b) – a função mental que torna os pensamentos pensáveis e dá significado à experiência. Como com Robbie, às vezes, pode ser melhor evitar como um todo a questão de quem é que vive a experiência. Se o paciente for muito perseguido, desesperado ou simplesmente confuso, talvez seja melhor ligar um adjetivo ou dois ao substantivo, um advérbio ou dois ao verbo, e deixar assim. Um "É perturbador quando..." pode servir para colocar o sentimento a certa distância. Assim, o paciente pode escolher se vai deixar que a experiência seja sua, apropriar-se ou não dela. Nomear e descrever a experiência, creio, deve ter prioridade sobre sua localização. Hopkins (1996) esboça os pontos de vista de Winnicott a respeito da importância de simplesmente nomear por meio do brincar: ele supervisionou o trabalho de Hopkins com uma criança de 3 anos que não falava, não se vinculava nem tinha capacidade de brincar. Esse nível de trabalho é importante com pacientes psicóticos que estejam saindo de estados de grave dissociação e tenham necessidade de, simplesmente, identificar e verificar um estado emocional muito antes de conseguirem reconhecer como seu esse estado; também é importante com alguns pacientes traumatizados ou que passaram por grande privação que têm pouca estruturação de seu cérebro/mente emocional. Schore (2003) sugeriu que, ao trabalhar com pacientes *borderline*, não se trata de tornar consciente o inconsciente, mas de reestruturá-lo ou até mesmo estruturá-lo. Estou falando principalmente de pacientes *borderline*, autistas ou psicóticos, mas, na verdade, algumas pessoas precoces do ponto de vista verbal também podem necessitar de alguma desaceleração para dar conta da sua verdadeira experiência. Uma adolescente, aparentemente muito interessada em entender suas dificuldades, pode dizer: "Eu estava muito irritada com Matthew e sei que é porque fiquei com ciúme quando ele conversou durante muito tempo com aquela menina atraente, ontem à noite". Contudo, precisei aprender a não ser enganada pelo que aparentava ser *insight* e, às vezes, perguntar simplesmente o que ela queria dizer com "ciúme". Ela precisava de ajuda para ir mais devagar e examinar sua experiência, em vez de engolir, correndo, minhas interpretações como um todo e, depois, me realimentar com sua compreensão pouco digerida.

Continuação da atribuição descritiva de significado: exemplo de continência de identificação projetiva

O conceito de identificação projetiva como comunicação de Bion descreveu situações em que a mãe contém e transforma as projeções do bebê de maneira a tornar tolerável o intolerável (Bion, 1962b, 1965). Ele comparou esse conceito com a função continente do analista, e há muitos exemplos disso no trabalho clínico em que o paciente é capaz de investigar uma experiência insuportável por meio de outra pessoa. Joseph (1978) chamou a atenção para a necessidade de os analistas conterem essas experiências frequentemente muito poderosas dentro de si, às vezes, por longos períodos, sem devolver a projeção para o paciente; Steiner (1994) diferenciou interpretações centradas no analista de interpretações centradas no paciente. No trabalho com crianças, essa continência pode ocorrer por meio da disponibilidade de o analista encenar [*enact*] (por um tempo), por meio do brincar, a parte do *self* não desejado da criança. Freud (1911) e Bion (1962b) ressaltaram a importância da frustração no processo de aprendizagem, contudo, em certos casos, a liberação *da* frustração parece ser o que promove o pensar – a oportunidade de investigar a experiência em outra pessoa capaz de senti-la profundamente e também pensar a respeito dela. Kleitman (1963) mostrou que ocorrem vigília por escolha, estados de animada curiosidade, em bebês recém-nascidos após uma mamada ou defecação, quando o bebê se sente bem, e não como se pensava antes, quando o bebê está premido pela fome e pelo desconforto.

Jill, uma jovem com deficiência, condenada a uma cadeira de rodas por toda a vida, ficou desesperada e em um estado suicida ao mudar da escola primária para uma escola secundária maior. Depois de uns meses de terapia, começou a fazer sua terapeuta sentar em uma cadeira com fitas adesivas enroladas em volta das pernas. Jill disse que a terapeuta nunca sairia, teria de ficar ali para sempre. Era uma brincadeira de faz de conta (a terapeuta não estava realmente presa), mas o tom era glacial e mortalmente sério. Evidentemente, essa figura representava Jill, mas, do ponto de vista clínico, era importante a terapeuta imaginar e descrever essa vivência extremamente perturbadora como se fosse sua, e não devolver a projeção nos estágios iniciais. A paciente não só queria como precisava *experimentar* a identidade de alguém saudável, ao mesmo tempo que via essa outra pessoa viver o desespero e a amargura em seu lugar. Ela sentia que devia ser *a vez de outra pessoa*. O senso de necessidade urgente e legítima é muito diferente de um desejo – ainda que seja um desejo apaixonado – de que as coisas sejam de outro jeito, e as palavras da terapeuta, as respostas contratransferenciais e as dramatizações podem refletir esse fato. A brincadeira começou de maneira sádica, mas, à medida que as semanas prosseguiram, foi ficando cada vez mais dramatizada simbolicamente e, afinal – em certos momentos –, bem-humorada. Devolver prematuramente a projeção só teria aumentado a frustração e o desespero já intolerável da criança, impedindo a lenta investigação de verdades dolorosas. Ela conhecia perfeitamente sua invalidez e a profundidade do seu desespero, mas, em algum lugar, tinha a preconcepção de si como ser humano saudável e capaz e encontrou a oportunidade de isso ser realizado, ainda que só em fantasia. Ressalto que a utilidade dessa continência, pela terapeuta, não precisa ser vista apenas como um passo no caminho da reintrojeção subsequente do sentimento de invalidez, mas como um passo necessário para o crescimento da esperança e da autoria (e do desejo de uma vida digna e parcialmente capaz) no *self*, que foi posto de lado enquanto realizava a projeção necessária. Kundera (1982) descreveu a maneira pela qual fantasias de justiça e até de vingança poderiam levar a "retificação" de sentimentos duradouros de amargura. Continência cuidadosa da identificação projetiva parece ter permitido que Jill se recuperasse do desespero e começasse a se ver como mais capaz. O monitoramento cuidadoso poderia nos advertir sobre os riscos de continuar por tempo excessivo e com muita passividade nesse tipo de receptividade e, desse modo, de negar a realidade ou, pior, alimentar o narcisismo ou o sadomasoquismo.

Continuação da atribuição descritiva de significado: exemplo de função alfa que provê algo semelhante à autorressonância

David, um menininho, nasceu prematuro e teve crises respiratórias e hospitalizações durante todo o primeiro ano de vida. Também sofreu abuso emocional e tinha atraso grave do desenvolvimento. No início, não sabia brincar nem falar, mas, afinal, começou a ralhar e gritar com um ursinho de pelúcia. A seguir, acrescentou uma nova brincadeira: começou a pedir ao terapeuta que dramatizasse com ele alguém tossindo e sufocando. Ele e o terapeuta tossiam, ameaçavam vomitar e sufocavam juntos. David insistia na reprodução exata de cada detalhe. Quando o terapeuta disse, em certo momento, lembrando sua história inicial "Coitadinho do bebê!", David rejeitou essa fala com desesperada impaciência. Aparentemente, o terapeuta devia *ser* David antes de ele estar preparado para *sentir com* ele e, certamente, antes de ele estar preparado para *sentir por* si. Talvez o companheirismo na identificação, durante a experiência, precisasse preceder a empatia, e a empatia precisasse preceder a compaixão. A compaixão, afinal, vem de outro. Talvez David necessitasse, em primeiro lugar, encontrar e identificar sua vivência traumática e fazer o impensável passar a ser pensável. Evidentemente, a exatidão da repetição do brincar era importante para ele. Vale a pena observar que não se trata de um exemplo de identificação projetiva: a criança e o terapeuta precisavam encenar [*enact*] o papel. Era um dueto, não um solo, e o dueto parecia fornecer a função alfa e a ressonância necessárias. Ao observar que alguém, que não seja a própria criança, *sintoniza algo*, por assim dizer, penso que estamos testemunhando os "estados diádicos ampliados de consciência" que Tronick descreve (Tronick *et al.*, 1998). Já observei pacientes traumatizados ficarem chocados e traumatizados novamente com interpretações que tentavam ligar uma pequena fobia atual a fatos mais terríveis e amplos do passado: na verdade, precisavam que o terapeuta tratasse a recuperação do trauma exatamente como o processo de luto descrito por Freud (1917) – envolvendo um pequeno passo de cada vez. Em 2004, Hughes, crítico de arte, disse:

> *Necessitamos mais de arte lenta: arte que conserve o tempo, como um vaso conserva água... Uma série de marcas de pincel numa gola de renda, em um*

Velásquez, pode ser tão radical quanto o tubarão que um australiano capturou... há alguns anos e está agora se desintegrando sombriamente em seu tanque, do outro lado do Tâmisa. Mais radical, realmente.

Pacientes profundamente imersos na posição esquizoparanoide podem precisar de muita ajuda para adquirir a função alfa, em relação a diversos elementos minúsculos de cada lado da cisão, bons ou maus, muito antes de estarem preparados para integrar os dois. Pinceladas mínimas, da nossa parte, podem bastar.

O terapeuta de David atribuiu significado ao participar do dueto de tosse, mas há muitos equivalentes verbais. O meu "Você está muito aborrecido", para Robbie, ofereceu um tipo de compaixão, mas o "É aborrecido quando" tinha muito mais a ver com uma identificação empática. Mas desconfio que David estava em um nível ainda mais primário do que a necessidade de empatia: precisava investigar como *seria* sufocar quase até a morte, por assim dizer, para administrar um pouco isso. Com um paciente mais velho, algo como "Que horrível!" pode oferecer um pouco da função alfa necessária, supondo que o terapeuta tenha sido verdadeiramente capaz de se imaginar na situação.

Uma ressalva óbvia: é evidente que o terapeuta precisa sentir quando o paciente já consegue assimilar níveis superiores de interpretação – ou seja, quando está na situação emocional de suficiente calma ou intelectualmente capaz de, de fato, querer entender as questões do tipo "por quê" e "quem". (Vemos esse tipo de curiosidade aumentando aos saltos no Pequeno Hans, e vale a pena levar em conta a prescrição de Pine quanto a "malhar em ferro frio" com pacientes *borderline* (Freud, 1909; Pine, 1985, p. 153).) Steiner (1994) assinalou que o mesmo paciente, em um momento melhor, pode conseguir se apropriar de um sentimento, e muitas crianças fragmentadas, aos poucos, começam a alternar estados fragmentados e mais integrados.

Steiner (1994, p. 421) assinala que, de qualquer modo, não é uma simples questão de dicotomia ou/ou, conter ou devolver a projeção. Evidentemente, o tom de voz e a gramática podem transmitir níveis diferentes de receptividade em um contínuo de níveis de receptividade até a identificação projetiva. (E o tom de voz certamente acompanha a gramática; não é uma simples questão de palavras.) "Você quer que eu sinta..." é muito diferente de "Você sente que eu deveria sentir..."; e ambas as falas são diferentes de "Eu acho que eu deveria sentir..."; e todas as três são diferentes da confissão franca de Searles do ciúme que sentia das relações idealizadas dos seus pacientes *borderline* e esquizofrênicos com figuras idealizadas, partes deles próprios, até mesmo de suas alucinações (Searles, 1961, p. 438). Essa calibragem de graus de receptividade pode se correlacionar de perto com o grau em que o paciente vivenciou a si próprio como alguém em quem, anteriormente, se projetava e a necessidade consequente de usar a identificação projetiva, não como defesa, mas como comunicação necessária (Bion, 1962b). Indo para outro extremo desse espectro específico, precisamos saber durante quanto tempo devemos continuar desempenhando o papel de vítima que a criança abusada foi um dia (e que precisa que continuemos a ser por algum tempo) e quando devemos começar a mostrar a resistência ao abuso que foi incapaz de ter.

Níveis intensificados e vitalizantes de trabalho: reclamação e apreensão da faixa correta de intensidade com pacientes com déficit de ego, *self* e objeto interno

Aqui, não está em jogo simplesmente um ego fraco nem deficiências importantes no senso de *self*: são deficiências no *self* e no objeto interno, em que *ambos* são vivenciados como mortos e vazios, imprestáveis ou capazes de excitações desviantes. Com frequência, há apatia crônica acerca de relacionamentos, que vai além do desespero. Não se espera nada. Caso tenha qualquer ligação com as observações de Bowlby (1988) sobre a descida do protesto para o desespero e, depois, para o desapego, estou pensando em situações que começam *tão cedo* que o desapego leva a um não apego. Em casos mais graves, a criança, por motivo de autismo ou negligência severa, pode nunca ter desenvolvido um apego (ver Perry, 2002).

Exemplo de reclamação

Gostaria de voltar a Robbie, o paciente autista, em uma fase anterior do tratamento. Ele diferia muito de outras crianças autistas que eu atendera – as que Tustin (1992, pp. 23-30) descreveu como "tipo concha" e que Wing e Attwood (1987) denominaram "indiferentes". Robbie parecia mais não atraído [*more undrawn than withdrawn*] do que retraído, mais perdido do que se escondendo. Já descrevi (Alvarez, 1992) como, aos poucos, fui chegando à conclusão de que sua passividade não decorria de uma retirada defensiva: ele não se afastara, ele desistira. Nem decorria de projeção maciça de partes intensificadas do seu ego para dentro do objeto: seu objeto interno parecia tão esvaziado quanto ele. Ele, por fim, chamou-o de "rede com um buraco" – não era um continente muito humano nem, no caso, um objeto atraente ou interessante. A continência receptiva, de natureza passiva demais, não parecia ajudá-lo e, de qualquer modo, creio que sua capacidade de projeção era muito fraca. Desesperei-me durante anos, sem saber como ficar suficientemente densa, substancial e condensada para atrair sua atenção e fazer sua mente extremamente flácida se concentrar.

Em determinado momento, quando Robbie tinha 13 anos, precisei interromper a terapia, de duas sessões semanais, por alguns meses, em razão do nascimento do meu bebê. No mesmo período, a mãe dele também teve outro bebê e, quando Robbie voltou para uma série de encontros mensais apenas, parecia ter desistido totalmente. Parecia ter morrido psicologicamente. Na última sessão antes das férias de verão, vivi um sentimento desesperado de urgência na contratransferência: eu falava da interrupção próxima, da necessidade de dizer até logo e da possibilidade de ele pensar em nós, um lembrando do outro. Nada o alcançava, e fiquei cada vez mais preocupada de tê-lo perdido para sempre. Peguei-me movimentando minha cabeça dentro da sua linha de visão e chamando seu nome. De repente, ele me olhou, muito surpreso, como alguém chegando à superfície, vindo de um local muito profundo, e disse: "Olá-á-á...", de maneira pensativa e doce, como alguém cumprimentando um amigo há muito perdido. (Observe-se que, ao contrário de um paciente defendido, ele não mostrou resistência à sua emergência, apenas surpresa.) No dia seguinte, teve uma espécie de colapso depressivo, ou melhor, uma saída brusca do seu autismo. Chorou durante vários dias, falando aos pais de uma separação traumática que ocorrera aos 2 anos de idade, quando a mãe teve de ser internada às pressas. Depois de uns meses, quando passou para cinco sessões semanais, contou-me, muito excitado, mas com bastante coerência, ter estado em um poço muito fundo e que alguém jogara uma meia de mulher muito, muito, muito longa e puxara a ele e a todos os seus entes queridos para fora. Um a um, eles todos foram "voando para o outro lado da rua". Ele geralmente falava em fiapinhos de frases – enunciados apáticos que aparentemente sentia não terem importância e que eram fáceis de ignorar e esquecer. Mas, nesse momento, Robbie veio verbal, musical e dramaticamente à vida, à medida que sua voz subia e descia com a história do resgate e do voo dos personagens. Edwards observou que, no caso de Robbie, não só seu *self* como também seus objetos internos, voltavam à vida nesse momento (comunicação pessoal, 2010).

A implicação parecia ser algum tipo de corda salva-vidas, e o *comprimento* da meia correspondia exatamente ao meu sentimento de que meu alcance emocional precisava ser longo, porque Robbie estava muito longe e ali estivera durante longo tempo (na ocasião, ele tinha 13 anos). Eu tinha falado mais alto, com maior urgência emocional e, inconscientemente, coloquei meu rosto de modo a captar seu olhar; acima de tudo, eu exigia sua atenção de um jeito que, na ocasião, pareceu-me inusitadamente ativo e, assim, para minha surpresa, consegui. Mais tarde, evidentemente, eu também tinha aumentado as sessões de uma vez por mês para cinco sessões semanais. Creio que ele precisava ser chamado de volta, tanto para si próprio quanto para a família humana, e que o processo parecia envolver uma espécie de despertar do autismo ou de dissociação da vida inteira – ou de ambos. (É possível que uma fraqueza constitucional autística tivesse sido acompanhada de dissociação deflagrada pela separação repentina dos pais em circunstâncias assustadoras. Reid (1999a) descreveu os efeitos do trauma em um pequeno subgrupo de crianças com autismo.) A princípio, pensei que a quase morte psíquica de Robbie fosse um tipo de retraimento, mas passei a pensar que estava mais próxima de uma desistência desesperada do que de um corte defensivo. De qualquer modo, a cronicidade de qualquer condição precisa ser cuidadosamente diferenciada do uso original defensivo dela ou, no caso, do déficit que pode tê-la iniciado. E a técnica analítica pode levar isso em conta.

Reid (comunicação pessoal, 1989) assinalou a possibilidade de não se querer defender esse tipo de técnica com a criança autista do tipo concha, com quem não devemos ser intrusivos. Por isso, teria sido contraproducente com Robbie, em estágios posteriores, quando ele frequentemente tirava partido da sua passividade, simplesmente porque era confortável deixar para os outros o trabalho de sentir e pensar. Conversamos muito sobre a diferença entre o mau uso da ajuda e sua necessidade genuína de ajuda nos primeiros tempos. Essa técnica intensificada e vitalizante certamente não seria necessária com um paciente que tivesse ego suficiente, senso de *self* e interesse pela vida a ponto de lutar contra a tendência a se retrair. É interessante que minha operação de resgate emergencial não precisou se repetir depois daquele dia tão dramático, do colapso subsequente e da mudança para o tratamento intensivo. A partir disso, porém, aprendi que precisava fazer muito trabalho comigo mesma para fornecer um cuidado mais constante, tenso, firme e menos frouxo. O trabalho no pronto-socorro da minha mente precisava ser substituído pelo trabalho na ala de cuidado intensivo. Exige-se um cuidado muito vigilante com certos pacientes autistas se quisermos manter contato – até eles descobrirem sua própria motivação para se relacionar. Na verdade, a observação e a pesquisa de bebês sugerem que certos bebês requerem um puxão mais firme na corda salva-vidas do contato do que outros (Brazelton e Nugent, 1995, pp. 65-66, 73). Evidentemente, também foi importante observar e interpretar as consequências da minha frouxidão. Depois, ao adquirir mais linguagem, Robbie descreveu a imagem de dois barcos à deriva, afastando-se cada vez mais. Certo dia, também contou que, há muito tempo, seu tio o havia ajudado a sair de um congelamento profundo no qual esteve paralisado e "deixado à morte para sempre, sem olhos, orelhas, boca e pênis". Demonstrou como foi lutar para sair do gelo; as pernas se movimentando muito devagar no começo. Pareceu-me uma ilustração vívida da dificuldade de superar a cronicidade; é um lembrete da *prática* necessária, quando o paciente está mais vivo, para continuar vivo. Robbie ficou muito melhor em se pegar à deriva ou, nesse caso, afundando.

Greenspan (1997) discutiu a técnica de se gerir níveis muito desordenados (muito elevados ou muito baixos) de excitação em certos pacientes, muitos dos quais, mas nem todos, autistas. As ideias desse autor, de como regular a excitação de pacientes excessivamente excitados, provavelmente estariam mais de acordo com o modelo de continência de Bick (diferente do de Bion – mais relacionado com a promoção da integração, no sentido de um senso coerente do *self* e do mundo objetal e até de tranquilização de crianças agitadas com hiperatividade frenética; ver S. Miller (1984)). Mas Greenspan (1997, p. 282) também sugere que os clínicos podem criar, para pacientes pouco animados, "um ambiente pessoal mais convincente", regulando para cima, ou seja, entre outras coisas, tornando suas vozes mais enérgicas para alcançá-los. O método de Greenspan, que parece decorrer de uma psicologia unipessoal, pode parecer tênue para pessoas versadas nas ideias das relações objetais e em toda rica complexidade do mundo interno, com o fluxo e o refluxo dos processos projetivos e introjetivos, mas sugiro que, nessa área de estados mentais adormecidos ou pouco estimulados, se é para levar em conta a existência de objetos internos que também podem estar mortos, sem valor ou desinteressantes, exige-se mais estudo a respeito de métodos para introdução de significado e importância – e fazer contato emocional com pacientes nesses estados tão exauridos.

Há um terceiro tipo de uso intensificado da contratransferência, diferente da urgência desesperada que senti com Robbie, ao perceber que ele estava próximo da morte psicológica. Às vezes, surge quando há um sentimento de tédio vazio e de falta de sentido na contratransferência. Bergstein (2009) ressaltou que é importante o analista sentir o tédio e o vazio com seu paciente, não se apressar para preencher o buraco de modo prematuro. Contudo, também diferencia tipos diversos de vazio e, nesse caso, enfatizo situações em que o vazio do paciente nesses momentos não se dá por desespero nem por defesa no sentido de projetar partes vivas do *self* para dentro do objeto, mas, sim, que isso se tornou uma solução viciosa. Assim, é preciso ajudar o paciente a ir em frente, por assim dizer. Ou, em uma situação de um quarto tipo, pode haver um sentimento enorme de impaciência, quando não de afronta, com a natureza repetitiva e perversa da atividade sadomasoquista. Discuto o uso desses tipos de contratransferência no Capítulo 7, sobre o trabalho com crianças psicopáticas, e o uso mais intensificado no Capítulo 11, sobre brincar, e no Capítulo 12, sobre descobrir o comprimento de onda.

Conclusão

A psicanálise passou décadas estudando processos de projeção. Começou-se a dar atenção também aos processos introjetivos dos pacientes (Feldman, 2004; G. Williams, 1997). Tentei identificar momentos em que foi útil o terapeuta abrandar o trabalho para um nível mais puramente descritivo, a fim de tentar oferecer compreensão que busca "conservar o tempo como um vaso conserva a água".

Quadro 1.1 – Níveis de interpretação

Interpretação/ tipos de significado	Teoria e técnica	Capacidade cognitiva	Gramática de interpretação	Estado mental (não diagnóstico)
Explicar, localizar, (oferecer alternativas)	Freud, Klein Desejos/defesas; devolver projeções	2 trilhos	Por quê-porquê; quem-você	Neurótico, normal, *borderline* moderado
Descrever, nomear (dar e ampliar significados)	Bion, Winnicott, Stern Necessidades, proteções, conter projeções, facilitar introjeções	1 trilho	O quê [*whatness*] Ser [*isness*]	*Borderline*, autistas, psicóticos, atraso de desenvolvimento, vício, perversão
Vitalizar (insistir no significado)	Tustin, Reid, Alvarez Reclamar, gerar, desencorajar, vício ou perversão	0 trilho, ou trilhos desviantes	Chamado-Olá!	Autistas, psicóticos, desespero, atraso de desenvolvimento, vício, perversão

Também sugeri que, com certas crianças autistas, desesperadas/apáticas ou fragmentadas, talvez tenhamos de descer a outro nível de trabalho, ainda mais importante, que envolve a continência, *a transformação intensificada* e a vitalização de objetos internos percebidos como imprestáveis e sem valor (não *desvalorizados*). Não é fácil conseguir o equilíbrio entre ser intenso demais e, portanto, intrusivo, e ser sentido como remoto ou fraco demais. Mas, como disse na Introdução, muito antes de certos pacientes processarem seu ódio e encontrarem sua capacidade de amor, podem precisar desenvolver a capacidade de se interessar por um objeto com certa substancialidade e vida. Algo ou alguém precisa ter importância. É um trabalho no próprio alicerce da possibilidade da relação humana, ou seja, ainda que tenhamos de prestar atenção à sua falta de interesse, muitas vezes, devemos encontrar maneiras de atrair sua atenção e, então, tentar descobrir como mantê-la. Uma vez que se consegue isso, o trabalho pode se mover para níveis superiores, às vezes, dentro da mesma sessão. Tenho certeza, porém, de que o trabalho com crianças muito perturbadas ou prejudicadas em termos de desenvolvimento precisa de subsídios da psicanálise e dos estudos de desenvolvimento e de psicopatologia. Este livro é uma tentativa de calibrar alguns pensamentos em uma hierarquia de prioridades.

Parte I
Condições de nível explicativo

2. Condições emocionais para o desenvolvimento do pensar em dois trilhos [*two-tracked thinking*]: a sensação de ser agente e a sensação de abundância

Anne Alvarez e Piera Furgiuele

Introdução

Sugeri, no Capítulo 1, que certas habilidades cognitivas e emocionais podem ser necessárias para a capacidade de compreender uma interpretação explicativa como: "Você está zangado comigo hoje por causa da interrupção do tratamento que vai acontecer e isso o faz ter intensos sentimentos acerca de separação" ou "Seu sentimento repentino de horror sobre o modo de a professora tratar um menino na escola pode estar ligado a sentimentos de irritação e de injustiça a respeito do que eu acabei de dizer sobre sua tendência a...". Sugeri que o estudo de Bruner (1968) sobre o desenvolvimento da capacidade de pensar em dois trilhos pode ser uma forma útil de conceituar um conjunto de elementos nessas habilidades. No entanto, Bruner omite totalmente a possibilidade de componentes emocionais no desenvolvimento do pensar em um trilho para o pensar em dois trilhos. Neste capítulo, proponho ampliar as descobertas de Bruner e incluir evidências provenientes da observação naturalista de bebês. Portanto, examino os elementos emocionais e as relações de objeto no que se denominou sensação de ser agente [*sense of agency*] do bebê, para ver como isso se relaciona com a capacidade de "pensar entre parênteses" identificada por Bruner. De muitas maneiras, o bebê normal é indefeso e dependente, mas também é competente, atento, alerta e, quando as condições permitem, cheio de curiosidade apaixonada pelo seu mundo. Os pesquisadores do desenvolvimento passaram décadas tentando analisar os diversos elementos das condições essenciais para o desenvolvimento cognitivo e emocional saudável. A sensação de eficácia – ou de ser agente – é um desses elementos, identificado por Broucek (1979). Ele sugeriu que essa sensação de eficácia – e o prazer associado a ela – são os alicerces do senso de si. Broucek (1991) cita Jonas (1974), de acordo com quem a fonte do conceito de causalidade está na experiência do corpo colocando-se em ação. Broucek (1991, p. 28) também descreve a observação de Tompkins (1981) de que os bebês, logo após o nascimento, substituem a sucção reflexa pela sucção voluntária e o rastreamento visual reflexo pelo rastreamento visual voluntário. Broucek ressalta que Tompkins insiste que, desde os primeiros instantes de vida, os bebês se empenham em melhorar as cenas *fazendo-as eles próprios*. O autor considera que essa é uma das primeiras manifestações de intencionalidade e de vontade – uma teoria fascinante sobre as origens do senso básico de si. Ainda assim, deixa claro que o bebê geralmente age sobre *alguém* e, portanto, precisamos acrescentar a importância idêntica do sentimento relativo ao objeto: isto é, sentimentos sobre a natureza dos seres humanos ou – na linguagem dos pesquisadores do apego – figuras representacionais internalizadas sobre as quais o bebê se vê agindo. Evidentemente, experiências causais não são meramente físicas; também são mentais. O bebê tem diversas experiências de que sua mente age e produz efeitos em outra mente. A propósito, pode haver muito mais para a sensação de ser agente do que o simples poder de domínio, ainda que esse elemento não seja insignificante. Não considero que isso possa ser compreendido ainda simplesmente em termos de "onipotência infantil" (Klein, 1946, p. 7) ou de "ilusão" de Winnicott (1945): os bebês podem ser indefesos do ponto de vista físico, mas não são de modo algum indefesos do ponto de vista emocional e social – isto é, se os cuidadores permitirem que sejam (Reddy, 2008).

Em seu artigo de 1979, Broucek analisou diversos estudos de pesquisas sobre "contingência". Descreveu a alegre satisfação do bebê ao se descobrir como potencial agente causal de eventos. O bebê demonstra muito prazer – com sorrisos, arrulhos e animação – com a descoberta de que há uma relação de contingência entre seu comportamento inicialmente espontâneo e um evento no mundo externo, bem como a "subsequente capacidade de produzir *por vontade própria* o evento externo por meio da repetição do ato precedente. A conclusão aparentemente inevitável é que o prazer do bebê nessa situação decorre do prazer de ser a causa" (Broucek, 1979, p. 312). Broucek ressalta a importância da vontade – tema relativamente inexplorado na psicologia e na psicanálise – e descreve o que ocorre se os bebês não têm oportunidades adequadas para a experiência de eficácia: se o bebê é muito novinho, a capacidade de iniciativa pode atrofiar. Papousek e Papousek (1975), em experimento de laboratório, primeiramente deram aos bebês a oportunidade de fazerem um evento acontecer. O prazer dos bebês foi, aparentemente, insaciável. (O experimento demonstrou que nada havia de especialmente recompensador no evento em si – o importante para os bebês era a capacidade de fazer acontecer.) Os pesquisadores, então, privaram os bebês dessa satisfação e descobriram que as primeiras reações foram intensificação da respiração, do pulso e da sudorese. No entanto, surgiu uma situação muito mais preocupante: alguns bebês começaram a "se fingir de mortos"; ficando imóveis sem convergência dos olhos, olhar fixo e respiração semelhante à do sono. Papousek e Papousek sugeriram que esse estado de passividade, como uma espécie de "separação interna total do ambiente" (p. 313), surgia com maior probabilidade em bebês com menos de dois meses, bebês com mais de três meses colocados em situações frustrantes semelhantes pareciam mais capazes de evitar ativamente tudo o que estivesse ligado ao problema insolúvel. Assim, a evitação ativa e a não responsividade passiva foram consideradas maneiras muito diferentes de reagir ao sentimento de ineficácia; em ambos os casos, o resultado era o rebaixamento da atenção e da orientação. (Podem haver algumas questões interessantes para diagnóstico e avaliação clínica. Algumas vezes, os clínicos avaliaram como aquisição e desenvolvimento, quando o retraimento mais automático e desamparado da criança autista se transformava em intencionalidade mais ativa, por exemplo, quando, em vez do olhar inexpressivo, o olhar era desviado deliberadamente (Alvarez, 1992, p. 98; Reid, comunicação pessoal, 1989).)

Autores de psicanálise têm discutido questões similares, mas um pouco diferentes, sobre a sensação de ser agente ou de eficácia. Freud (1920) escreveu sobre domínio; Kohut (1985), sobre a necessidade de *self*-objetos. Klein (1961, p. 465) deixou claro que diferenciava defesa onipotente de potência genuína. Alvarez (1992) ressaltou o risco de o terapeuta confundir o triunfo da criança em sua sensação de onipotência com o prazer e o orgulho compartilhados na sensação de potência – e a importância desta última na recuperação de certos tipos de depressão grave na infância.

Broucek (1991) deixa claro que a eficácia dos esforços do bebê diante do mundo depende da "suficientemente boa" sensibilidade e responsividade maternas. Ele postula: "Eu causo e tenho intenção, portanto, eu sou" (Broucek, 1979, p. 313), mas também ressalta que bebês bem pequenos, na maior parte do tempo, interagem com cuidadores humanos, não com as luzes piscantes de experimentos de laboratório. Logo, é necessário ampliar essa afirmação para: "Eu faço coisas acontecerem nela, portanto, começo a sentir que sou e, também, começo a sentir que ela é". O trabalho mais recente de pesquisadores como Reddy (2008) e Trevarthen (2001) demonstra o prazer que os bebês de sete ou oito meses sentem em se exibir, quando isso suscita respostas de regozijo dos cuidadores (Reddy, 2008, pp. 136-144, 148-149). Reddy descreve as coisas dramáticas ou tolas que os bebês fazem para obter a atenção e manipulá-la a fim de "aumentar sua visibilidade" diante das pessoas que cuidam deles (p. 136). Também ressalta que há duas coisas importantes acerca dessas descobertas: primeiro, os bebês têm autoconsciência bem antes do que postulam os psicólogos cognitivos, que consideram necessário esperar um conceito mais plenamente desenvolvido de *self* aos dezoito meses (p. 128); segundo, o fenômeno não deve ser definido como autoconsciência, pois ocorre sempre no encontro com outras pessoas, portanto, deve ser denominado "consciência *self*-outro" (p. 149).

Este capítulo tenta identificar dois possíveis componentes dessa relação causal. O primeiro é a disposição de o cuidador responder com interesse atento às iniciativas do bebê e a sensação correlata do bebê de ser o agente causal evocador dessa responsividade. Esse componente diz respeito a momentos em que o bebê está em primeiro plano no interesse do cuidador, como implica o argumento de Broucek. O primeiro componente (1) diz respeito à relação de dois objetos em que o bebê pode viver a sensação de ser agente em relação ao objeto. O segundo componente, ou melhor, conjunto de componentes (2), diz respeito à relação tripartite, em que o cuidador ou o bebê é agente em relação a dois objetos e se empenha em algo que Bruner (1968) denominou "pensar em dois trilhos". Dois comportamentos um pouco diferentes dos cuidadores, na primeira e na terceira observações a seguir, podem ajudar a facilitar o desenvolvimento dessa capacidade no bebê.

O primeiro comportamento (a) diz respeito à capacidade de o cuidador manter o bebê em segundo plano em sua mente em momentos em que outro objeto está em primeiro plano. É possível que a expectativa confiante do bebê quanto a isso facilite sua consequente identificação com um objeto capaz desse pensar em dois trilhos. O segundo comportamento (b) diz respeito à disponibilidade de o cuidador se afastar e *esperar* (com interesse) enquanto a atenção do bebê está em outro lugar. Assim, para repetir, na primeira situação (como nos exemplos de Broucek), o bebê é capaz de vivenciar o sentir-se agente em relação a um objeto; em 2a, pode vivenciar-se em segundo plano na mente de alguém e, assim, vir a se identificar com essa capacidade de duplo trilho; em 2b, pode ser capaz de sentir-se agente em relação a dois objetos (um em primeiro plano, outro "em espera" em segundo plano).

Nos três bebês descritos a seguir, tanto o primeiro quanto o segundo tipo de sentir-se agente continham características emocionais e cognitivas: primeiro, o objeto sobre o qual agiam era responsivo, reativo *e* interessado do ponto de vista mental; segundo, o senso de riqueza emocional, o senso de abundância, nos cuidadores e no bebê, era acompanhado de acesso fácil à abundância de ideias. A sensação de plenitude e de renovação do mundo parece estar ligada ao sentimento de estar cheio de ideias, não de ideias que se amontoam e exigem igual atenção de forma confusa, mas de ideias que aguardam sua vez na fila e não desaparecem (ver, no Capítulo 3, um exemplo de criança cujos pensamentos, em sua mente, não esperavam sua vez na fila). Isso pode estar relacionado ao que Bruner (1968) denomina capacidade de "pensar entre parênteses" – administrar duas ou mais séries de pensamentos ao mesmo tempo. Os três bebês ilustram esses fenômenos. Alice, a primeira, e Ângela, a terceira, eram ricas em ambas as sensações de ser agente; Paul, o segundo, estava empobrecido nas duas.

O desenvolvimento do pensar em dois trilhos e a observação de Alice

Mack, observadora em um seminário de observação de bebês na Clínica Tavistock, ficou impressionada com um incidente em que Alice, menina de um ano e uma semana, demonstrou interessante capacidade de pensar em dois trilhos. A observação ocorreu em um dia em que havia muitas pessoas na sala da família. Havia a visita dos avós paternos muito afeiçoados, o pai tinha voltado do trabalho e a mãe e o irmão George, de 4 anos, também estavam presentes. Em certo momento, ao brincar de esconde-esconde, Alice caiu e se machucou. A mãe a consolou, serviu-lhe suco e logo levou-a de volta para a sala:

> A mãe sentou-se perto do pai e Alice sentou envolvida pelo contorno do corpo da mãe, bebendo seu suco. Ainda tinha lágrimas nos olhos e nas faces, mas recuperava o ânimo. Sugava calmamente e observava a atividade de George. Após uns minutos, Alice colocou seu copo na borda do grande carro de brinquedo de George (quase do tamanho de uma mesa grande), descansou por uns minutos e – sem olhar – alcançou o copo (com precisão), agarrou-o e recomeçou a beber.

A observadora ficou admirada com a capacidade de Alice de se lembrar, sem olhar, exatamente do lugar onde tinha deixado o copo, enquanto parecia estar prestando atenção em outra coisa. Outra observação recente pode servir para demonstrar a atenção cuidadosa que tanto o pai quanto a mãe prestavam a Alice. Também ilustra o interessante pensar em dois trilhos por parte da mãe, que mostrava capacidade de mantê-la em sua mente, assim como Alice mantivera o copo, enquanto prestava atenção em outra coisa.

A mãe tinha colocado um caminhão de brinquedo cheio de latões de leite na frente de Alice. O caminhão de leite atrapalhava minha visão, mas acho que ela tirou um latão de leite e o colocou em um carrinho. O pai e George se juntaram a nós. A mãe percebeu que o nariz de Alice escorria e limpou. Alice virou a cabeça de lado, como se estivesse evitando ser limpa. A mãe, então, disse orgulhosamente para o pai que Alice já sabe assoar o nariz e comentou sua esperteza por saber diferenciar nariz e boca. A mãe pediu a ela que assoasse o nariz, segurando o lenço de papel junto ao seu rosto. Alice sorriu, correspondeu e afastou-se parecendo satisfeita consigo. O pai disse: "Ela sabe quando está sendo esperta!". Alice continuou a brincar, empurrando seu carrinho pelo chão e engatinhando. A seguir, tirou outro latão de leite do caminhão, mas o derrubou, pois George atraíra sua atenção. Alice começou a olhar em volta, no chão, aparentemente à procura do latão de leite. A mãe, que estivera conversando com o pai, de repente, disse para Alice: "Você está procurando seu latão de leite?", ao que Alice se levantou e andou em direção à mãe.

Note-se que tanto a mãe quanto o pai ressaltam a nova aquisição de Alice; o pai vai mais além demonstrando seu interesse não só no novo aprendizado sagaz como também no estado mental *a respeito* da sua esperteza. Ele sabe que ela está sendo esperta, mas também sabe que ela sabe que está sendo esperta (agência mental no primeiro sentido). Esses são pais interessados e responsivos, mas o que impressiona especialmente a observadora como elemento adicional é a capacidade de a mãe saber que Alice procurava o latão de leite, ainda que, naquele momento, sua atenção estivesse no marido. Ela conseguiu manter em mente tanto o marido *quanto* a filha. Parecia provável que a capacidade impressionante de aprender de Alice – e, em especial, sua capacidade de administrar duas séries de pensamentos ao mesmo tempo – devia-se muito à capacidade de seus pais lhe darem atenção cuidadosa quando estava plenamente no primeiro plano de suas mentes, mas também à capacidade deles, quando outros objetos demandavam sua atenção, de mantê-la no "fundo" de suas mentes (agência mental no segundo sentido).

Como disse, Bruner (1968) descreveu o desenvolvimento cognitivo que denominou capacidade de "pensar entre parênteses" ou de manter algo em reserva. É fascinante observar essa capacidade se desenvolver em crianças psicóticas e autistas antes desmentalizadas e também em crianças que sofreram privação e depressão crônica, ao começarem a ser capazes de pensar e de acreditar no pensar. No entanto, essa aquisição não é simplesmente cognitiva e pode ter relação com o desenvolvimento no bebê da fantasia ou expectativa de um mundo disponível, duradouro e até abundante. Isto é, a sensação do bebê de que "Eu posso fazer ou ter algo" pode relacionar-se com a sensação de que "Estou em companhia de um objeto que dá ou é possível de ter", e até de um objeto que *vai esperar* que a criança o tenha ou o investigue plenamente e, ademais, esteja contente de esperar – entre parênteses, por assim dizer – enquanto se interessa por outra coisa.

O estudo de Bruner estritamente cognitivo, mas fascinante, observou bebês se desenvolvendo a partir de um estado de atenção em um trilho do recém-nascido – em que só conseguem sugar ou olhar – para a capacidade de coordenação em dois trilhos, aos quatro meses, em que podem fazer as duas coisas de forma mais ou menos simultânea. (Antes disso, no primeiro estágio, fecham os olhos enquanto sugam; no segundo estágio, começam a ser capazes de alternar sugar e olhar; no terceiro estágio, "suavizam" a sucção empreendendo a sucção de cunho não alimentar enquanto olham para outra coisa. (Imagina-se que essa outra coisa, provavelmente, seja o rosto da mãe.).) Bruner (1968, pp. 18-24, 52) chama o terceiro estágio de "segurar o lugar" e descreve a observação sobre isso como movimento para a terceiridade e para uma multiplicidade conceptual ainda maior: o pesquisador oferece um brinquedo ao bebê e, imediatamente, oferece outro. Por volta dos sete meses, o bebê larga o primeiro brinquedo, pega o segundo com a mesma mão, move-o em direção à boca e esquece o primeiro. Por volta dos doze meses, a criança é capaz de colocar o segundo brinquedo na mão livre, mas, se oferecem um terceiro, derruba um dos dois anteriores. Portanto, é capaz de dar conta de dois, mas não de três. Por volta de um ano e meio, quando lhe oferecem um terceiro brinquedo, não larga mais um deles, mas coloca na curva do braço, de modo a ter a mão livre para pegar o terceiro. E, então, pega outros mais, do mesmo modo. Bruner ressalta que a criança passou do limite de um – definido pela boca – para o limite de dois – definido pelas mãos – para o limite de muitos – definido por uma reserva.

O autor não discute as condições em que esse senso de reserva pode ser facilitado ou prejudicado, mas psicanalistas sugeriram que o movimento de relações bipessoais para triangulares também pode desempenhar um papel no desenvolvimento desse tipo de habilidade numérica mais profunda (Britton, 1989; Klein, 1923). O trabalho brilhante de Trevarthen e Hubley (1978) sobre os passos evolutivos envolvidos no movimento da intersubjetividade primária para a secundária – em que o bebê consegue brincar com um brinquedo se revezando com o cuidador – também é relevante. Nesse caso, mãe e bebê podem se interessar *juntos* por um terceiro objeto, brinquedo ou pessoa.

Evidentemente, como mostraram a pesquisa e a observação de bebês, as relações entre a mãe e o pai do bebê e o grau de apoio dos avós e das figuras internas para a mãe são vitais. A criança empobrecida do ponto de vista emocional, no entanto, pode ficar empobrecida no nível microcósmico e no macrocósmico, de tal modo que também precisamos estudar os padrões temporais mínimos e muito iniciais de interação mãe-bebê. Por exemplo, qual a firmeza de manutenção do olhar da mãe enquanto o bebezinho a olha de modo fugaz e desvia o olhar dela (Fogel, 1977)? Isto é, como se constrói a sensação de um objeto duradouro? Qual a disponibilidade de o cuidador seguir a trajetória do olhar e se interessar pelos interesses do bebê? Por quantos segundos consegue sustentar seu interesse no bebê e nos interesses dele? A pesquisa sugere as condições nas quais a duração da atenção do bebê a um único objeto pode ser prolongada (Brazelton, Koslowski e Main, 1974; Stern, 1977). É possível especular que a atenção a dois objetos ao mesmo tempo (i.e., ao interesse em segundo plano da mãe e o magnetismo de um novo objeto em primeiro plano) pode ser facilitado pela capacidade de a mãe esperar o retorno da atenção do bebê a ela – isto é, por sua aceitação da capacidade de atenção em dois trilhos dele. O bebê aprende a aceitar o interesse da mãe por outros objetos – pais, irmãos, tarefas domésticas, telefone –, enquanto a mãe aprende a aceitar e a respeitar a curiosidade do bebê em outras coisas e pessoas que não ela.

O próprio Bruner (1986), alguns anos após esse estudo, disse que David Krech costumava incitar que as pessoas *"perfink"*,[1] percebem, sentem e pensam ao mesmo tempo. Urwin (1987) criticou os pesquisadores cognitivos por considerarem que a emoção desacelerava ou apressava a cognição, enquanto sugere, assim como o psicanalista Bion (1962b), que a emoção entra na própria

---

1 Trata-se da junção de *perceive*, *feel* e *think* [N.T.].

estrutura da cognição. Será que a sensação de ser capaz de manter algo em reserva implica a fantasia mental de um objeto que fica parado ali na curva do braço da sua mente, por assim dizer? Aquele brinquedo, pessoa ou pensamento espera que você volte a ele? Ou desaparece? Essa capacidade de se manter firmemente em diversas vertentes de pensamento ao mesmo tempo também deve depender, em certa medida, de uma fase anterior – a de trilho único, em que se dá tempo a cada pensamento ou experiência de ser plenamente explorado pelo bebê e pelo cuidador (ver os capítulos da Parte II que ilustram os esforços clínicos de desenvolver essa capacidade em crianças com atraso de desenvolvimento cognitivo ou emocional). Em grande medida, a vontade é exercida sobre um objeto desejável – e (almeja-se, finalmente) desejoso. (Com certeza, seria errado sugerir que o papel dos cuidadores reais é fator único nesse desenvolvimento. Está bem estabelecido que alguns bebês nascem com uma capacidade bem maior de modelar seu universo e de manter a atenção dos seus cuidadores que outros. No entanto, parece que as mães dos dois bebês descritos a seguir tinham noções muito diferentes de reserva. A seleção do material significou uma simplificação drástica.)

A observação dos dois bebês descritos adiante, primogênitos, foi feita por observadoras. Foram observados durante uma hora por semana em casa com o cuidador principal por um período de dois anos (ver L. Miller *et al.* (1989), para a descrição desse tipo de observação naturalista).

Observação de Paul

Os pais de Paul eram profissionais de trinta e poucos anos. Tanto o pai quanto os avós paternos e maternos deram bastante apoio à mãe com o bebê. Durante a primeira observação em casa, a sra. J conversou muito com a observadora sobre sua ansiedade e incerteza quanto à capacidade de ser boa mãe. Parecia sensível e muito preocupada com o bem-estar do bebê. Com duas semanas de observação, expressou uma preocupação comum a muitas mães de primeiro filho sobre o fato de terem leite suficiente. Acrescentou, sem constrangimento aparente, que sua súbita decisão de suplementar a amamentação ao seio com mamadeiras provavelmente resultara do seu pânico. Essa atitude clemente com suas ansiedades logo desapareceu, infelizmente, e ela começou a criticar a todos, inclusive o bebê, que se atrevera a fazer surgir sentimentos de ansiedade ou de fracasso nela. Ela conseguia ainda ser terna e afetiva, quando o estado de bem-estar de Paul a gratificava e tranquilizava, mas, em outras ocasiões, começou a demonstrar certa aversão a ele. Depois, passou a adverti-lo com frequência a não "fazer careta", enquanto esforçadamente se concentrava em sugar ou defecar. Quando o lábio dele caía ou a cabeça relaxava, ela dizia que ele era "feio". O nível perfeitamente comum e natural de desamparo infantil dele parecia lembrá-la de algo ou de alguém, mas nunca conseguimos saber o que ou quem.

Paul começou a recusar o peito antes da mamadeira e foi completamente desmamado aos dois meses e meio. "Ele virava o rosto e eu não podia fazer nada", a mãe contou decepcionada à observadora. E acrescentou: "Não tem importância. Está até mais fácil agora. Estou mais livre, porque qualquer pessoa pode dar a mamadeira". Mas havia sinais de que *tinha* importância para essa mãe. Isso afetou sua visão de si mesma e a deixou ainda mais crítica. Contudo, Paul, parecia determinado a se esforçar para manter a atenção da mãe e agradá-la. Ele tinha muita capacidade de buscar os olhos da mãe e se relacionar com ela de forma sorridente. Às vezes, ela respondia à comunicação amorosa dele profundamente, mas sempre de modo fugidio: ela se desligava de repente parecendo um pouco perdida e dizia: "O que vamos fazer?" ou "O que você quer?", como se o mundo que, por um segundo, parecera cheio de possibilidades para ambos tivesse se esvaziado de repente. A crença dela em um objeto, que poderia ter interesse duradouro, parecia tragicamente prejudicada. Meses depois, sua súbita retirada tornou-se mais ativa e decisiva: ela simplesmente se afastava e dava um telefonema. Quase sempre segurava o bebê com o rosto desviado dela ao lhe dar mamadeira, apesar dos pedidos e protestos da sua própria mãe.

Quando Paul tinha por volta de três meses, a sra. J pareceu endurecer mais ainda: ela desenvolveu uma atitude sarcástica e, às vezes, cruel diante dos protestos vocais agora ligeiramente mais intensos e da maior motilidade corporal dele. A observadora começou a descrever que, com frequência, Paul se mostrava flácido e com os olhos vidrados. Ele começava a protestar por ser posto deitado de costas em seu carrinho, pela enésima vez, mas se calava ao ouvir a gélida ameaça na voz da mãe enquanto o olhava fixamente e o mantinha deitado. O que começara como inibição assustada transformou-se em apatia mais desinteressada, como se ele estivesse desistindo. No seminário em que a observação era discutida, começamos a temer que Paul estivesse em risco de uma espécie de morte psíquica.

Por volta dos quatro meses, Paul passara a morder suas mãos com ferocidade e a tentar enfiar brinquedos garganta abaixo. Era muito doloroso para a observadora e para o grupo de seminário testemunhar a depressão, o cinismo e a dificuldade de a mãe ver as necessidades de Paul. Ele precisava desesperadamente ser entretido. Ele queria atenção, conversa e brincadeira. Mas a sra. J quase sempre se sentia vazia e perdida. Ela parecia não ser capaz de acreditar que pudesse ser o principal objeto de interesse – e de interesse duradouro – do bebê. Acabou impedindo ativamente que Paul permanecesse em contato com ela. Ela o segurava de costas para si e parecia não perceber o esforço dele para recuperar seu rosto, seus olhos e sua atenção. Os comentários da observadora, com o objetivo frequente de ajudar a restabelecer a comunicação, não foram atendidos. A mãe parecia sentir-se decepcionada e irritada, muitas vezes caçoava das aquisições do bebê (seus "guinchos"). Contudo, em uma sessão, talvez com ajuda do fato de que o chamado do bebê transmitiu mais vida e interesse para ela – e talvez por ter conseguido se identificar um pouco com a "conversa" da observadora com o bebê –, a sra. J conseguiu ser mais gentil com Paul: ela quis sentá-lo de modo mais confortável. Cuidou dele por um tempo e mencionou os pesadelos dele.

Depois, na mesma observação, a mãe conversou com a observadora sobre o fato de que conversar com Paul era divertido e, nesses dias, ele pareceu responder; havia diálogos verdadeiros. No entanto, quando ele a chamou um pouco por estar escorregando para o lado no sofá, ela respondeu de forma ríspida com muita irritação e, afinal, sentou-o em seu colo sem olhar para ela, segurando-o com as mãos sobre a barriga dele para fazê-lo parar de se movimentar. O bebê ficou quase imóvel, com os olhos embotados e vazios.

Ouvir essa sessão foi quase intolerável. A mãe de Paul quer um bebê inteligente e cheio de vida, mas não consegue deixar de desencorajar suas iniciativas. Ela rejeita seu interesse nela e força-o quase à imobilidade física e ao vazio mental. O resultado parece ser uma terrível perda de iniciativa e eficácia, uma espécie de enfraquecimento da vontade dele. Durante toda a observação, uma atmosfera depressiva e persecutória pairava no ar, dificultando que a mãe fizesse as coisas certas e que a observadora pudesse ajudar. A observadora sentia que tudo – silêncio, palavras, fazer, não fazer – poderia ser sentido como persecutório. O grupo do seminário encorajou a observadora a empreender certo nível de observação "participante" (mais ativamente terapêutica), mas a mãe rejeitou. Também discutimos questões de proteção da criança com especialistas em leis, e ficou claro que o que víamos era sutil demais para ser considerado abuso de criança por qualquer pessoa que não fosse um observador cuidadoso. Era muito doloroso para a observadora ver a expressão de confusão de Paul e a mãe se esforçando para conseguir se aproximar do bebê, fracassando e parecendo endurecer mais ainda. Isso levou a comportamentos mais desdenhosos e até cruéis com o bebê, em que a sra. J buscava o conluio da observadora. A observadora, às vezes, sentia um pedido mudo na expressão triste do bebê a que – dado seu papel como observadora e à luz da competitividade e da suscetibilidade da mãe – só podia responder de maneira mínima. Tentou, de diversas formas cheias de tato, ajudar essa mãe deprimida, mas também controladora a se aproximar do bebê, inclusive com sugestões, quando a mãe finalmente reconheceu sua preocupação com o desenvolvimento mental de Paul sobre lugares em que poderia obter informações e ajuda. Mas essas sugestões foram rejeitadas. Percebíamos que Paul estava perdendo sua vontade de causar impacto em seu mundo, mas começamos a temer que pudesse perder sua mente também.

No entanto, nem tudo estava perdido. A sra. J às vezes parecia capaz de encontrar alívio no fato de que outra pessoa, na presença dela, cuidasse de seu bebê, e a relação com Paul foi mediada, portanto, a certa distância. O bebê parecia um pouco mais feliz também. Na mesma observação, por exemplo, vemos as coisas melhorarem com a chegada do pai.

> Primeiro o pai fala com a mãe, e o bebê, deixado sozinho, inclina-se para a frente com um olhar triste e confuso e com saliva pingando. Então o pai o levanta, anda e fala com ele. Canta cantigas infantis que, em geral, compõe especialmente para ele. Paul parece come-

çar a sentir que existe novamente; revive, fala "Guuu". Pouco a pouco, recomeça a explorar seu entorno com os olhos. Agora a mãe está mais relaxada. Sorri para ele do sofá e diz "Olá" em tom amoroso. Após um primeiro momento, em que se recusa a olhar para ela, encorajado pelo pai, Paul se vira e sorri de volta. A mãe fica contente e o cumprimenta novamente. O pai está aliviado e exclama: "Oh, um sorriso finalmente!".

Recuperações semelhantes foram observadas quando a avó estava presente. Infelizmente, ainda que houvesse dois genitores presentes para Paul, raramente se sentia que ambos estavam juntos, plenamente presentes para ele. Ao menos, durante esses episódios com o pai ou um dos avós, ele finalmente tinha o cuidado de alguém, com a mãe como testemunha não hostil. Esse tipo de terceiridade, quando existia, era uma pálida sombra do que veremos na próxima observação. As dificuldades de personalidade da mãe pareciam profundas, e a ajuda de familiares pouco fez para reduzir seu cinismo e tédio. Logo ela começou a rever com arrependimento sua vida anterior. Queixava-se de "não ser divertido" ser mãe e de só conseguir fazer isso "em pequenas doses". Paul era colocado no chão com frequência para brincar sozinho e se entretinha em atividades de qualidade sinistramente repetitiva: sentava-se e simplesmente sacudia um brinquedo de forma monótona. Tinha também muitos momentos de imobilidade e passividade.

Por volta dos sete meses, a necessidade ansiosa de controlar e limitar as iniciativas de Paul se ampliou para suas tentativas de segurar o copo e também para suas tentativas de aventura e exploração físicas. Ela se queixava de que ele era o último da classe em termos de desenvolvimento e tentava "ensiná-lo" a rolar sobre si. (A maioria dos bebês aprende sozinho a rolar, porque o mundo os chama do outro lado. Paul quase nada tinha pelo que se esforçar e, de qualquer forma, tinha pouca crença em sua capacidade de conseguir.) A mãe interpretava a busca de um cubo vermelho brilhante na torre que ela construíra para ele como desejo de derrubar tudo. Ficava muito frustrada com a apatia dele, mas não conseguia deixar de gerá-la. Qualquer senso de si próprio como agente ativo em seu mundo parecia terrivelmente prejudicado. De muitas formas, ele parecia ter desistido dessas ideias. Estava se tornando um pequeno Oblómov.

No entanto, por volta dos nove meses, após férias da família e certa melhora das habilidades motoras de Paul e da capacidade de compreensão (ou melhor, da crença de sua mãe de que ele compreendera), a sra. J parecia um pouco mais interessada nele – como uma espécie de aluno pequeno. Seu marido ajudava e tinha mais facilidade com Paul do que ela, mas estava muito ocupado, e havia a tendência de se revezarem para cuidar dele e não de estarem juntos com ele. Também o pai e os avós tratavam essa esposa frágil, mas exigente, com muito cuidado e nunca a contrariavam. Na verdade, todos pareciam ter medo dela. Certa ocasião, aos dezesseis meses, Paul demonstrou querer se aproximar de algumas flores na sala. A mãe levou-o no colo para perto delas, insistindo: "Não toque, apenas olhe!" e imediatamente tentou fazê-lo nomear a cor amarela brilhante da flor mimosa. Como de hábito, estava resolvida a extrair dele a resposta que queria em vez de respeitar o pedido espontâneo dele, muito suave, como sempre. No vaso seguinte, quando ele conseguiu alcançar e tocar uma flor de pêssego e, inadvertidamente, a derrubou, ela disse: "Não arranque todas as flores – os galhos nus ficarão muito feios!". Possivelmente, eis aqui um vislumbre do que pode ter ficado por trás da sua crueldade e dura impaciência. Não era possível reabastecer o mundo. Não havia reserva: ela parecia realmente sentir que não haveria mais flores de pêssego no universo. Nesse estágio, ela não se permitia ser a testemunha paciente das explorações de Paul: ou interferia com impaciência ou o abandonava para se virar sozinho.

No entanto, logo após seu retorno ao trabalho, a mãe pareceu recuperar-se um pouco de sua depressão: ficou mais animada e capaz de usufruir as explorações independentes de Paul pela casa. Por exemplo, permitiu que ele tirasse livros da prateleira e os olhasse. Ela gostava de "ensiná-lo", e ele aprendeu principalmente a nomear coisas, sempre olhando imediatamente para ela para ser elogiado. Ela se esforçou muito para ensiná-lo a contar. Pode haver uma lição dolorosa neste caso devido à diferença entre habilidades matemáticas e o senso de multiplicidade mais profunda e de algo disponível em reserva, de um universo abundante renovável.

Ficou evidente, entretanto, que Paul conseguiu emergir da sua indiferença prévia e não ficou retraído com gravidade. Ele conseguira uma aproximação com a mãe e ela com ele – até certo ponto. Foi difícil encontrar evidências de que ele aprendia pelo gosto de aprender ou por si só. Nessas alturas, quase sempre estava em movimento, e suas ansiedades eram, por vezes, avassaladoras. Geralmente, ficava perturbado quando a mãe saía para o trabalho na ponta dos pés. Ele agarrava desesperadamente seu copo na hora das refeições, como se realmente não conseguisse acreditar que chegaria até ele e seria seu por algum tempo. Nunca vimos nada que se assemelhasse ao brincar exploratório que ocorreu durante a observação do próximo bebê. E, certamente, havia pouco tempo para reflexão.

Ao ir para a escola de educação infantil, aos dez meses e meio, Paul ficou angustiado e, muitas vezes, doente do ponto de vista físico. Mas encontrou um caminho, ainda que de qualidade restrita e de trilho único: ele aprendeu a nomear objetos e a contar e se esforçava muito para agradar. Embora evidentemente se beneficiasse muito com o cuidado dos avós amorosos, ele não parecia se sentir rico e abençoado no sentido de que tinha, como Ângela (ver adiante), muitos cuidadores amorosos. Ao contrário, como o restante da sua família, em que todos pareciam idealizar e temer sua mãe (e possivelmente temer por ela), na maior parte do tempo, Paul se comportava como se existisse realmente *um único* objeto muito poderoso em seu mundo interno, precariamente disponível e muito perigoso. A segurança, quando surgia, era também precária e de curta duração, e nunca suficientemente durável para ajudá-lo durante as separações ou até durante um período de brincar exploratório. Não havia qualquer sinal da capacidade de reflexão relaxada e divertida que veremos em Ângela.

Também é verdade que, no nível mais microcósmico de encontros breves, a mãe não esperava Paul completar seu engajamento com ela nem com um brinquedo, tampouco esperava e observava com atenção quando o interesse dele mudava para outra coisa ou outra pessoa. Ela tomava isso como oportunidade de fugir. Paul parecia se desenvolver com prejuízo da crença na durabilidade da existência do seu objeto e em sua própria capacidade de prolongar sua permanência ou de trazê-lo de volta, quando ausente. Na qualidade limitada e cuidadosa do seu brincar, havia muitos sinais de que, além dos efeitos óbvios em sua confiança e vida emocional, havia prejuízo de suas capacidades cognitivas. Suas ansiedades pareciam tornar efêmeras e sem potencialidade de desenvolvimento todas as suas atividades, exceto as mais cuidadosas (ver Murray (1991) a respeito do efeito da depressão pós-natal materna sobre a cognição do bebê e da criança).

Observação de Ângela

Os pais de Ângela contaram à observadora que trabalhavam em fábrica. Muito depois, ela ficou sabendo que eram engenheiros. No hospital, quando Ângela tinha três dias, a mãe contou à observadora que notara que Ângela alternava sorrisos e carrancas: "Ela passa de belos pensamentos para pensamentos horríveis em um segundo". Em casa, o pai comentou que a bebê ficou nervosa e ponderou que, para ela, a casa deles devia ser muito diferente do hospital. Esperava que ela "pegasse o jeito". Note-se que já se considera que o bebê tem pensamentos, sentimentos e sensibilidade aguda – as verdadeiras sensibilidades e a labilidade a que realmente tende um bebê recém-nascido. E os pais já parecem perceber que *as coisas levam tempo*. Esta mãe também tinha ansiedades, como a de Paul, de que pudesse não ter leite suficiente e, por algum tempo, ficou bastante obcecada com limpeza e horários de mamada; mas na segunda semana ela disse que aprendera que os ruídos e espreguiçamentos da bebê à noite não indicavam insatisfação e, assim, conseguiu parar de ir conferir a toda hora. Disse também que agora achava que a bebê já a seguia mais com os olhos. É possível notar a capacidade de essa mãe se tranquilizar, seu orgulho de aprender algo sobre sua bebê e, também, seu respeito pela competência e agência do bebê e dela própria. Já há ao menos duas figuras no quadro, cada uma com espaço reconhecível e competência própria.

Aos 35 dias, a mãe descreveu que Ângela não parecia capaz de agarrar o chocalho sozinha, mas conseguia segurar se a mãe a ajudasse colocando-o em sua mão. Em certo momento, disse a Ângela: "Você gosta do seu amigo, o relógio de pêndulo, não é?", e virou Ângela para ela poder ver melhor. Em uma mamada, em observação posterior, a mãe demonstrou certa irritação e ciúme do interesse e aparente preferência pelo "amigo" pêndulo em vez de terminar o primeiro prato da refeição, mas aceitou a derrota, não insistindo que o bebê terminasse e oferecendo outro alimento, possivelmente mais atraente. Uma solução de compromisso oferece uma terceira opção para duas facções em guerra. A mãe que espera enquanto o bebê expressa interesse por outra coisa permanece em reserva de forma muito significativa, e essa experiência é emocional e talvez também cognitiva. Percebemos que a mãe também conseguia aceitar os protestos mais ativos de Ângela. Aos quatro meses e meio, a mãe comentou com a observadora que Ângela começara a perceber que podia passar algo de uma mão para a outra. De fato, Ângela tornou-se um bebê muito adiantado.

É preciso acrescentar que a sensação de recursos em reserva estava muito presente nos avós maternos e paternos de Ângela e em seu pai. Todos eram pacientes, mas não indulgentes com a criança. Aos seis meses, quando a mãe estava prestes a retornar ao trabalho e a avó materna seria a cuidadora habitual, a mãe ofereceu-lhe a oportunidade de dar fruta à bebê. A avó materna respondeu: "Você dá; eu terei muito tempo". Aos oito meses, a mãe tentou mostrar a Ângela que o novo trem de brinquedo se movia. Então, comentou: "Você não está interessada no movimento; você descobriu que faz barulho. O brinquedo é seu, use do jeito que quiser". A observadora notou que Ângela era um bebê expansivo e vivaz (pouco se disse sobre a sua personalidade, a fim de concentrar nos elementos cognitivos e emocionais), tinha o que os psicólogos chamam "extensão conceitual", pois conseguia puxar o lençol para alcançar um brinquedo distante em cima dele. Os pais de Ângela estavam quase sempre juntos dela, e ambos muito interessados nela. O mundo parecia muito interessante para eles e o mundo *dela* também. Pouco antes dos dez meses, o pai contou à observadora: "Quando Ângela segura as chaves de plástico na mão, imediatamente troca de mão, depois mostra a mão vazia e fica com as chaves!". (Ele sorriu ao dizer a última parte.)

Resumo e implicações clínicas

Essas três observações foram usadas para ilustrar dois elementos possíveis do senso de ser agente: o senso de agência mental em relação a um objeto e o senso de agência mental em relação a dois objetos. Este último foi vinculado ao conceito de sensação de reserva de Bruner (1968). O material do primeiro bebê, Alice, ilustra a capacidade de os pais fornecerem oportunidades para a atenção ou consciência plena [*mindfulness*] em primeiro plano (1) e em segundo plano (2a); também ilustra a existência de desenvolvimentos relacionados à capacidade de pensar em dois trilhos na própria Alice. A experiência e o desenvolvimento de Paul parecem ter sido prejudicados nos dois aspectos. O material de Ângela, o terceiro bebê, é rico em (1) (*mindfulness* em seus objetos e nela própria) e em (2b) (o sentido de um objeto que pode esperar seu retorno). A sensação de reserva foi ligada à sensação de ser agente, e este capítulo sugeriu alguns elementos emocionais que podem ser significativos para esse desenvolvimento cognitivo aparente. O empobrecimento emocional e cognitivo em um bebê foi comparado com a sensação de multiplicidade, plenitude e desenvolvimento evidente do complexo "pensar entre parênteses" em dois outros. Talvez a sensação de agência emocional e inteligência estejam ligadas, e talvez ambas estejam ligadas a um cuidador inteligível e interessado que sente que tanto o bebê quanto seus interesses são inteligíveis, interessantes e nos quais vale a pena prestar atenção, respeitar e, às vezes, participar.

Em nível clínico, ressaltaria que, para pacientes com as dificuldades de Paul, o trabalho importante envolveria trabalhar no nível vitalizante mais ativo, em que o paciente estava perdido e desesperançado demais, e no nível descritivo e amplificador, em que ele estava emocionalmente presente, mas confuso e fragmentado. No entanto, um artigo útil de Rhode (2001) sobre a sensação de abundância e técnica implica diferenciações interessantes dentro do nível descritivo. Isto é, o que está sendo descrito ou amplificado não precisa ser apenas o que a criança ou seu objeto sentem ou vivenciam: pode ser o que um terceiro objeto, um brinquedo ou imagem no espelho fazem. Rhode descreve sua descoberta de que Anthony, um menino com autismo, não foi ajudado pelo contato face a face íntimo e, sim, pela introdução de uma série de terceiros objetos com os quais tanto a terapeuta como o paciente podiam se relacionar, a princípio apenas de modo paralelo. Rhode sentiu que essa série de objetos demonstrava a Anthony que, na terapia, haveria espaço para as coisas com as quais ele se importava. E que isso podia ocorrer sem o oprimir demais com a atenção intensiva pessoal a ele. Ressalta que finalmente esses objetos – brinquedo favorito, canções e espelho na sala de brincadeiras – puderam ser usados, não mais apenas de forma paralela, mas para atenção conjunta, às vezes até para revezar e em atividades simbólicas. O espelho ficou suficientemente grande para caberem os dois, por assim dizer. É interessante especular sobre a natureza, o desenvolvimento e a diversidade entre essas várias relações triangulares. A experiência que a criança comum tem desses pais como casal edipiano é apenas uma permuta. Tenho certeza de que os pais descritos na observação de Ângela, às vezes, tinham conversas que excluíam a bebê, mas aqui vemos os dois conversando juntos sobre ela e com ela. Nesses momentos, com certeza, não era um triângulo edipiano, mas Abello e Perez-Sanchez (1981) sugeriram que a sensação de que os pais são vistos como casal *para o bebê* pode ser um precursor necessário (ou, poderíamos dizer, acompanhamento) para o casal edipiano que está um com o outro sem ele. O espelho de Rhode aparentemente pode ter representado algo semelhante a um pai que pode estar interessado e querer cuidar (em ambos os sentidos) da mãe e do bebê: como a autora disse, finalmente, houve espaço para ambos, ao mesmo tempo.

3. Obstruções e desenvolvimento para pensar em sequência: ligações entre fantasia, pensar e caminhar

Introdução

No capítulo anterior, procurei mostrar como é possível sentir que, por assim dizer, a princípio, pessoas e, depois, pensamentos aguardam no segundo plano de nossas mentes. Neste capítulo, tento mostrar algo das condições sob as quais os pensamentos podem aguardar sua vez de serem pensados – ou de receber atenção –, não em segundo plano, mas no primeiro plano, logo além do horizonte da nossa atenção e, com isso, podem permitir até haver múltiplos sentidos do pensar. Gostaria de descrever paralelos interessantes entre as maneiras de três crianças pensarem, conversarem e caminharem. O conceito de fantasias internas a respeito da relação do *self* com os objetos internos oferece os meios para essa compreensão. Duas crianças tiveram dificuldades – e se depararam com obstruções – no revezamento natural envolvido em falas em conversas e o pensar interno em sequência. Ficou também evidente que tiveram dificuldade no fluxo dinâmico que implica os movimentos comuns, oscilantes e alternados, necessários para caminhar. Aos poucos, aprendi que, ao contrário dos bebês Alice e Ângela descritos no Capítulo 2, definitivamente não sentiam que seus objetos internos esperassem pacientemente em reserva. Essas observações se basearam em anotações clínicas psicanalíticas da transferência dessas crianças em relação a mim e em minha frequente contratransferência perplexa e frustrada a elas, bem como na maneira pela qual essas relações se assemelhavam à forma de seus pés e pernas interagirem – ou melhor, não conseguirem interagir – suavemente com o solo. Sugiro que certos progressos da teoria psicanalítica, como a teoria do pensar de Bion (1967), implicam a mudança de um modelo às vezes demasiado espacial da mente para um modelo mais temporal da natureza desse tipo de interação: com certos pacientes, talvez seja útil pensar menos em fantasia inconsciente e um pouco mais na atividade do fantasiar inconsciente – isto é, em sua forma, e não em seu conteúdo. Na discussão final, volto a algumas descobertas relevantes de desenvolvimento e neurociências. Ao citá-las, não quero dizer que os pais reais dessas crianças falharam com elas no primeiro ano de vida (não foram crianças que sofreram privação), apenas que o desenvolvimento pode ter sido um pouco distorcido, muito cedo, por diversas razões, inclusive, da própria constituição da criança. O que pretendo ressaltar, contudo, é a maneira pela qual as relações emocionais internas fantasiadas, de forma geral, podem colorir nossa relação com o mundo, incluindo a relação do nosso corpo com ele.

Aprendi que as crianças precisavam de mudanças na forma e na modelagem de seus pensamentos mais que mudanças no conteúdo de suas fantasias ou de seus pensamentos. Sua relação fantasiada com os objetos internos parecia colorir seus sentimentos a respeito de como seus pés poderiam se relacionar com o solo abaixo deles, sua postura em relação ao céu acima e seu movimento adiante com o espaço à sua frente. Às vezes, tudo isso afetava seus métodos de pensar e de seguir o fio de seus pensamentos e a liberdade de ampliá-los.

Os progressos da psicanálise, editado por Riviere e publicado em 1952, baseou-se principalmente nos quatro artigos kleinianos apresentados na série de discussões sobre as controvérsias organizadas em 1943 pela Sociedade Psicanalítica Britânica. Um desses artigos foi o importante "A natureza e a função da fantasia", de Isaacs. Na introdução geral do livro, Riviere (1952) afirmou:

> A mente é um todo, as funções superiores não agem de modo independente; o inconsciente não é uma parte vestigial ou rudimentar da mente. É o órgão ativo em que funcionam os processos mentais; nenhuma atividade mental pode ocorrer sem seu funcionamento. Denominamos "fantasia"[1] inconsciente a atividade mental primária original que geralmente permanece inconsciente. Portanto, existe uma fantasia inconsciente por trás de todo pensamento e de toda ação (exceto, possivelmente, um reflexo corporal). (p. 16)

Segundo a autora, até mesmo o pensar da realidade e o comportamento seriam acompanhados dessas fantasias. Contudo, note-se a expressão "por trás". Penso que uma implicação da teoria do pensar de Bion é a necessidade atual de ampliar a afirmação de Riviere. Pode ser mais proveitoso colocar assim: há outro pensamento ou outra série de pensamentos inter-relacionados por trás e por baixo, *mas também ao lado, acima e ao redor* de todo pensamento e toda ação. (Não discuto aqui as possíveis diferenças entre "fantasia" e "pensamento".) Além do mais – como, com certeza,

---

[1] Em inglês, "fantasia inconsciente" é indicada como "*phantasy*", para diferenciar da "fantasia consciente" [N.T.].

Freud e outros (J. Sandler e A. M. Sandler, 1994b) disseram –, muitas fantasias (ou pensamentos) não são inconscientes, estão apenas fora de foco, apenas um pouco descentrados na vasta rede de associações e de significados. Em vez de pré-conscientes, devem ser "para"-conscientes. A casa de dois andares, um pouco estreita, com excelente armazenamento da teoria topográfica, foi ampliada pela subsequente construção teórica psicanalítica para parecer algo que se assemelha a uma ampla casa de campo ou a uma *villa* de Palladio[2] em que a amplitude, o pensar lateral e a ajuda dos objetos internos inconscientes acima podem propiciar o crescimento mental e aquilo que está por baixo ou atrás.

Na realidade, até metáforas arquitetônicas são inadequadas para apreender a plena condição da mente, por serem excessivamente espaciais. Necessitamos de uma imagem para a noção da capacidade de a mente sentir múltiplos significados em uma única palavra, um único pensamento, uma única experiência, e para descrever a maneira pela qual estão sempre em movimento. Talvez conceitos quase musicais sejam melhores: noções como pulsação, eco, ressonância, harmonia e dissonância apreendem o contínuo andamento das correntes de pensamento, o intercâmbio dinâmico constante e a mobilidade dos processos de pensamento, sua exigência, sua vivacidade. Descobertas sobre o cérebro são relevantes no caso: Siegel (1999) ressalta: "Devido às interligações tipo teia de aranha, a ativação de um neurônio pode influenciar, em média, dez mil neurônios nas extremidades receptoras!" (p. 13).

Vale a pena ressaltar o fato de que, embora os kleinianos estivessem usando a expressão fantasia "inconsciente", não opunham esse tipo de fantasia à apreensão consciente da realidade; na verdade, afirmavam que sempre acompanha a vivência da realidade.

---

2 Estilo arquitetônico derivado da obra de Andrea Palladio (1508-1580), que se apoiou na solidez, na utilidade e na beleza [N.T.].

A concepção de Bucci sobre o modo subsimbólico de processar, especialmente o processamento de informação emocional, é semelhante, mas cuidadosamente apoiado por pesquisa cognitiva. Bucci (2001) escreve que:

> é vivencialmente... familiar para nós nas ações... da vida cotidiana – desde mirar um pedaço de papel em direção a uma cesta de lixo ou entrar numa fila de tráfego em movimento... e responder a expressões faciais... O processamento subsimbólico é responsável por habilidades muito desenvolvidas no atletismo, nas artes e nas ciências e é central para o conhecimento do próprio corpo e da experiência emocional. (p. 48)

A autora destaca que não é possível expressar totalmente em palavras – a não ser em poesia, diz ela (p. 52) –, não obstante, não é algo intrinsecamente arcaico ou primitivo. Alfred Alvarez (2005) cita o poeta australiano Les Murray, que escreve: "Poesia é tanto sonhada quanto pensada e é tanto dançada no corpo quanto é escrita. É feita nos nossos pulmões. É feita em cada parte dos músculos – é possível senti-la em seus próprios músculos" (p. 59).

Uma palavra sobre definição: fantasias e pensamentos ou fantasiar/pensar?

Para continuar na minha tentativa de ampliar a proposta de Riviere, de que "existe uma fantasia inconsciente por trás de todo pensamento e de toda ação (exceto, possivelmente, um reflexo corporal)", para a proposta de que existem pensamentos *ao lado* e *circundando* pensamentos, os pesquisadores do cérebro e cientistas cognitivos hoje falam de características como processamento paralelo e múltipla modularidade de sistemas de memória (Bucci, 2001). Um verbo pode ser mais apropriado do que um substantivo (Schafer, 1976). As próprias Isaacs e Riviere, às vezes, usam o termo "fantasiar inconsciente" e, na verdade, às vezes usam esse termo de modo intercambiável com "atividade mental". N. Symington (1993) prefere a expressão "atividade emocional", mas poderíamos acrescentar, seguindo Bion (1962b), "atividade mental/emocional". Urwin (1987) criticou os pesquisadores cognitivos por considerarem que a emoção reduz ou acelera a cognição, enquanto sugere, como Bion, que a emoção entra na própria estrutura da cognição.

Como Gerhardt (2004) ressalta: "cada novo modo de comunicação se acrescenta ao anterior, mas, apesar disso, nenhum se perde" (p. 50). As comunicações emocionais por meio de olhares e toques, no início da vida, logo são enriquecidas por vocalizações e, finalmente, por palavras pensadas, planejadas e decididas. Um pequeno de 2 anos observando o irmãozinho de 7 semanas fazer movimentos com a boca, enquanto o bebê respondia aos acenos de cabeça da avó ao falar com ele, disse calmamente: "Ele está tentando conversar". A mãe concordou e, quando isso aconteceu de novo, acrescentou, também calmamente: "Ele está escutando com a boca". (É um acréscimo interessante à descoberta evolutiva de que os bebês recém-nascidos são capazes de imitar (Hobson, 2002).) A mãe falava de algo além da imitação: descrevia a ocorrência de uma espécie de profundo processo introjetivo e de internalização. Tanto a mãe como o filho pensavam enquanto falavam, e, de certa maneira, talvez o bebê também fizesse o mesmo.

O termo "fantasia" tende a trazer consigo insinuações de formas e figuras visuais – por exemplo, o chinelo com forma de boca visto pela criança no artigo de Isaacs (1948) – ou de intercâmbios dramáticos entre *self* e objeto interno. Isaacs não quis limitar o termo apenas ao visual nem ao dramático, mas, apesar disso, podemos precisar nos lembrar da importância de experiências internas de objetos com cheiro, sonoros (Maiello, 1995), com textura, pressões físicas, objetos com mais ou menos elasticidade física, mais ou menos ritmo, linha melódica, forma musical. Tudo isso, como as fantasias mais visualizáveis, tem conotações emotivas e pode ser – mais ou menos – pensado e repensado. Podemos conjeturar, por exemplo, se o universo interno físico de uma pessoa lhe permite espaço para se movimentar livremente, ou se sente seus músculos mentais suficientemente fortes para seguir uma linha de pensamento. A dimensão visual é, evidentemente, um continente poderoso da fantasia, mas a ênfase em modelos e formas visuais arrisca ignorar a dimensão temporal. Podemos perguntar, por exemplo: "Será que o paciente sente que tem espaço suficiente para pensar seus pensamentos?". Ou também: "Será que sente que seu objeto interno lhe dá *tempo* suficiente para pensar seus pensamentos?". Ou tempo e amplitude para seguir duas linhas paralelas, ou até divergentes ao mesmo tempo? Ou ao menos seguir uma delas de maneira a poder divagar, repensar e absorver perspectivas que a circundam, em lugar de ignorar e de passar por elas apressadamente?

Avento que a teoria da função alfa de Bion (1962b) (ver Capítulo 1) implica que o pensar realista não precisa esperar os desenvolvimentos da posição depressiva, mas começa com o primeiro pensamento sobre pensamento, e esse pensamento pode dizer respeito a um objeto presente, nem sempre ou necessariamente a um objeto ausente: pensar cuidadosamente sobre um objeto presente pode assentar as bases para o pensar posterior acerca de um objeto ausente: também pode, afinal, deixar espaço para que um pensamento acompanhe outro. Se a atenção for apressada ou fugaz demais, muitos pensamentos e experiências conservarão uma qualidade fragmentária e incompleta e a vida ou atividade da fantasia inconsciente poderá permanecer empobrecida. Pior, poderá atrofiar, como acontece com certas crianças autistas vazias ou que sofreram privação grave, em que, como sugeri no Capítulo 1, a técnica de reclamação e de descrição precisa preceder a explicação mais complicada.

No entanto, retornando à ênfase de Riviere na natureza bicameral da mente – do processamento paralelo de pensar realista consciente e atividade mental inconsciente, de duas correntes de pensamento ocorrendo em paralelo –, se compreendo corretamente o argumento de Riviere, os dois não necessariamente precisam funcionar em desarmonia. Podem funcionar em harmonia, como os membros de um quarteto de cordas, ou os poetas que sonharam seus poemas, ou os cientistas que fizeram suas descobertas em sonhos (Alfred Alvarez, 1995). O inconsciente nem sempre é nosso inimigo; às vezes, é testemunha silenciosa ou nosso partidário, eco, amigo, conselheiro, incentivador e até professor. Nem todo mundo está em conflito todo o tempo. Afinal, como se escreve poesia ou se compõe música, a não ser quando o artista tem um relativo bom acesso a um mundo interno poético ou musical e, por um período, o acordo é maior que a discórdia? Num toque mais clínico, o que significa quando uma criança que nunca usou sua imaginação começa a dizer: "Eu sei o que nós podemos fazer – tive uma *ideia*!". Suas ideias aparentemente concordaram em surgir quando chamadas, ou mesmo aparecer sem serem chamadas. A própria criança pode ter ficado mais atenta e mais amiga das suas ideias, mas talvez também tenham ficado mais dóceis e responsivas à criança. Por exemplo, por que os grandes atletas e dançarinos fazem suas corridas, saltos e voos parecerem tão sem esforço e belos? Será apenas uma questão de músculos e treino? A psicologia unipessoal pode explicar isso ou precisamos de uma psicologia bipessoal? Em parte, também é porque essas pessoas parecem experimentar (e quase fazer) o solo abaixo delas mais macio, menos resistente, mais suave e mais resiliente, e vivenciar o ar, o espaço e a altura em volta deles como algo convidativo, acessível e suavemente escalável? Lahr (1995) escreveu que o grande sapateador Savion Glover parecia "brincar com o chão", e Glover concordou que "sentia o palco em busca de sons". Os pacientes descritos a seguir infelizmente se sustentavam e se moviam em um planeta muito mais recalcitrante.

Correspondência entre motilidade e pensar e a necessidade de incluir a dimensão temporal e a espacial no trabalho com três crianças

Alguns anos atrás, interessei-me em como, muitas vezes, fantasias inconscientes específicas pareciam afetar o caminhar de uma criança, e essas fantasias também surgiam em seus desenhos, em sonhos e na transferência. Um menino, Donald, sempre caía, porque, segundo parecia, tinha tamanha pressa que se inclinava muito além do seu centro de gravidade. Era um menininho muito impaciente, mas havia algo mais. Ele e eu começamos a notar sua hesitação nas relações e na transferência e sua enorme dificuldade em dizer claramente "sim" ou "não" – de "colocar seu pé" ou "ficar de pé", por assim dizer. A imagem que parecia ter de sua mãe era de alguém muito amado, mas frágil. Certo dia, sonhou que estava voando acima da terra, querendo aterrissar. Mas não se atrevia, pois o solo estava coberto de belas flores brancas, e ele percebeu que, se aterrissasse, as esmagaria. Na verdade, esse era seu dilema interno; como, ao longo dos anos, seu objeto fantasiado se fortaleceu, ele ficou mais ereto e forte, e as quedas cessaram. Suas dificuldades eram, principalmente, no nível conflituoso neurótico e, embora sua vida emocional sofresse, seu pensar não foi afetado em nível profundo, e ele se interessava por interpretações explicativas. O conteúdo de sua fantasia era mais importante do que sua forma. Danny e Jean, ambos mais prejudicados, eram diferentes.

Danny era um menino obeso, que andava, falava e pensava de maneira rígida e desajeitada. Saía-se muito mal em esportes, achava um esforço enorme até as caminhadas comuns da escola e – como resultado – era alvo da zombaria dos colegas. Finalmente, após um ano e meio de tratamento, começou a aprender hóquei sobre gelo. Parecia algo insensato a fazer, pois sofria agonias de terror de ser derrubado – característica comum do jogo. Apesar de ainda ser muito desajeitado e lento, adorava a *ideia* de ser capaz de deslizar suavemente sobre o gelo e, finalmente, compreendemos que isso parecia representar fantasias ideais a seu respeito e do seu objeto. Ele ansiava por sentir-se suficientemente seguro (e, em sua triste imponência, de algum modo, sabia que precisava se sentir suficientemente comum) para deixar-se ir em suas emoções, seus pensamentos e sua vida e seguir em frente. A característica lisa do gelo parecia representar um objeto sem fricção, lubrificado, que, em certo sentido, se deixaria ultrapassar, o deixaria seguir em frente, crescer e, ainda assim, estaria disponível para dar-lhe apoio. (É disso que toda criança que começa a andar precisa enquanto aprende a caminhar ereta.)

Após mais três anos de tratamento intensivo, Danny afrouxou um pouco em seu movimento e conversa. Ele tinha sido um interlocutor muito sensível, narcisista e ameaçador e, nos primeiros anos, nosso diálogo nunca foi suave. Precisei desenvolver uma técnica suficientemente firme para aguentar suas ameaças e permitir que algo vindo de mim fosse ouvido, ainda que com tato suficiente para ter muita sensibilidade diante da sua presteza e facilidade de se sentir humilhado e tratado com rudeza. Para ele, a grande façanha e fonte de orgulho foi, finalmente, tornar-se um patinador muito capaz, com habilidades reconhecidas por outros adolescentes da escola. A fantasia de deslizar suavemente, acredito, não tinha sido defesa maníaca nem negação. Penso que ele tivera uma imagem (ideal, não idealizada) de como gostaria de ser – e também como *necessitava* ser –, movimentando-se suavemente sobre um objeto que pudesse ser deixado para trás, suave, mas que também desse contínuo apoio; mas ele ainda não tinha meios de alcançar esse tipo de relação. Seu objeto interno era intrusivo, obstrutivo e induzia claustrofobia. Certo dia, conversou a respeito de como, no passado, não se atrevia a levantar o pé do chão enquanto batia na bola com o outro pé por sentir que cairia, se fizesse isso. Ele não conseguia conceber que o impulso para a frente permitia que o pé da frente descesse enquanto o outro deixava a segurança do solo. Apenas a sensação de fluidez poderia lhe dar isso. Algo que, finalmente, começou a se desenvolver.

Por que algumas crianças aprendem a receber com prazer as novidades e mudanças de tema (ou base) e outras têm medo disso? Brendel (2001) escreveu que a maior força do maestro Furtwängler era ser "o grande conector, o grande mestre da transição". Pergunta:

> *O que torna as transições de Furtwängler tão memoráveis? Elas são modeladas com o maior cuidado, de modo a não ser possível isolá-las. Elas não são como retalhos, insertados para ligar duas ideias de natureza diferente. Elas crescem a partir de algo e levam a algo. São áreas de transformação. Se observarmos minuciosamente, percebemos que, a princípio, quase imperceptivelmente começam a afetar o tempo, em geral muito antes do que ocorre com outros regentes, até seu impacto afinal se fazer sentir. (p. 325)*

Brendel prossegue ressaltando a importância da "preparação" para a transição. Suponho que algo assim ocorra no cérebro/mente inconsciente/corpo, quando nos movemos a partir do calcanhar em direção aos dedos, de pé para pé, e o fluxo é suave.

Agora gostaria de mencionar Jean, menina de 10 anos, encaminhada por causa de depressão, desajeitamento e produção escolar baixa. Seu jeito de andar era esquisito, de quem tem pés chatos, meio chapliniano, embora tenham se passado anos antes de ela me dar (ou eu sentir que poderia ter) oportunidade de discutir essa questão com ela.

No entanto, discutimos seu desajeitamento, que bem cedo surgiu nas sessões e desapareceu totalmente por volta de um ano. Jean era uma menina muito bem-educada e gentil – tão bem-educada, na verdade, que muito da sua falta de jeito não se devia a constrangimento por si, mas por outras pessoas. Se outra pessoa dissesse ou fizesse algo tolo, *ela* tropeçava! Havia também uma espécie de processo passivo de identificação projetiva se dando em sua falta de jeito, em que, de maneira silenciosa e aparentemente de modo totalmente inocente, ela provocava irritação na medida em que tropeçava, colidia com as coisas e pisava nos meus pés. Contudo, como disse, esse desajeitamento físico desapareceu logo. Seu caos mental e dificuldade de aprendizagem continuaram por muito mais tempo. Às vezes, ao tentar me dizer algo, a sequência de fatos era tão emaranhada que, muitas vezes, quase parecia sofrer de distúrbio de pensamento. Passamos muitos anos para compreendermos, juntas, os diversos fatores da sua personalidade que levavam ao seu jeito estranho de pensar, falar e andar.

Como disse, escutar Jean falar causava enorme confusão, e levou muito tempo até que pudéssemos compreender o que causava tanta confusão. Na verdade, no começo, ela falava muito pouco e preferia desenhar interminavelmente imagens repetitivas de casas sombrias e estreitas, com janelas vazias e portas trancadas. Em geral, eram despovoadas e, de qualquer modo, quase nada acontecia nelas. Às vezes, desenhava estações de trem, mas ninguém chegava nem partia, e quase sempre chovia. Mesmo quando as coisas começaram a se movimentar um pouco, era eu quem devia fazer perguntas, empurrar, puxar, o que infelizmente confirmava o que, aos poucos, percebemos ser a crença de Jean de que, de certo modo, outras pessoas dependiam excessivamente dela e das suas contribuições. Os adultos eram vistos como gentis, mas frágeis e tolos e nunca magnéticos, interessantes e seguros (como com Danny) o bastante para convidá-la a mover-se em direção à vida.

Por volta do terceiro ano de tratamento, Jean começou a usar muito mais espaço na sala de terapia e a ficar um pouco mais à vontade. Ficou menos exageradamente bem-educada. Continuava os desenhos de casas, mas as entradas eram maiores e começou a aparecer jardins circundando os prédios. Passei muito tempo preocupada com a técnica: como não fazer perguntas sobre os desenhos com excessiva rapidez, o que parecia produzir pânico claustrofóbico e também não a deixar só por muito tempo, pois, se o fizesse, ela afundava em depressão, escuridão e sofrimento genuínos. Os desenhos iniciais eram repletos de chuva copiosa e deprimente. Quando os telhados em seus desenhos começaram a ruir, e tentei vincular isso com a ansiedade a respeito de uma interrupção ou de algum fato externo vindouro, como um exame, ela concordava com polidez; ainda assim, eu sentia que nem essa nem outras interpretações explicativas a atingiam realmente. Acabei pensando que até ela poder aprender a pensar um pensamento de cada vez com certa profundidade, em geral, seriam perda de tempo minhas tentativas de fazer ligações entre *dois* pensamentos. Ela não conseguia pensar que seus pensamentos inconscientes estavam por trás dos conscientes até conseguir pensar os conscientes mais plena e profundamente – para, por assim dizer, explorar seu paraconsciente e ater-se a ele e apropriar-se dele.

Porém, após três anos, havia mais luz e espaço nas casas, e a sensação de que movimento e vida poderiam ser possíveis. No entanto, observei que, a qualquer momento que eu começasse a falar, ela sentia-se invadida e abarrotada com facilidade e, imediatamente, ficava paralisada sem conseguir prosseguir. Desligava-se simplesmente, fingindo escutar, de forma que não havia diálogo. Entretanto, certo dia, ela desenhou sapatos incríveis que conseguiam receber poder elétrico do solo abaixo deles. Havia um ímã elétrico no chão: os pés não precisavam tocar o solo; os sapatos recebiam eletricidade sem tocar o chão. Ressaltei que talvez ela sentisse que esse seria um jeito adorável de conversar, caso minha conversa não produzisse essa terrível fricção e a fizesse reduzir a velocidade, se eu pudesse apenas dar uma "carga" e deixá-la prosseguir. Ela pareceu realmente compreender. Senti que, até certo ponto, ela estava certa: necessitava desse tipo de objeto. Ela necessitava encontrar um objeto que, ao contrário dos seus objetos internos impacientes e obstrutivos, não obstruísse sua passagem que, às vezes, era muito hesitante e outras inacreditavelmente rápida e lancinante. A própria Jean era loucamente impaciente e, de certo modo, bastante intrusiva.

Viemos a compreender que a conversa confusa, quase um distúrbio de pensamento, devia-se em parte à própria impaciência dela. Mas devo salientar que também se devia ao que ela considerava como impaciência terrível da parte do objeto interno ouvinte. Ela começava a contar uma história envolvendo quatro pontos, começando do primeiro, mas sua mente pulava adiante para o terceiro ou quarto, por temer que o objeto não pudesse esperar e desaparecesse se ela não chegasse lá rapidamente, portanto, exigia sua atenção. Outras vezes, pulava para o terceiro ou para o quarto ponto por pensar que era o pensamento que *eu* estava pensando e, por isso, esperando e querendo que ela pensasse. Desnecessário dizer que esse salto prematuro adiante interferia na passagem do pensamento um para o pensamento dois em sequência, a caminho do três e do quatro. O resultado era o caos na conversa.

Cerca de um ano depois, comecei a observar que, com frequência, ela me deixava terminar as frases por ela. Por exemplo, ela dizia "Sol no..." e, por causa da pausa, eu me via dizendo "céu". Comecei a conjeturar se isso estaria ligado ao objeto interno que escuta com impaciência e interrompe, mas que aparentemente ela me convidava e até me forçava a ser. Ficou evidente que, dessa maneira, ela não precisava vivenciar sua própria impaciência, seu desejo de chegar ao final da sentença e fazer-se compreender. Mencionou também, de modo muito casual e complacente, que francês era a "pior coisa" na escola – o professor sempre precisava corrigi-la. A sessão tinha começado com o relato de pessoas em um carro parado num congestionamento no trânsito, e eu tentara mostrar que sempre cabia a mim e, aparentemente a seus professores, fazer o trânsito se movimentar. Acrescentei que, quando ela fazia um movimento súbito adiante, minhas palavras eram como os outros carros que ela ultrapassava depressa, porque com certeza não as escutava. Contudo, ela ouviu *isso* com atenção verdadeira. Por ser uma menina gentil, era muito fácil não perceber a força com que ela projetava sua vitalidade e atividade nos outros.

Poucos meses depois, houve mais material sobre o tipo de ouvinte a quem ela sentia se dirigir. Falou que tetos baixos ajudam as pessoas que não têm voz forte a serem ouvidas, porque as vozes retornam. Com tetos mais altos, possivelmente, não seriam ouvidas. Penso que a Jean real falava de forma muito débil e realmente precisava de um ouvinte muito cuidadoso, atento, mas firme, que pudesse desacelerá-la, mas ao mesmo tempo que a deixasse seguir adiante, com cuidado, um pensamento de cada vez. Ela parecia acreditar que o ouvinte não a esperaria terminar o pensamento: o ouvinte se apressava para ir ao seu encontro ou, de algum modo, a bloqueava ou era sentido como distante demais.

Finalmente, ela começou a desacelerar, conforme começaram a surgir belos lagos em seus desenhos, e seu mundo interno pareceu se ampliar. Recordou que, nos passeios com a família, ela sempre caminhava depressa, com a cabeça abaixada, para simplesmente chegar ao fim do passeio, sem nunca olhar para a direita, para a esquerda, para as plantas e árvores que ladeavam o caminho. Percebeu que sua visão em túnel afetava sua mente e seu aprendizado de várias formas. Sua conversa ficou mais lenta e mais firme, mas, paradoxalmente, mais rápida e livre. Não estava mais deprimida e também estava muito menos rígida, mais flexível. Finalmente, certo dia, começou a falar do seu jeito de andar como se tivesse pés chatos. Contou ter percebido que tinha medo de levantar o calcanhar e dar impulso: conseguia fazer isso ao correr, mas não ao andar. Parecia estar dizendo que precisava se agarrar ao solo, assim como sempre se agarrara mentalmente aos pensamentos de outras pessoas em lugar de seguir e completar primeiro os seus. Agora havia um anseio por um movimento para a frente mais coordenado e regular. Realmente, ela começou a gostar de dançar e de esportes e a melhorar muito do ponto de vista acadêmico.

Implicações técnicas

No Capítulo 1, sugeri que prioridades clínicas, especialmente com pacientes em estado mental *borderline* ou psicótico, podem exigir que tomemos cuidado com interpretações explicativas prematuras que podem não alcançar o paciente onde ele está. Donald conseguia trabalhar com interpretações explicativas, na maior parte do tempo, enquanto, embora Danny e Jean não fossem *borderline* nem psicóticos e *parecessem* capazes de compreender interpretações explicativas, precisei aprender a prestar muito mais atenção a seu modo de ouvir – ou de não conseguir ouvir – meus comentários, mais do que com outras crianças. É interessante que – apenas após muito trabalho em relação a um interlocutor ouvinte-falante e na medida em que nossas conversas ficaram mais confortáveis – puderam falar das suas dificuldades de caminhar. (Hoje, eu buscaria a colaboração de um terapeuta ocupacional ou psicomotricista para trabalhar, por assim dizer, a partir dos dois lados.) No filme de Michelangelo Antonioni, *Além das nuvens* (1995), há a história de carregadores mexicanos que não poderiam ser apressados a subir uma montanha, pois deixariam suas almas para trás. Os pensamentos para e pré-conscientes – isto é, os pensamentos que podem estar ao lado e muito próximos de outros pensamentos – podem precisar ser explorados antes daqueles que estão abaixo, no inconsciente. Às vezes, isso envolve algo simples que seria dar tempo ao paciente para identificar o adjetivo que sente que pertence ao substantivo. A adorável suavidade do gelo de Danny e o deslizar sem atrito dos sapatos elétricos de Jean nos ensinaram mais sobre suas dificuldades e esperanças do que as complicadas explicações dos significados simbólicos inconscientes que gelo e sapatos poderiam dar naquele estágio. Ambos os pacientes precisavam encontrar um jeito de avançar, e isso foi um começo. Assim que começaram e se criou certo tipo de revezamento em nossas conversas, com espaço suficiente para cada pensamento, foi muito mais fácil começar a fazer ligações entre um sentimento e outro, um pensamento e outro, uma experiência e outra. Mas esse desenvolvimento realmente precisou esperar até que se desse a cada um seu lugar e tempo. Schore (2003) ressalta: "Para que o conflito e a competição ocorram entre processadores dos dois hemisférios, o esquerdo verbal de ação tardia precisa ter acesso às avaliações emocionais e às emissões do processador primitivo direito, que ele pode então inibir" (p. 245). Ressalta que, em caso de déficit no hemisfério cerebral direito processador de emoções, esse déficit precisa ser reparado antes que questões de conflito (e, podemos acrescentar, complexidades do pensar em dois trilhos) possam ser abordadas. Na medida em que essas crianças começaram a tolerar escutar, aceitar e usufruir as alternâncias do revezamento, puderam prestar mais atenção e respeitar os pensamentos que esperavam de lado em suas mentes e, assim, administrar melhor a sequencialidade.

Discussão e conclusão: o desenvolvimento do caminhar e da linguagem

Sugeri que as ideias mais novas implicam que o movimento dos pensamentos é tão importante quanto seu conteúdo: as qualidades dos objetos internos são importantes, assim como sua localização e posição. Às vezes, nossos objetos precisam aguardar sua vez em segundo plano no fim da fila, por assim dizer; por vezes, estão à nossa frente, em nossas mentes. É interessante que Knoblauch (2000) descreve um jeito de ouvir o paciente e de se ouvir falando com o paciente que leva em conta volume, tom, ritmo, tempo do ir e vir entre as comunicações do paciente e do analista. Ressalta que certas mudanças fundamentais nos pacientes começaram com mudanças no padrão de suas respostas, muito antes disso poder ser verbalizado.

Uma advertência: é evidente que os paralelos entre caminhar e pensar nos três pacientes que descrevi neste capítulo nem sempre estão presentes. Muitos gênios não são bons atletas e muitos atletas relativamente não se interessam por pensamento abstrato. Não obstante, havia paralelos nessas três crianças, e me parecia que, em certa medida, áreas importantes do seu desenvolvimento tinham dado errado de maneira muito semelhante.

Talvez aqui seja necessário dizer uma palavra sobre o desenvolvimento do andar. Primeiro, embora seja evidente que todas

– ou quase todas – as crianças comuns e capazes aprendam a andar, um livro fascinante de Thelen e Smith (1995) argumenta que isso de forma alguma se deve ao desenvolvimento neurológico inato. Nem se deve a simples influências ambientais. Ao contrário, a complexa rede de causalidade que esses autores oferecem é um modelo de sistemas dinâmicos que analisa os subcomponentes da capacidade de andar (pisar, chutar em paralelo, chutar simples, chutar alternado, engatinhar, ficar de pé com apoio, *cruising*,[3] andar com apoio) e as formas de interagir com o estado da mente do bebê, corpo, postura e posição e com o ambiente a qualquer momento de tempo. Thelen e Smith (1995) escrevem:

> *A questão é que* não há essência *de movimentos da perna durante o primeiro ano.* Padrões de coordenação das pernas dependem totalmente da situação – se o bebê está calmo ou excitado; de pé, de costas ou de bruços; usando as pernas deliberadamente para exploração ou locomoção; na esteira mecânica (instrumento de pesquisa); submerso em água (também instrumento de pesquisa); ou sozinho. (p. 16)

Podemos querer aumentar a lista perguntando: "Excitado sobre o que ou quem? Atraído para explorar o que ou quem? E o que dizer sobre o sentimento de poder obtido ao empurrar os pés no chão ou, mais cedo na vida, contra a mão de um dos pais, e o prazer e a sensação de ser agente que esse contato de empurrar pode dar, bem como a consciência de agressividade divertida quando o cuidador empurra de volta? O que dizer da ternura evocada quando o genitor responde ao cumprimento do bebê segurando seu

---

[3] Termo corrente em inglês para se referir à ação de uma criança pequena de andar se segurando na mobília, antes de se soltar. Tem também uma conotação de algo sem uma destinação específica, prazeroso, uma ginga [N.T.].

pé acolhedor? De onde Savion Glover obteve seu sentimento de brincar com o chão à procura de sons? É importante lembrar que os bebês não sorriem apenas com boca e olhos; eles também nos cumprimentam com as mãos e os pés. E a relação entre nossos pés e o mundo começa muito antes de experimentarmos o chão. Nossa sensação de ritmo e de batida não espera o um-dois, um-dois do caminhar, começa com os descansos e pausas durante o mamar, os descansos e pausas ao olhar, ou, como Bruner (1968) disse, na alternância dos dois. Por que as crianças adoram pular para cima e para a frente e também para baixo? O espaço acima ou à frente chama ou proíbe?

Uma complexidade dinâmica semelhante se aplica ao desenvolvimento da capacidade que fundamenta a capacidade posterior para o uso da linguagem em conversa: ou seja, a capacidade de comunicação protoconversacional por meio de olhares e de vocalizações (Trevarthen e Hubley, 1978). Beebe, que estudou esses diálogos de vocalização entre bebês e seus cuidadores, mostra que cada participante é influenciado pela trajetória e fluxo de seus próprios estados e pelos do outro. E influencia o outro (Beebe e Lachmann, 2002). Gerhardt (2004) cita Beebe: "Você muda a maneira de eu me expandir e eu mudo a maneira de você se expandir. A questão é o que fica internalizado a partir desses diálogos e o que o *self* da criança passa a esperar do seu cocomunicador?" (p. 31).

É importante lembrar que o cérebro direito, o substrato do cérebro emocional (e da comunicação não verbal por meio de olhares e toque), tem um ímpeto de crescimento no primeiro ano e meio da vida pós-natal, que então termina: nesse momento, o cérebro esquerdo começa seu ímpeto de crescimento (Schore, 2003, p. 244). Isso leva ao começo da linguagem. Siegel (1999, p. 179) ressalta que há processos holísticos paralelos de rápida ação (ativos simultaneamente) no hemisfério direito. Também há alguma linguagem, em termos de compreensão de metáforas, paradoxos e humor. Enquanto no hemisfério esquerdo há mais processos temporais de ação lenta, linear, ativa de modo sequencial. Os significados verbais das palavras são primários. Esses processos nos ajudam a determinar a sequência de eventos numa história – não apenas o poder emocional dela. Contudo, como Gerhardt (2004) ressalta, "cada modo novo de comunicação se acrescenta ao anterior e, ainda assim, nenhum se perde" (p. 50). Portanto, se houver dificuldade na sequencialidade, podemos nos interrogar se isso se deve, primariamente, a um problema cognitivo do lado esquerdo do cérebro. Ou poderiam ser dificuldades surgidas das relações emocionais no lado direito? Não sei a resposta, mas sugiro que a batida um-dois do caminhar é precedida por muitos um-dois anteriores, como sugar/engolir, olhar/desviar o olhar, olhar/piscar, pronunciar/pausar, emitir/escutar, e assim por diante. *A musicalidade comunicativa*, de Malloch e Trevarthen (2009, p. 8), pergunta como nossos "pensamentos etéreos rápidos" dão um jeito de mover nossos "corpos móveis intrincadamente pesados" e também como interpretamos o outro com plena atenção simplesmente por meio de sons externos, toques e movimentos. A resposta deles é que "os humanos se movem sob controle coordenado e integrado de manutenção de tempo, regulando energia de pulso de motivação intrínseca [*Intrinsic Motive Pulse* (IMP)]", e que "vivemos, pensamos, imaginamos e lembramos em movimento" (p. 9).

4. Fazendo ligações e fazendo tempo: passos para descompressão de pensamentos e criação de vínculos entre pensamentos

Introdução

No capítulo anterior, descrevi a maneira pela qual os pensamentos de Jean se recusavam a esperar sua vez na fila da mente dela, aglomerando-se e causando confusão nela e em quem a escutava. Aqui, quero examinar um fenômeno semelhante, só que mais radical: uma espécie de esmagamento de pensamentos, semelhante ao descrito por um dos pacientes esquizofrênicos de Bion (1955) como "pensamentos subindo um em cima do outro" (p. 237). Os pacientes descritos neste capítulo conseguiam pensar múltiplos pensamentos, mas excessivamente comprimidos. Quero examinar também algumas condições sob as quais esses pensamentos podiam tornar-se menos aglomerados, um pouco mais frouxamente vinculados, e a maneira pela qual esse desenvolvimento pode atuar como prelúdio possível para o genuíno pensar em sequência. Em um episódio de *The Muppet Show*, o sapo Caco esqueceu um encontro combinado com Miss Piggy. Ao exigir que cumprisse a promessa, ele começou a protestar que não teria *tempo* de sair aquela noite. Miss Piggy trovejou ameaçadora: "Caco! FAÇA tempo!". Trata-se de aprender a fazer tempo.

Primeiro, gostaria de discutir algumas contradições da teoria do pensar de Bion, considerando especialmente o problema dos vínculos entre pensamentos que nos apresentou em seu importante artigo "Ataques aos vínculos" (1959). É interessante que Bion toma o que aparentemente seriam duas posições bastante contraditórias a respeito das falhas nos vínculos, como tento mostrar. Uma se refere ao efeito de ataques destrutivos ao próprio ego e ao pensar do paciente; a outra leva em conta algo mais parecido com um déficit na vinculação (ou o que depois ele denominou "preconcepção não realizada de um vínculo"). A primeira parece supor certo desenvolvimento anterior na personalidade da capacidade de conceber vínculos ou de fazer vínculos, seguida da destruição dessa capacidade. A segunda posição descreve a inabilidade ou incapacidade de o paciente pensar ou de guardar pensamentos. Nesses momentos, Bion parece descrever um déficit no *self*, no objeto ou em ambos. Será que essa distinção pode basear nossa resposta interpretativa aos problemas de transtorno de pensamento e déficit no pensar de nossos pacientes? Evidentemente, as duas posições não precisam ser mutuamente contraditórias: elas podem coexistir no mesmo momento. No caso de haver dificuldade real ou déficit de fazer ligações, mais do que o ataque a uma ligação já estabelecida, o terapeuta precisa prestar atenção a certas características temporais e dinâmicas do vínculo que permitam que as possibilidades de sequência, de ordenação e de duplicidade sejam toleráveis e prazerosas. Discuto material clínico de um paciente autista e de um paciente psicótico com dificuldade de pensar e, examinando a técnica, sugiro alguns paralelos entre brincar e sintaxe.

Formação temporal da realidade: presença moduladora

O jogo do carretel do neto de Freud (1920) e o jogo de esconde--esconde (Bruner e Sherwood, 1976) têm sido modelos para a teoria psicanalítica sobre objeto ausente e sobre formas de o bebê chegar a um acordo com a realidade: em geral, a realidade da frustração, da perda e da separação. Além disso, gostaria de refletir acerca de uma realidade igualmente primária, ou seja, a realidade do objeto presente, percebido em seus formatos dinâmicos no tempo, suas formas temporais (Robarts, 2009; Stern, 1985). Por exemplo, além das idas e vindas rítmicas, há balanceios rítmicos, fluxos e refluxos. O seio presente é sugado em rajadas e pausas, em um ritmo básico de vida que, aos poucos, se regula e se torna tão fácil quanto respirar. Bruner e Sherwood (1976) ressaltaram que o jogo de esconde-esconde é precedido por algo ainda anterior, a brincadeira de se aproximar, em que a mãe brinca com a distância entre seu rosto e o rosto do bebê. A modulação e a regulação da presença são tarefas para o bebê que, provavelmente, são anteriores à tarefa de manter a constância do objeto durante a ausência. Por exemplo, Bartram (1999, p. 140) ressaltou que, para ela, era muito louco esperar que seu paciente autista de 2 anos se despedisse da mãe no momento em que sentia a óbvia dificuldade de processar a súbita chegada da terapeuta. Despedir-se implica certo grau de internalização anterior de um objeto constante, ao passo que muitas crianças com autismo têm grande dificuldade de assimilar experiências, antes de mais nada. Para essas crianças, a introjeção é bem difícil e, com certeza, a introjeção da experiência precisa preceder internalização e representação mais duradouras. Os conceitos de Stern de afetos de vitalidade (1985) e formas de vitalidade (2010) – sintonizações e contornos compartilhados em que a experiência é lançada –, provavelmente, são centrais para esse processo de introjeção. Assim como o trabalho de Bower (1974) sobre o comportamento de rastreamento visual e as capacidades de os bebês anteciparem e interpolarem trajetórias de objetos que se movem – que pode ter relação com a maneira pela qual aprendemos a seguir um pensamento. Proponho a brincadeira de aproximação e algo que os músicos chamam anacruse – a pausa em suspenso, antes da batida do próximo compasso – como paradigmas a serem acrescentados ao jogo do carretel e ao de esconde-esconde. Devo dizer que me senti incitada a prestar atenção nesses níveis microscópicos ou microanalíticos por causa de minha dificuldade de dar sentido ao comportamento extremamente fragmentado e frenético de Samuel, menino de 4 anos com autismo grave que descrevo adiante. Samuel, enfim, começou a tentar conceber a dualidade [*twoness*], mas isso quase o enlouqueceu. Ele e eu precisamos aprender que pensar dois pensamentos *leva tempo*, e tempo era algo que Samuel não parecia ter.

Bion sobre as relações entre pensamentos

Devemos a Bion o fato de atualmente termos uma teoria psicanalítica da mente que corresponde a nossas impressões subjetivas; como todo um mundo interno cheio de objetos vivos, memórias, fatos e imagens, há pensamentos iluminados por significado, impulsionados por sua própria energia, em constante interação uns com os outros. Em "A linguagem e o esquizofrênico" (1955), Bion afirma sua concordância com Freud de que o paciente psicótico é hostil à realidade e que ele também ataca seus órgãos dos sentidos e sua consciência. Bion acrescenta que o paciente psicótico ataca sua capacidade de pensamento verbal, o que envolve um tipo de cisão muito cruel e sádica. Contudo, além do sadismo, ele menciona a voracidade:

> *Espero mostrar também que o mecanismo de cisão é colocado em ação para ajudar a voracidade do paciente e, por isso, não é simplesmente uma catástrofe desafortunada do tipo que ocorre quando o ego do paciente é cindido em pedaços, ao acompanhar sua determinação de cindir seus objetos; é resultado da determinação que pode se expressar verbalmente como intenção de ser o maior número possível de pessoas, bem como de estar no maior número possível de lugares, de ganhar tanto quanto possível, durante o maior tempo possível – na verdade, eternamente. (Bion, 1955, p. 223)*

(Em diversos artigos posteriores, Bion continua alternando descrições de transtornos de pensamento que atribui a ataques sádicos e outros que atribui a algo mais semelhante a déficit do ego – em vez da recusa a pensar, às vezes, descreve como incapacidade de pensar.) Ele dá um exemplo dramático de cisão ativa em que o paciente usa a linguagem como modo de ação para cindir seu objeto (Bion, 1967): "O paciente entra na sala, aperta calorosamente minha mão e me encarando nos olhos de forma penetrante diz: 'Penso que as sessões não são para um tempo longo, mas me impedem de sair'" (p. 226). Bion (1967, p. 25) trata esse material como resultado de uma cisão aguda. Ele reconhece que o paciente se ressente de que as sessões são poucas, mas interferem no seu tempo livre. Ele toma isso como uma cisão intencional da pessoa do analista para fazê-lo dar duas interpretações de uma só vez. A evidência para tal é que o paciente prossegue dizendo: "Como o elevador sabe o que fazer quando eu aperto os dois botões ao mesmo tempo?" (Bion, 1955, p. 226).

Graças ao Bion posterior (em *Aprender com a experiência*, 1962b), em que – como Grotstein ressaltou (1981b) – tem um conceito de déficit do objeto continente, penso que podemos tentar um modo alternativo de examinar o material: podemos considerar que se trata de um paciente que talvez não tenha ego suficiente ou um continente mental suficientemente elástico que lhe permita separar esses dois pensamentos. A cisão não precisa ser necessariamente vista como resultado de um ataque intencional. Pode ter sido a expressão urgente da pressão desesperada de dois pensamentos que surgiram simultaneamente. O paciente pode ter sentido necessidade de ser compreendido de imediato por um continente que pudesse receber a ambos e, aos poucos, separá-los *para ele* – o que, na verdade, foi o que Bion fez.

Bion retoma a questão do déficit na página seguinte: refere-se à dificuldade de o paciente sonhar e ter fantasias. Interpreta que o paciente não tem condições de pensar em seu problema sem sonhos e, depois, diz: "Como você sente que lhe faltam palavras, você também sente que lhe faltam meios de guardar ideias em sua mente" (p. 236). O paciente disse que não conseguia se lembrar do que Bion acabara de dizer; Bion respondeu: "Esse sentimento é tão forte que faz você pensar que esqueceu as coisas". Após essa interpretação do déficit – que, como se pode ver, devolveu a mente ao paciente –, ele foi capaz de se lembrar.

No último exemplo, Bion aborda a dificuldade geral de pensar ou de sonhar, isto é, de pensar qualquer pensamento. Em "Ataques aos vínculos" (1959), contudo, vai adiante e examina falhas de fazer, ou de permitir, *ligações* entre pensamentos. Atribui essas falhas ao ataque destrutivo à ligação do casal criativo, mas a noção de capacidade deficiente ainda aparece em suas interpretações ao paciente. Penso que devemos à observação de bebês e à pesquisa sobre o desenvolvimento do bebê o conhecimento de que há momentos em que o paciente só consegue se permitir um pensamento de cada vez. Não obstante, apesar do que considero ênfase excessiva nos vínculos atacados, é importante lembrar que a atenção que deu à importância *emocional* dos transtornos de vínculos, para a emotividade que perpassa o pensar, foi absolutamente revolucionária e, certamente, está totalmente ausente nas descrições do pensar dos cognitivistas. Parthenope Bion ressaltou (comunicação pessoal, 1966) que, em *Cogitações* (Bion, 1992, p. 216), seu pai disse que o ataque do paciente ao pensar do analista pode não ter sido motivado por sadismo, mas pela projeção da sua falta de função alfa. Algo que implica em necessidade desesperada – ou seja, déficit – mais do que destrutividade.

Em 1962, "Uma teoria do pensar" (Bion, 1962a) introduziu a ideia de "função alfa": o pensar precisa vir a existir para dar conta dos pensamentos. "Pensamento" é um substantivo que deriva de um verbo: envolve fazer algo a alguma coisa, processo que leva algo mais – tempo – para realizar. A esse artigo, seguiu-se *Aprender com a experiência* (Bion, 1962b), com sua teoria sobre a importância do objeto continente. Havia também a sugestão de que, às vezes, o objeto poderia proporcionar continência inadequada; finalmente, há espaço para uma teoria de déficit.

Britton (1989) introduziu o conceito de "terceira posição" para pensar, ao sugerir que, se o intercurso dos pais é sentido como intrusivo demais, o vínculo entre criança e mãe pode ser aniquilado. Ressaltou a importância do espaço triangular edipiano para pensar. Nos casos que descrevo a seguir, eu me refiro a déficits, não necessariamente de espaço, mas na sensação interna de tempo ordinal, de sequencialidade, ou seja, de um continente temporal. Os pacientes descritos neste capítulo, por diversas razões possíveis, não sentiam que tinham tempo para pensar. Meu paciente Samuel sofria de impaciência aguda, ódio e voracidade em seu *self*, mas isso parecia estar acompanhado de uma sensação impossivelmente transitória e fugaz de um objeto interno que, segundo sua vivência, jamais lhe dava tempo para descobrir os vínculos dentro dele e os vínculos entre o objeto interno e outros objetos.

Daniel e o vínculo conjuntivo

Daniel, jovem de 19 anos, foi encaminhado para um psicoterapeuta por ataques de pânico e total incapacidade de escrever na escola. Posteriormente, contou ao terapeuta que toda vez que chegava ao final de uma sentença, sentia que ela morria e não conseguia prosseguir. Era muito retraído, mas até aquele momento tinha conseguido levar a escola adiante. Havia motivo para pensar que estivesse alucinando, e ele era muito obsessivo. Na época da sessão citada a seguir, ele estava em tratamento uma vez por semana por alguns meses e não alucinava mais. Começara a conseguir escrever novamente, mas com enorme dificuldade.

Essa foi a primeira sessão, após as férias de Natal; cito com base nas anotações do terapeuta:

> Ele chega cinco minutos atrasado e dá uma explicação quase incoerente. Prossegue falando muito rápido de não ser capaz de estudar. É entorpecedor, circular e cheio de racionalizações peculiares. Daniel refere repetitivamente que o conhecimento se perde e "cai num buraco" e menciona de forma lacônica, antes que se perca na conversa circular, o desejo de morrer.

O terapeuta fala a ele sobre o sentimento de perder o que sabe e que isso é como morrer. O terapeuta também diz: "quando me afasto, é como se o deixasse com um buraco dentro dele em que ele se perde, esquece o trabalho que fizemos no passado". Daniel expressa certa ambivalência, mas desacelera. Então, a velocidade e a circularidade se intensificam novamente e o terapeuta, com grande sensibilidade, parece permitir-lhe desacelerar novamente. "O paciente diz que não consegue escrever a palavra 'e', não consegue escrever 'o, a' e não consegue escrever 'ou'. Em lugar dessas palavras, ele usa hífen. Afirma ser em razão de seus ensaios serem muito longos, então, corta essas palavras e usa hifens para não perder o sentido." O terapeuta diz que ele parece sentir que, para que exista sentido, não deve haver qualquer ligação. (Daniel se assemelha ao paciente de Bion, mas, ao menos, é capaz de inserir um hífen.) "Daniel concorda e acelera novamente, dando voltas em busca de sentido como se tentasse entrar no texto em si."

O que é um "e"? É um tipo muito especial de vínculo: parece conter uma promessa de que há mais por vir, não a morte nem um beco sem saída. Atende a nossa voracidade e apetite, mas nossa esperança, expectativa, antecipação e, talvez, nosso medo e terror também. Em música, a anacruse em suspenso – a pausa antes da batida acentuada – também contém uma promessa. Dá o impulso para a batida em realce ou a palavra principal na canção: "Ta ra ra *bum* di ei".[1] Ao contrário de Samuel, meu pacientezinho autista, Daniel não estava totalmente fora de contato com a realidade. Ao menos, ele sentia que tinha algum reconhecimento a oferecer – em forma do hífen – ao fato de que substantivos precisam de palavras de ligação para uni-los a outros substantivos e, talvez, algum lugar para sua necessidade e desejo por períodos abreviados de espera. Ele parece sentir que as ligações levam tempo demais, são intermináveis. Deseja abreviá-las, como gostaria de ter abreviado a interrupção de inverno da sua terapia e a distância que sente do seu terapeuta, até mesmo quando está presente. Aparentemente,

---

[1] "Ta Ra Ra Boom De Ay" é uma canção de Vaudeville que se tornou muito conhecida em Londres nos anos 1890 [N.T.].

quer uma ligação mais estreita, mais próxima. Sua dificuldade com "o, a" pode ser porque "o, a" pode dar testemunho da particularidade e da individualidade da mãe interna ou do terapeuta. Talvez a especificidade seja um luxo, ao sentir que a necessidade é muito urgente e qualquer pessoa serve. Daniel estava em pânico agudo com os exames. Como devemos falar com esses pacientes? O que conseguem compreender das nossas interpretações? No trabalho com crianças autistas, sem linguagem, nossa preocupação é sempre encontrar a palavra, o tom ou a frase que melhor promova a atividade mental e a linguagem, a palavra que vai ao encontro ou combina com a vivência e que também a amplia um pouco. Algumas vezes, um simples "Mais devagar, calma, está OK, há tempo suficiente" ou "Está OK, estamos juntos outra vez, a interrupção terminou" parece ajudar.

O vínculo "e" em jogo: um vínculo ordinal

No início, Samuel só mostrou interesse no fluir da água, no girar das rodas, na sua mão fechada, em seu reflexo em qualquer superfície brilhante que pudesse encontrar e em olhares selvagens ocasionais para mim. Após muitas aproximações cuidadosas de minha parte, ele se interessou pelo meu rosto e, com frequência, brincava de se aproximar: aproximávamos nossos rostos e depois afastávamos. Ele começou a sair dos seus estados frenéticos e também a mostrar mais interesse em objetos da sala. Introduzi brinquedos que considerei adequados para algum nível extremamente inicial de desenvolvimento que pudesse revelar-se em seus momentos não autísticos nas sessões. Crianças como Samuel podem sair do autismo, mas são revelados enormes atrasos de desenvolvimento, até em seus momentos normais mais recentes. Em certo momento, forneci um brinquedo de argolas, uma série de anéis de plástico de cores brilhantes e tamanhos crescentes espetados em um pino afilado. Samuel adorou, mas odiou o fato de a forma perfeita só ser possível se ele colocasse os anéis na sequência exata de tamanho. Ele mal e mal conseguia tolerar uma pilha ou torre de anéis, mas odiava – ou não conseguia esperar – ordem e relações ordinais entre as coisas. Sua solução para o problema foi atirar o pino longe com desprezo e, sem o usar, construir uma torre de anéis em qualquer ordem que escolhesse. Contudo, às vezes, ele decidia construir da forma adequada, se eu lhe oferecesse os anéis na ordem correta, prendendo meu fôlego e dizendo com suspense "E... o roxo, e... o azul", antes de dar o anel. Suponho que eu estivesse tentando preencher a lacuna antes intolerável com algo que, em vez de ameaçar com o vazio esse menininho loucamente impaciente, mas também desesperado, contivesse uma promessa e também uma espécie de tormento irritante apenas tolerável. Isso pareceu interessá-lo e harmonizar-se com a torturada incapacidade de esperar e tolerar sequências, porém, talvez também tenha feito se modificar e se transformar em jogo – o início da anacruse. Bion diz que o bebê precisa aprender a modificar a realidade, a não fugir dela, mas talvez a realidade às vezes precise ser modificável e até mesmo se modificar. Objetos animados vivos estão constantemente se modificando e sendo modificados pelo bebê. O bebê normal tem experiências de realidade com coisas modificáveis e não modificáveis. Este capítulo não é o momento de discutir a técnica terapêutica com crianças com autismo grave, mas é importante mencionar que, aparentemente, o autismo de Samuel já estava presente desde bem cedo, na sua primeira infância. Suas dificuldades com a duração da atenção e o contato visual, bem como sua impaciência com a alteridade do mundo, suspeito, deixaram-no fechado – e cada vez mais privado – para a modulação comum e a regulação das experiências de vida que permitem o progresso do desenvolvimento cognitivo e emocional. A extrema precocidade do início pode colocar a criança em uma trajetória cada vez mais divergente de desenvolvimento (Acquarone, 2007). O trabalho com essas crianças autistas graves, portanto, precisa basear-se no ponto de vista do desenvolvimento (e psicanalítico): às vezes, vai ser necessária uma técnica mais intensificada, quando for preciso abordar déficits infantis muito iniciais (Alvarez, 1996).

Após quatro anos de psicoterapia intensiva, Samuel começou a demonstrar interesse real em relações triangulares e ciúme verdadeiro. Ele não só mostrava interesse nas pequenas mudanças da sala, ou em outras pessoas no corredor da clínica, como também começou a me deixar ver seu interesse e, às vezes, até sua indignação. Não obstante, penso (e ilustro em capítulos posteriores) que suas dificuldades iniciais com vínculos eram mais profundas que a questão edipiana: os vínculos microcósmicos envolvidos na capacidade de olhar e captar o rosto humano ou de escutar uma canção de ninar precisam ser estabelecidos antes que seja possível construir os vínculos edipianos mais amplos.

Discussão: brincar e sintaxe

Existe conexão entre palavras de vinculação sintática, como "o, a", "e" e "ou" e o brincar bem inicial? A pré-linguagem do brincar prepara os bebês para a fala verdadeira e para a estrutura de sentenças reais? O "e" provocador é vínculo – um vínculo humano livre e divertido. Pode também se assemelhar ao que Bion (1959) chama "vínculo articulado". Não se sabe exatamente *quando* o anel chega, mas sabe-se que vai chegar, e, de certa maneira, sabe-se quando, porque é possível vê-lo chegando. O objeto que se aproxima e recua permanece presente. A surpresa animadora chega de muitas formas, nem sempre desagradáveis. Brendel (2001) ressaltou que Haydn nos surpreendeu com o inesperado, e Mozart, com o esperado.

Reid (comunicação pessoal, 1994) referiu-se à dificuldade que as crianças com autismo têm com a "pontuação" da sua experiência. Algo a que Samuel era totalmente contrário – como os descansos e pausas em música que são tão importantes quanto as notas. Se o paciente pensar que as pausas são o fim do mundo e da sua mente, ele não se atreve a fazer pausa. Sorenson (2000) escreveu sobre a importância do comportamento materno facilitador da transição para o desenvolvimento do apego seguro e da atenção plena. Finalmente, Samuel conseguiu olhar os tijolos – dois ou até mais – e também passar os tijolos de um recipiente maior para outro menor. Passou a gostar do suspense acerca da possibilidade de eles caírem ou não. Crianças normais adoram brincadeira do tipo "Preparar... firme... vai". Talvez o suspense seja essencial para a linguagem e parte do que denominamos estilo de prosa. O discurso sintático – sentenças estruturadas –, ao contrário da fala telegráfica do psicótico, envolve certa capacidade necessária de tolerar o suspense. Samuel começou a usar o suspense de forma menos sádica: olhava para mim enquanto colocava algo bem na beirada da mesa, depois, sorria de forma provocadora e hesitava se deixava ou não cair. Tornou-se uma brincadeira compartilhada, não mais uma provocação cruel. É possível especular que experiências de suspense tolerável – mas, mais importante, *brincadeiras de suspense* que dão significado simbólico a essas experiências – devem ter alguma conexão com a origem do subjuntivo: qual é o equilíbrio – entre confiança em um mundo seguro e medo da sua falta de confiabilidade – necessário para que dúvida e esperança se desenvolvam a partir do medo e das negações maníacas? Em vez de insistir em contato físico intrusivo comigo, sempre que sentia estar gostando de mim ou necessitando de contato emocional, Samuel começou a aceitar o uso de uma cadeirinha ao meu lado e, de fato, passou a, no começo de cada sessão, colocá-la bem perto na expectativa de uma (proto) conversa ou interação divertida. Pegar e colocar a cadeira parecia sinalizar a crença na preparação e nos prelúdios e, mais importante, no conceito de um lugar e tempo para preparos e prelúdios. Em vez do agarrar desesperado à vida, Samuel parecia estar no processo de desenvolver a ideia de uma área e de um tempo de espera que, confiantemente, esperava que pudesse ser seguido por algo para o qual valia a pena se preparar e esperar.

O objeto presente e o objeto ausente – ou, a propósito, o objeto em primeiro plano e em segundo plano – estão ligados pelas preparações para entrada e para saída. Em termos musicais, tanto a anacruse – o momento de suspense que ainda assim contém uma promessa – como a cadência – que finaliza a frase ou trecho musical – são necessárias para a forma. O que fica internalizado no desenvolvimento normal não é apenas um objeto, ou dois objetos, com forma espacial, mas, sim, um objeto ou dois objetos com forma dinâmica – um formato no tempo. As palavras de ligação – "o, a", "e" e "ou" – e a aceitação cada vez maior (e até prazer) em descansos e pausas no brincar podem sugerir algo sobre a maneira pela qual o mundo humano real é internalizado. Brazelton, Koslowski e Main (1974) ressaltam que o ritmo do olhar para objetos inanimados em bebês é irregular e em picos, e para os objetos animados é em contorno, crescendo e decrescendo aos poucos – o gráfico é linear em curva (ver também Malloch e Trevarthen, 2009).

Stern (1974) refere-se à lentidão de tempo e à descortesia do exagero do comportamento das mães em relação a seus bebês. Ele diz que isso provavelmente "combina muito de perto com a gama de preferências e tolerâncias do bebê com a média e a proporção de mudança de estímulos", permitindo que "o bebê conserve a identidade do rosto da mãe por meio de suas diversas transformações físicas e, dessa forma, facilite a aquisição de um esquema estável do rosto" (p. 192). (Presumivelmente, para apreender dois rostos ao mesmo tempo, o da mãe e o do pai – ainda que um esteja mais em primeiro plano e o outro no segundo plano –, seria necessário ainda mais tempo, mais estudo cuidadoso e mapeamento nos primeiros dias de vida.)

Aos poucos, o cuidador ajuda o bebê a aprender a modelar suas curvas de atenção, e Brazelton, Koslowski e Main (1974) descreveram com detalhes fascinantes como, quando as mães querem engajar seus bebês em um período de interação, elas começam a preparar a cena. (Isso ajuda os bebês a, mais tarde, escutarem: "Era uma vez..." ou "Bem, então, o que vamos fazer?".) A mãe cria uma expectativa de interação (isso é semelhante a "Havia um...?") e só então passa a intensificar sua atenção ao amplificar (o muito esperado nome, o tema da narrativa) ou ao alternar movimentos de alerta e tranquilização, sons e olhares para captar *e manter* a atenção do bebê. O que ela faz é dar à vivência do bebê uma forma dinâmica, uma forma no tempo. O "o, a" não só ressalta a particularidade de algo, adverte-nos e prepara para o fato de que algo está chegando. Artigos, preposições e verbos são palavras de ligação, mas, como todos os vínculos, contêm uma promessa. Sem essa promessa, os vínculos são inconcebíveis, e a espera é um pesadelo. Às vezes, a função alfa pode auxiliar a pensar sobre o objeto presente que pode estar próximo ou distante, ainda que visível (e, certamente, audível).

Conclusão

Neste capítulo, como nos dois anteriores, meu objetivo foi ampliar a discussão das características de um objeto único presente para a situação edípica, em que dois objetos se apresentam à criança, em uma relação tripartite que inclui a criança e dá espaço aos três (ver Abello e Perez-Sanchez (1981) sobre o triângulo harmonioso que precede o triângulo edipiano). Sugiro que algumas ligações entre dois objetos são feitas quando a ligação entre os dois genitores é vista como *para* a criança, incluindo-a, não a excluindo, e seu surgimento conjunto é feito com sensibilidade no espaço e no tempo. Também tento discutir uma questão mais microanalítica sobre as possíveis pré-condições para microligações, com base em exemplos clínicos e técnicos.

Finalmente, digo que não estou sugerindo uma alternativa a ideias anteriores de como se dá o aprendizado da realidade. Argumento que talvez precisemos fazer acréscimos a elas. Frustração oral, ausência do objeto, separação, limites, condição de estar separado [*separateness*], frustração edipiana são todas experiências que alertam. Mas se o distúrbio for excessivo, os pensamentos podem tornar-se impensáveis. O que gostaria de ressaltar é a importância adicional da forma temporal em que a realidade se apresenta, bem como as formas temporais ou formas dinâmicas no tempo, por meio das quais a presença e a ausência estão ligadas *e por meio das quais duas presenças estão ligadas*. Dois objetos ficam ligados no tempo por estarem presentes juntos no tempo. Por vezes, mãe e pai estão ligados por estarem *juntos para e com* o bebê. A pesquisa de Fivaz-Depeursinge e Corboz-Warnery (1999) sobre situações triangulares no início do primeiro ano de vida mostra como os bebês aprendem a lidar com situações triangulares, dependendo se os genitores são vivenciados como dois-por-um ou dois-contra-um. O vínculo verdadeiramente edipiano – aquele que exclui a criança – certamente não é a única maneira pela qual o vínculo "e" tem importância. O movimento dentro ou em torno de todos os objetos vivos é uma característica essencial de sua vitalidade: a preparação da cena; as preparações para entradas e saídas desempenham um papel central nas trocas humanas civilizadas. Os vínculos entre diferentes versões de um objeto presente precisam ser construídos com outras versões diferentes, relacionadas a objetos ausentes – e nossa técnica psicanalítica pode dar conta disso. O jogo do carretel e do esconde-esconde proporcionaram modelos para o objeto ausente. O jogo de se aproximar, os jogos sequenciais cheios de suspense e, com certeza, as cantigas de ninar e protoconversas podem fornecer modelos para o objeto modulador que tem uma forma dinâmica mutante no tempo, mas ainda não é realmente ausente, apenas mais ou menos ao alcance.

Parte II
Condições de nível descritivo

5. O papel igual da satisfação e da frustração no desenvolvimento do senso de realidade

Introdução

No Capítulo 1, argumentei que, com alguns pacientes, é necessário ficar com "o quê" [*whatness*] da experiência, e não com o "por quê" [*whyness*]. Este capítulo acrescenta maior dimensão a essa questão, isto é, a questão do *conteúdo* desse tipo de interpretação descritiva. Sugiro que interpretar de modo a chamar a atenção ou ampliar as experiências ou fantasias positivas pode ser tão essencial para o trabalho analítico quanto prestar atenção ao negativo. Portanto, é algo que *acrescenta*; porém, de modo algum pretende substituir a hipótese psicanalítica habitual (Bion, 1959; Freud, 1911) da relação entre aprendizagem e frustração.

Identifico quatro características da ligação entre frustração e aprendizagem:

1. A frustração só promove o pensar se e quando não estiver acima dos limites do tolerável e do pensável; caso contrário, o trauma e o desespero podem produzir dissociações e transtornos cognitivos.

2. "Defesas" aparentes contra a frustração e a ansiedade, na verdade, podem ser tentativas de se proteger, de superar ou de regular frustrações ou ansiedades que, de outro modo, seriam intoleráveis e de chegar a estados de segurança e de confiança.

3. A introjeção e a internalização de experiências positivas são elementos essenciais no desenvolvimento da vida emocional.

4. Vida mental e aprendizagem.

Surpresas boas são tão estimulantes do ponto de vista cognitivo quanto as más, especialmente se a frustração e o desespero são a norma. Discuto algumas implicações técnicas da diferença de interpretações que abordam frustração e condição de estar separado [*separateness*] e as que abordam alívio e surpresa ao descobrir uma sensação de ligação.

Em capítulo intitulado "O anjo necessário" (Alvarez, 1992), dei o exemplo de um menino que ficou um pouco excitado logo que começou a perceber que seu objeto (na transferência, a terapeuta) estava pleno de recursos e de sentimentos em relação a ele. A terapeuta apreendeu que essa ideia nova seria a negação de uma triste verdade. Interpretou (assim como eu, no Capítulo 6, adiante) em dois trilhos ao supor que a experiência aparentemente idealizada era um pouco falsa e que a verdade estava por trás ou por baixo dessas negações defensivas. Nossos dois pacientes murcharam totalmente depois disso. Em 1992, argumentei que, se ela tivesse tratado simplesmente de descrever e de sublinhar o que o menino tentava nos comunicar, ele poderia ter sentido permissão de ampliar e de consolidar seu sentimento recém-descoberto de esperança e de confiança nela como objeto ideal não idealizado. Tentei mostrar (1992, pp. 119-120) que a afirmação de Klein (1952) de que, às vezes, a idealização é um desenvolvimento tem sido bastante esquecida e, com muito mais frequência, a idealização tem sido considerada apenas defesa.

Este capítulo começa examinando outros conceitos psicanalíticos, ainda mais gerais, que podem impedir o trajeto da lenta arte de ficar em um nível descritivo mais simples. Argumenta-se que interpretações descritivas ou ampliadoras podem respeitar não só ideias negativas como também ideias positivas – ou protopositivas –, e que estas podem conduzir a desenvolvimento emocional e cognitivo (Music, 2009, 2011; Schore, 2003). Parece que o corpo cada vez mais desenvolvido de pesquisas sobre o cérebro sugere que certas formas de prazer são tão boas quanto essenciais para o desenvolvimento do cérebro.

Teorias psicanalíticas sobre frustração

A teoria psicanalítica foi desenvolvida e ampliada como experiência clínica em que, a cada novo tipo de paciente, há a expansão e a ruptura parcial de moldes. Os acréscimos de Klein à teoria, por exemplo, surgiram da sua experiência com crianças muito pequenas e com fenômenos psicóticos. É cabível sugerir que, no período atual da história da psicanálise, os psicoterapeutas de crianças e de adolescentes podem contribuir de inúmeras formas para questões teóricas. A formação deles com o estudo do desenvolvimento inicial e a observação da interação inicial entre pais e bebês, bem como sua experiência, em décadas recentes (com pacientes cujo nível de transtornos, de prejuízos e, especialmente, de traumas e de negligência superam muito o de pacientes tratados cinquenta anos atrás), proporcionam muitas oportunidades de testar a teoria e compará-la às evidências clínicas. O trabalho com esse tipo de pacientes, acredito, coloca à prova de forma rigorosa a ênfase de algumas teorias psicanalíticas de que a frustração é a principal força propulsora da aprendizagem.

Teóricos da psicanálise, de Freud em diante, afirmaram que são as experiências de desprazer que nos educam e nos introduzem à "realidade". Em muitos de seus escritos – ainda que não em todos (ver Balint, 1968) –, Freud (1911) visualizou o bebê começando a vida em estado de narcisismo primário, prazer e gratificação e, apenas aos poucos, aprendia a verdade de que não é o soberano nem o senhor da mãe e do universo. A princípio, Freud identificou que a mágoa diante da decepção sexual do Édipo proporcionava o primeiro encontro importante com a verdade (1905b), mas depois (1917) acrescentou a dor e a perda associadas ao desmame como advertência anterior. Winnicott (1960) – com todo seu apaixonado interesse pela importância do brincar e do uso da imaginação para desenvolver a criatividade e, por implicação, a mente –, não obstante, aproxima-se da posição de Freud ao descrever a condição inicial do bebê como um estado de ilusão, com as necessárias desilusões como fonte do despertar [*awakening*]. Apesar de nem Freud nem Winnicott ligarem explicitamente esse nível de gratificação ou de ilusão a níveis inferiores de funcionamento cognitivo ou intelectual, a implicação da palavra "ilusão" faz parecer que esse não seja um estado de especial atenção. Klein (1952), por outro lado, insistiu na presença precoce de funcionamento do ego no primeiro ano de vida. A ligação explícita de emoção ao funcionamento cognitivo, que teve início com Klein (1930) e Segal (1957), foi desenvolvida com muito mais ousadia por Bion (1962b). Ele foi o teórico que fez a ligação mais vigorosa entre frustração e algo muito mais do que o simples enfrentamento emocional de realidades emocionais dolorosas – o processo em si de aprender e de pensar. Defendeu duas ideias cruciais: primeiro, para nascer uma concepção, uma preconcepção precisa encontrar-se com uma realização; segundo, para nascer um pensamento, uma concepção precisa deparar com uma frustração. (Curiosamente, ele escreveu muito mais sobre o segundo estágio do que sobre o primeiro. Também vale a pena notar que esse conceito de que a preconcepção *se encontra com* a realização tem alguns indícios do elemento de ajuste perfeito implícito nas teorias de narcisismo, simbiose e ilusão mencionadas anteriormente.) Em todo caso, Bion (1962b, p. 29) pensou que o aprendizado verdadeiro dependia da escolha entre técnicas de evasão e técnicas de modificação da frustração. Ligou tolerância à frustração com senso de realidade. Neste livro, sustento que precisamos compreender também que alguns pacientes com objetos internos impermeáveis ou irreparáveis necessitam de uma realidade capaz de ser vivida como modificável (ver Mitrani (1998), sobre a questão correlata do papel do objeto para conter a experiência estética).

Note-se, no entanto, que a segunda afirmação de Bion é muito mais do que o refinamento do ponto de vista de Freud. Parece aproximar-se do artigo de Freud intitulado "Formulação dos dois princípios do funcionamento mental" (1911). Nesse artigo, Freud sugeriu que a pressão de necessidades internas, seguidas da decepção com relação à sua satisfação, por sua vez seguida da inadequação dos sonhos de satisfação alucinatória de desejos para gratificar essas necessidades de maneira prolongada, foi o que finalmente impulsionou o aparelho mental a *formar uma concepção* das circunstâncias reais do mundo externo e a se empenhar para realmente alterá-las. "Introduziu-se, assim, um novo princípio de funcionamento mental; o que se apresentava na mente não era mais o agradável, mas, sim, o real, ainda que acontecesse de ser desagradável. Esse estabelecimento do princípio da realidade mostrou-se um passo marcante" (Freud, 1911, p. 219). No entanto, Freud ressaltava a importância das emoções nesse desenvolvimento. Além disso, Bion concentrou-se na natureza dos processos envolvidos na "formação de concepções" do aparelho psíquico.

Perguntava: "Mas o que essa instauração do princípio de realidade envolve?". Ele falava não só da mudança de conteúdo emocional como também de algo muito mais radical – a aquisição do pensar em si. Assim, surgiu a grande ligação intrínseca entre emoção e pensamento e, a seguir, a teoria de continência emocional atenta [*mindful*] e a teoria da função alfa – o processo por meio do qual os pensamentos se tornam pensáveis (Bion, 1962b).

É impossível superestimar a importância da teoria do pensar e seu efeito no trabalho clínico e na técnica. Com certeza, Klein foi pioneira nesse campo, com seu artigo inicial sobre o desenvolvimento do funcionamento simbólico de uma criança autista pequena (1930). Ela e Isaacs (1948) ressaltaram a maneira pela qual a fantasia inconsciente preenche e nutre todos os pensamentos, e a obra notável de Segal (1957) sobre o desenvolvimento do funcionamento simbólico resultou em outro enorme progresso. No entanto, suas teorias pouco disseram a respeito de haver pensamento na posição paranoide (a implicação da teoria de Segal sobre a equação simbólica, penso, é de que é um substituto para o pensar). Bion, porém, parece ter deixado espaço para que a teoria do pensar fosse estendida até os piores ou mais primitivos níveis esquizoparanoides. Isto é, seria possível considerar que a função alfa só funciona em apenas um pensamento (ou elemento beta) de cada vez, nos níveis mais simples e menos integrados (Bion, 1962b, p. 35).

Deixei a discussão mais completa das teorias de Klein para este ponto, pois sinto que existe um aspecto central da teoria dela, negligenciado por Bion, por causa da ênfase dele na importância da frustração para o aprendizado e que, em determinadas afirmações (mas não em outras, ver Capítulo 4), parece ter dado um passo atrás. Tanto Klein (1952, p. 76) como Segal (1964, p. 54) tiveram cuidado ao dizer que a *força* do objeto ideal e dos impulsos libidinais do indivíduo é o que permite a integração das relações objetais persecutórias e, dessa forma, a passagem da posição esquizoparanoide para a depressiva. Essa é uma teoria de duas partes, de dois elementos, bipolar (ver Apêndice, Figura A2). De certo modo, a teoria de Bion também: ele afirmou que, antes de a concepção encontrar a frustração para produzir pensamento, as preconcepções encontram realizações para formar concepções (mas, por alguma razão, esse primeiro estágio do processo recebeu muito menos atenção do que o segundo). Psicoterapeutas de crianças e adolescentes atendem muitas crianças que sofreram grande privação e também crianças autistas, em que dificilmente existe a concepção de um objeto bom ou interessante. Portanto, trabalhamos no nível mais básico de preconcepções, aprendemos a ficar atentos aos mínimos sinais de esperança ou de interesse na possibilidade de um objeto bom ou interessante que possa surgir no meio do estado de ânimo habitual, indiferente, desesperado, desconfiado ou cínico.

Klein (1932b) ficou bem conhecida, em suas controvérsias com Anna Freud, por defender a importância *técnica* de analisar as ansiedades mais profundas dos pacientes. No entanto, sua teoria real de como as pessoas progridem da posição esquizoparanoide para a depressiva ressalta a luta *entre* amor e ódio e de como seu resultado depende da "proporção com que [a pessoa] conseguiu *receber e estabelecer o objeto bom que forma o núcleo do seu ego*" (Klein, 1957, p. 76, itálico nosso). Com alguns pacientes nossos, mais enfermos, estão em questão e é necessário abordar no tratamento exatamente esses recebimento e esse estabelecimento. É possível que tenha sido a genialidade das recomendações de Klein sobre técnica e seu trabalho sobre a inveja (1957) e defesas maníacas contra a depressão (1935) que levaram à ênfase de Bion não só sobre as forças negativas dentro do *self* do paciente (1959) como sobre a importância, para a aprendizagem, das forças negativas com que o *self* depara. Spillius (1983) ressaltou que, nos anos 1950 e 1960, os artigos kleinianos para admissão a membro da Sociedade

Britânica de Psicanálise tendiam a "ressaltar a destrutividade de tal modo que poderia ser sentido como persecutório para o paciente" (p. 324); porém, aos poucos, essa destrutividade começou a ser interpretada com mais equilíbrio. É necessário, contudo, um equilíbrio semelhante na interpretação da sensação do paciente de maldade ou de bondade do objeto e, caso o material permita a escolha (o que muitas vezes acontece), realçamos separações e a condição de estar separado [*separateness*] ou retornos confiáveis e a sensação de conectividade. (Esta última não precisa ser descrita em termos simbióticos. Ver a seguir sobre a função estimulante das experiências prazerosas.)

Quando a frustração é excessiva: o problema das "surpresas terríveis"

Não dou exemplos do modo pelo qual a frustração promove a aprendizagem, pois isso tem sido extremamente bem descrito e defendido na literatura psicanalítica e não precisa de mais elucidação minha (Freud, 1920; O'Shaughnessy, 1964). Concentro-me, ao contrário, em situações em que isso atinge níveis intoleráveis – em que pensar não é mais possível. Em palestra intitulada "A surpresa terrível: o efeito do trauma sobre o desenvolvimento de uma criança", Hand (1997) descreveu como a morte do pai de um menino pequeno, em um acidente de automóvel, produziu efeitos não só em sua vida emocional e em seu comportamento como também no seu pensar. As reações dele ao trauma passaram a ter vida própria, muito depois do fato. A criança nunca conseguia terminar uma história nem conseguia compreender causa e efeito. Apesar da perda duradoura, ele não era uma criança que tinha sofrido privação, mas as sequelas foram de longo alcance. Muitas crianças *borderline* traumatizadas sofreram negligências graves (Music,

2009) e trauma, e a sensação de objetos bons pode ser tão fraca quanto é forte a sensação de objetos maus ou abusivos. A força do objeto bom ou ideal (Klein e Segal muitas vezes usam o termo de modo intercambiável) é exatamente o que não é possível garantir no trabalho. Dean, uma criança que sofreu negligência grave, com pais alcoólatras, e que passou os primeiros meses de vida em um hospital passando por uma sucessão de cuidadores diferentes, viu a mãe cair morta diante dele aos 4 anos. Aos 6 anos, era uma criança frenética, irascível e violenta que foi se estabilizando um pouco com o progredir dos primeiros meses de tratamento intensivo. Mas, quando sua terapeuta voltou da primeira interrupção longa, Dean disse que não havia carros em sua caixa. Ela mostrou-lhe que os carros com os quais ele costumava brincar ainda estavam ali. Ele respondeu: "Oh, não, esses são de muito tempo atrás, com outra senhora". A separação e a perda que ocorrem no contexto de um objeto interno praticamente sem constância ou substancialidade podem abalar de maneira terrível esse tipo de criança. O prejuízo é tanto cognitivo como emocional. Perry *et al.* (1995) mostraram os efeitos do trauma *psicológico* precoce no cérebro do bebê e a preponderância subsequente de déficits de atenção e de transtornos dissociativos na infância e na adolescência. E Van der Kolk (2009) pede que um novo diagnóstico do "transtorno traumático do desenvolvimento" seja acrescentado à quinta edição de *Diagnostic and statistical manual of mental health disorders* (*DSM-V*). Perturbações e transtornos podem ser acompanhados de atraso e déficit em qualquer um ou em todos os aspectos da personalidade: na função do ego, no *self* e em seu senso de identidade e no senso de constância de objetos. Se a perturbação for excessiva, pensamentos sobre separação podem se tornar impensáveis até poderem desenvolver pensamentos sobre retornos confiáveis. Temos muito a aprender acerca das condições sob as quais nossos pacientes podem começar a pensar esses novos pensamentos. Os pacientes, ao voltarem das férias, podem ainda não estar em boas condições nem estar suficientemente integrados para se dar conta de sentimentos de falta ou de perda. Podem ter perdido contato com qualquer sensação de objeto bom ou familiar suficientemente real para serem capazes de sentir a falta. Talvez possam precisar de ajuda para encontrar de novo seu objeto bom.

Ouvi falar de diversas crianças que sofreram grande privação e traumas que pareciam confusas e desorientadas em sua primeira sessão após os feriados de Natal. Fazê-las lembrar da interrupção e da separação parecia piorar a situação, mas prestar atenção à dificuldade de se sentir em casa ou de encontrar algo familiar na sala, no terapeuta ou na própria criança aparentemente ajudava. A excessiva ênfase em interpretações sobre perda e condição de estar separado [*separateness*], às vezes, serve para traumatizar novamente essas crianças. Prestar atenção a sinais tênues de se sentir à vontade, satisfeito ou seguro – ou dificuldade de se sentir assim – pode ajudar a criança a recuperar o contato. A partir disso, se a criança estiver suficientemente bem, sentimentos de falta, perda ou raiva podem começar a surgir. Para outras crianças, esse segundo estágio pode levar meses para acontecer. Um menino, Joel, que sofreu abuso grave, retornou da interrupção muito desorientado e fechado, no início da sessão. Pouco depois, ficou desesperado para "encaixar de novo algumas peças" em seu material de brinquedo. Após muito trabalho sobre sua dificuldade de acreditar que ele e sua terapeuta, Judith Edwards, estavam realmente reunidos outra vez e, após exprimir algo da sua fúria maldosa, ele se acalmou e aparentemente se concentrou um pouco mais. Desenhou algo que, conforme disse, parecia uma pena fossilizada. Edwards comentou que era interessante: dava para ver, mas não dava para sentir a maciez. (Note-se como ela abordou lenta e delicadamente os sentimentos mais suaves petrificados.) Ele acrescentou, com uma nota de admiração na voz: "Isso deve ter ficado bem protegido por

300 milhões de anos no Lago Ness!". Edwards comentou a sobrevivência da pena e deles dois. Pouco depois, Joel olhou pela janela e disse com alegria: "Estou vendo um chapim-azul!" [*bluetit*]. Nesse caso, é possível ver que a atenção da terapeuta ao que Klein denominou "ansiedade mais profunda" de início chamou sua atenção para a ansiedade de *encontrar* um objeto. Só depois que Joel começou a exprimir sua fúria, abordou a ansiedade e a raiva de perder o objeto. E, ao final, parece que, por meio desses dois conjuntos de interpretação, Joel foi ajudado a encontrar e, depois, a proteger o objeto cuja existência ele quase esquecera (Edwards, comunicação pessoal, 2006).

Será possível considerar aparentes "defesas" contra a frustração como tentativa de superar ou regular a frustração e a perturbação?

A própria Klein (1935) introduziu a diferenciação metateórica fundamental entre defesas e superação em relação a processos reparatórios na posição depressiva. Insistiu que a reparação verdadeira, ao contrário da reparação maníaca, não era uma formação reativa em relação à culpa, mas, sim, a *superação* da culpa. Já argumentei (Alvarez, 1992, 1997) que podemos necessitar também desse metaconceito de "superação" para progressos *dentro da posição esquizoparanoide*. O que está em questão na posição esquizoparanoide é a superação da indignação, do medo e do desespero em vez de ódio, culpa e pesar. Se o amor precisa ser mais forte do que o ódio para a superação do odiar na posição depressiva, o que, então, precisa ser mais forte do que o medo de superar as ansiedades persecutórias, em vez de se defender delas? O que permite que a indignação, o medo ou o desespero se reduzam de tal modo que possam começar a surgir sentimentos bons? O alívio da pressão opressora da ansiedade ou da frustração pode iniciar esses processos de cura e noções como o objeto bom ou ideal de Klein que ama e protege o *self* (1957, p. 188). O "*background* de segurança" [*background of safety*] de J. Sandler (1960), "a base segura" [*secure base*] de Bowlby, o "objeto que sustenta" [*holding object*] de Winnicott, e muitos outros, sugerem um modo de se obter esse tipo de alívio da pressão intolerável. (Note-se que esses conceitos posteriores de objeto "seguro" são diferentes de objeto "bom". Em crianças relativamente seguras, é possível considerar, em certa medida, a garantia do senso de segurança e sua permanência no pano de fundo, por assim dizer, enquanto o objeto bom parece viver mais em primeiro plano. No entanto, quando crianças que sofreram abusos começam a conceber a noção de confiabilidade, com frequência, parecem pensar muito a respeito. Penso que suas trajetórias de desenvolvimento são muito diferentes daquelas de crianças mais protegidas.) Confiança na segurança ou na bondade não é uma defesa, embora, com certeza, possa ser usada de forma defensiva.

O que sugiro não é novo. Klein (1935) afirmou que a idealização e a cisão poderiam ser usadas a serviço do desenvolvimento, e o conceito bioniano de identificação projetiva como comunicação necessária defende o mesmo ponto (1962b). O uso desses processos aparentemente "defensivos", portanto, pode ser considerado como propiciador para a ocorrência de novas introjeções sob condições que poderiam ser descritas como protetoras, não como defensivas. Uma onda de esperança ou de orgulho ou um sentimento repentino de alívio é diferente de um estado maníaco usado como defesa. A recuperação não é negação, ainda que possa ser acompanhada de negação. No Capítulo 6, dou diversos exemplos clínicos que ilustram a maneira pela qual atividades defensivas aparentes podem conter *dentro* de si – não simplesmente *atrás* nem *embaixo* – profundas necessidades subjacentes e empenhos saudáveis de desenvolvimento, mas aqui um único exemplo deve ser suficiente.

Um menino pequeno profundamente fragmentado chamado Adam, cheio de amarga autodepreciação, tinha bem pouca capacidade de brincar. Seu nascimento tinha sido muito difícil, e a mãe era extremamente deprimida. Finalmente, após dois anos de tratamento, ele começou uma brincadeira em que era um filhotinho de cachorro, amigável e apaziguador, que se arrastava no chão aos pés da terapeuta. Pouco antes das férias de Natal, ele deu instruções à terapeuta que abrisse sua mala de viagem na qual encontraria uma surpresa maravilhosa – um filhotinho de cachorro! Quando ela sugeriu que isso poderia implicar que ele sentia que devia ser como um novo bebê para ela, Adam não pôde permitir que fosse um bebê. Ele insistiu – com certo horror – que era apenas um filhote de cachorro, e ficou evidente que não estava preparado para surgir como *homo erectus*. A terapeuta aprendeu a descrever simplesmente sua alegria e satisfação por ganhar um filhote. Na interrupção de Natal seguinte, a mala continha um bebê. Nesse meio-tempo, houve muito trabalho com os sentimentos de vergonha de Adam e sua incapacidade de acreditar que poderia *trazer* prazer como bebê humano, bem como sua mesquinha e teimosa falta de vontade de dar prazer, também marcante. Parecia que, afinal, era capaz de reescrever internamente sua história de nascimento e instruir a terapeuta a lhe dar as boas-vindas com surpresa e satisfação. Nesse período, Adam não negava sua história de nascimento; ele a reescrevia de forma simbólica (Segal, 1957). Ou seja, a fantasia de nascimento não parecia estar sendo usada como defesa maníaca contra verdades frustrantes e cruéis. Ao contrário, envolvia, penso, o início da construção e estabelecimento da relação positiva entre mãe e bebê, da qual depende toda a sanidade, esperança e força do ego. Não acho que Adam "desejasse" que sua terapeuta não o abandonasse durante o Natal. Acho que começava a desenvolver a fantasia de um objeto que gostaria que voltasse *após* o Natal. Esse tipo de fantasia pode funcionar bem para dar forma e estrutura à satisfação de uma necessidade legítima, não à negação da decepção em forma de desejo defensivo ou de negação.

Prazer, segurança e satisfação como necessários para a saúde emocional

Klein (1940) escreve:

> o abalo da crença nos objetos bons perturba de modo doloroso o processo de idealização, passo intermediário essencial no desenvolvimento mental. Com crianças pequenas, a mãe idealizada é a salvaguarda contra a mãe vingativa ou morta e contra todos os objetos maus, representando, portanto, segurança e a própria vida. (p. 388)

Klein descreve como o ódio pode abalar essa crença, mas hoje sabemos que o abuso também. Doses crônicas de terror, de dor e de desespero em crianças pequenas quase sempre interferem no desenvolvimento psicológico normal e podem produzir paradas de desenvolvimento e prejuízo da capacidade de amar, de ter prazer e de sentir autorrespeito, na qualidade do superego e dos objetos internos. Isto é, o lado positivo da personalidade do paciente pode ser tão *sub*desenvolvido quanto o lado persecutório é *super*desenvolvido (ver Apêndice, Figura A2). O que está em questão não é simplesmente a cisão marcante entre ideal e persecutório ou entre bom e mau (com a implicação de que ambos os lados da personalidade e do mundo de objetos internos são bem desenvolvidos), mas, sim, *a falta de* desenvolvimento *do* self *bom e dos objetos bons*. Quando Klein (1957, p. 188) escreveu que o objeto bom que ama e protege o *self*, e é amado e protegido pelo *self*, é a base da confiança na própria bondade, ressaltava o investimento libidinal do bebê em seu primeiro objeto externo e a maneira pela qual a inveja podia interferir nisso. Quando trabalhamos com crianças que sofreram privações graves, cujos objetos externos não puderam receber essas projeções amorosas, com frequência, temos a sensação de que elas desistiram e precisamos trabalhar, por assim dizer, a partir das duas pontas, isto é, do problema da inibição do amor da criança ou fracasso da sua confiança e da incapacidade do objeto interno de gostar ou cuidar da criança. "Você quase não consegue acreditar que estamos juntos outra vez" ou "que eu voltei quando eu disse que voltaria"; "É difícil você acreditar que pretendo voltar no dia 4 de janeiro" ou "que 4 de janeiro chegará"; "Você está começando a gostar de vir aqui" pode ser acompanhado de "Você sentiu que eu gostava de você quando você fez isso" ou "quando isso aconteceu"; "Você está começando a sentir que eu me importo com o que acontece com você". Todas são maneiras de abordar o que a criança investe ou não investe em seu objeto, mas também o que sente que seu objeto investe ou não investe nela. Para esse tipo de paciente, o processo de introjeção do objeto ideal e a construção da sensação de um *self* amoroso ou passível de ser amado é longa e lenta, e ainda assim vital para a saúde mental. O terapeuta pode abordar questões de transferência positiva e a esperança ou a crença recém-formada da criança em uma contratransferência positiva sem se entregar a sentimentalismo, conluio ou sedução. A contratransferência intensa de natureza materna ou paterna necessita de tratamento delicado, mas não precisa levar a falsas promessas implícitas. Medo de dar sinais de que realmente adotamos a criança, às vezes, pode levar à negação e à inibição da parte do terapeuta e pode contribuir com o desespero maior, caso a criança sinta essa inibição como rejeição. O reconhecimento de que alguém *deveria* adotá-la ou que não deveríamos deixá-la em razão de férias nesse momento não precisa ser feito como conluio.

No entanto, esse reconhecimento pode ser muito diferente de interpretar para uma criança desesperada que "deseja" que não a abandonemos. A interpretação de uma necessidade legítima pode fortalecer o ego de uma criança desesperada. A interpretação de um desejo inútil pode enfraquecer o ego e aumentar o desespero.

Estados prazerosos como produtivos, acompanhados de pensamento e incitadores de pensamento

Com muita frequência, estados mentais agradáveis têm sido descritos na psicanálise como passivos, usando imagens de adaptação, gratificação, ajuste e simbiose, o que implica um estado um pouco inerte, desmentalizado (Mahler, 1968; Winnicott, 1960). Quando a criança está acostumada a uma dieta diária de estados negativos, novas vivências de retorno do terapeuta, constância, confiabilidade e durabilidade podem ser produtivamente estimulantes, interessantes e incitadoras de pensamento. Essas vivências ocorrem *na presença de* um objeto. Quando esses estados podem ser digeridos, conseguem promover desenvolvimento *mental* e aprendizado. Klein escreveu sobre a importância de construir um objeto bom para a vida emocional, mas, é claro, penso, que combinar essa ideia ao conceito um pouco negligenciado de "realização" de Bion leva à conclusão de que as experiências positivas são tão essenciais para a vida mental quanto para a vida emocional. A própria Klein (1952) disse que o bebê recebia compreensão com o leite. Eu iria ainda mais longe do que Bion e diria que experiências positivas de um objeto vivo não são simplesmente "realizadoras" no sentido gratificante ou simbiótico. Tenho certeza, no entanto, que "fazem sentir-se bem", mas de modo a vitalizar, não a induzir sono. (Como Bion escreveu muito pouco sobre essa parte de sua teoria, não tenho certeza se realmente quis dizer gratificação desmentalizada e ajuste, mas penso que o conceito tem um sabor de "ajuste perfeito", em que realidade e pensamento só entram ao surgirem frustração e ausência.) Contudo, fatores positivos podem estimular por serem *interessantes*: Bion (1962b) postulou "K" [*knowledge*], o desejo de conhecer alguém, em acréscimo a "L" [*love*], a necessidade de amor, e "H" [*hatred*], ódio. Mas talvez K devesse ser visto como *parte de* L, não só de H. No desenvolvimento normal, surpresas agradáveis têm tanta possibilidade de estimular quanto surpresas desagradáveis. O elemento de surpresa, de inesperado, é que pode evocar satisfação, reflexão e metarreflexão. E isso pode ocorrer na presença de um objeto que é humano e vivo. Observação e pesquisa de bebês (e, a propósito, a teoria de Klein) nos ensinam que há muito poucos ajustes perfeitos, mesmo quando os objetos estão presentes e são gratificantes. Devido ao fato de o objeto estar vivo e ser móvel, sua presença demanda e estimula tanto quanto sua partida e ausência. Chegadas e partidas estimulam, bem como a simples experiência de olhar o rosto da mãe ou do pai durante uma protoconversa. As características móveis e expressivas, a ampliação, o brilho, o estreitamento e os embotamentos dos olhos, as qualidades tonais mutáveis e a estruturação na medida em que o genitor fala e responde convocam atenção. Como mostraram Stern (1985), Trevarthen e Hubley (1978) e Beebe e Lachmann (1994), um ser humano vivo, *quando presente*, oferece uma complexa e variada *presença em constante mudança*, cheia de fluxos dinâmicos e configurações temporais. Pode ser agradável, mas de um modo que requisita. Segundo Schore (2003, p. 81), a comunicação face a face entre mãe e bebê evoca opiáceos (sentimentos alegres de conforto), mas também dopamina, estimulação e euforia. (Panksepp (1998) sugere que o sistema de dopamina está ligado à busca e à curiosidade.)

Não concordo, portanto, com Bion e Freud, que *fundamentalmente* é por meio de frustração, ausência, separação e condição de estar separado que a realidade surge e o pensamento nasce. Modulação e regulação de presença é uma tarefa para o bebê – tarefa mental e emocional – provavelmente anterior à tarefa de manter a constância objetal durante a ausência. Com frequência, a introjeção é uma tarefa árdua e, certamente, a introjeção da experiência precisa preceder uma internalização mais durável e a representação. Penso que a questão da introjeção da experiência é um tema que ainda não foi suficientemente estudado em psicanálise. As preconcepções precisam encontrar as realizações, mas esse "encontro" é um vínculo vivo, dinâmico, imperfeito, "articulado" (Bion, 1957a) – não estático. Sugiro, portanto, que concepções são pensamentos também – que tornar um pensamento pensável pode ocorrer até em torno de pensamentos prazerosos ou alegres. Quando Leontes, em *Conto de inverno*, de Shakespeare (1969), descobre que sua esposa supostamente morta não é uma estátua, mas um ser vivo, suspira: "Oh, ela é quente!" (ato V, cena 3). Embora seja a história de um homem no inverno da sua vida saindo do mais profundo desespero, acho que essas experiências acontecem regularmente com bebês muito pequenos também. Eles estão processando o que Stern (1983) denomina "descoberta lenta e momentosa" [*slow momentous discovery*] da condição de ligação.

Isto é, os bebês *pensam em* objetos presentes quando estudam o rosto sorridente dos seus cuidadores, por exemplo, ou saboreiam o gosto do leite ou a sensação do seio em sua mão. É um momento fascinante quando os bebês começam a examinar com seus olhos e a seguir com a mão o mesmo seio que antes conheceram principalmente com a boca. Uma menina de 10 anos adotada, criada em orfanato, em país em desenvolvimento, disse, pensativamente, para a terapeuta (a quem estava se ligando muito): "Por que você se chama Jane?". Pouco depois, ela acariciou de leve o ombro macio do casaco da terapeuta e perguntou suavemente: "Por que é tão macio?". A linguagem usada e a pergunta – "por quê?" – são de uma criança de 10 anos, mas na realidade acho que ela fazia o que um bebê faz ao examinar o rosto da mãe ou do pai com seus olhos ou mãos, procurando conhecer de modo reflexivo, cognitivo e emocional não o porquê [*whyness*] dos pais, mas o quê [*whatness*], o ser [*isness*]. Há muitas versões diferentes do objeto presente, e esse fato em si é extremamente requisitante. Wolff (1965) descobriu que os bebês não mostravam curiosidade intelectual quando famintos ou cansados, mas quando estavam bem alimentados, descansados e satisfeitos. Sua curiosidade não era impulsionada por frustração, era liberada por satisfação e boas internalizações. A função alfa, sustento, atua sobre objetos presentes e agradáveis. A introjeção de objetos bons precede a internalização do que o poeta polonês Zbigniew Herbert (1999) escreveu: a boa lembrança cura a cicatriz após a partida. Defendo que, se não há boas memórias e se o pensar e a memória estão prejudicados, não há cura.

Conclusão

Como disse, não sugiro uma alternativa para ideias prévias acerca de como ocorre o aprendizado da realidade. Argumento apenas a favor de um quadro mais completo, por um acréscimo. Frustração edipiana, frustração oral, ausência do objeto, separação, limites e condição de estar separado são experiências que estimulam. Vínculos entre versões diferentes de um objeto presente, no entanto, precisam ser construídos ao lado dos vínculos relativos a objetos ausentes. O fato de o objeto poder reaparecer um pouco antes do esperado – ou, na verdade, nem *sequer* reaparecer – e mudar de forma a cada micromomento intrinsecamente faz parte da sua vitalidade e necessita de tanto processamento quanto sua capacidade de partir sempre que quiser. Em alguns pacientes, a textura, a sensação, o som e a aparência de um objeto gentil ou bom pode estar sendo introjetado pelo que vale pela primeira vez. Esses momentos necessitam de tratamento delicado em nossa técnica, o que não precisa levar a sentimentalismo, conluio ou incentivo de defesas maníacas. São a matéria do que Freud e Klein denominaram vida libidinal – e o que eles e nós também chamaríamos vida amorosa.

6. Imperativos morais e correções no trabalho com crianças atormentadas e desesperadas: desejos ou necessidades?

Introdução

No Capítulo 1, descrevi a menina com deficiência física, na cadeira de rodas, que precisava tentar viver a experiência de ser uma pessoa saudável enquanto observava outra pessoa viver o desespero e a amargura por ela. Ela parecia sentir que seu destino era injusto – deveria ser de outra pessoa. Este capítulo desenvolve essa questão diferenciando a gramática de desejos nos estados mentais neuróticos da gramática de necessidades imperativas em estados *borderline* paranoicos. É apresentado material do trabalho com um menino psicótico *borderline* de 10 anos, Richard, que esteve em tratamento intensivo comigo no final dos anos 1960. Comecei a reler o material, em certo verão no final dos anos 1980, e fiquei muito angustiada com o que li e com a maneira como tinha trabalhado duas décadas antes. Nesse ínterim, o impacto da ampliação do conceito de identificação projetiva de Klein (1946) feita por Bion (1962b) e as implicações resultantes, para a técnica, investigadas por Rosenfeld (1987), Joseph (citado por Spillius e Feldman,

1989) e outros tinham começado a fazer enorme diferença para o trabalho com esses pacientes. Com Richard, eu usara uma técnica que não levava em consideração esses avanços, cheia de interpretações reveladoras e explicativas e mais adequadas para trabalhar com pacientes neuróticos. Por um período, acredito, isso foi decididamente prejudicial para ele. A técnica tinha elementos cuja finalidade era o desmascaramento destinado a revelar a depressão e a perda que sustentariam o que supunha que fossem suas defesas maníacas, onipotentes e paranoicas. Hoje, penso que essas assim chamadas "defesas" eram, na verdade, tentativas desesperadas de *superar* e de *se recuperar de* estados de desespero e de terror. Isto é, transmitiam o que seriam elementos das necessidades básicas de desenvolvimento: proteção, preservação da sensação de ser agente [*agency*] e potência e até de vingança e justiça. Richard estava repleto de violência, amargura e perseguição. No entanto, ao contrário de pacientes que têm um acompanhamento mais psicopático dos seus problemas *borderline*, estava repleto de violência em vez de estar dedicado a ela ou animado por ela. (Com certos pacientes traumatizados que testemunharam ou foram expostos à violência e que explodem cegamente, hoje, eu não necessariamente teria vontade de dizer "Você fez isso" ou "Você quer fazer isso". Seria melhor dizer "Está *em você* fazer isso", para levar em conta a despersonalização que pode acompanhar a interiorização do trauma.) Também, ao contrário de pacientes neuróticos, Richard tinha pouco funcionamento egoico. Suas "defesas" eram inadequadas para administrar seus sentimentos opressivos. Por exemplo, ele necessitava ser capaz de projetar, cindir e, certamente, de reprimir e de esquecer. Examino a diferença entre desejo no paciente neurótico de que as coisas *pudessem ser* ou *tivessem sido* de outra forma e a necessidade desesperada de alguns *borderline* de que as coisas *devessem ser* ou *devessem ter* sido de outra forma.

Progressos da teoria psicanalítica

A principal mudança teórica a que me refiro diz respeito a ideias sobre o propósito e os motivos para os processos de identificação projetiva. (Há algumas áreas de sobreposição com as reformulações de J. Sandler e Anna Freud (1985), Kohut (1985) e Stolorow e Lachmann (1980) sobre a diferença entre defesas comuns e estruturações primitivas, manobras protetoras ou pré-estágios de defesa.) Racker (1952, citado por ele próprio, 1968) ressaltou que a contratransferência era expressão da identificação do analista não só com o id e o ego do paciente como também com seus objetos internos e que deveria ser usada como tal. Bion (1962b) também ligou contratransferência com identificação projetiva quando destacou que o psicanalista deve desempenhar o papel do *self* perdido do paciente, não só na mente do paciente como também em sua própria mente. Ou seja, o paciente pode projetar de forma tão potente que pode não só sentir que seu analista está assustado ou deprimido – pode *fazê-lo ficar* assustado ou deprimido. Mas, nos anos 1950 e até o início dos anos 1960, Bion (1957b) e outros ainda descreviam o surgimento da identificação projetiva com base em causas destrutivas ou defensivas e patológicas. Então, Bion (1962b) foi além: seu conceito do analista como receptáculo ou continente [*container*] dessas projeções passou a implicar que o receptáculo poderia ser inadequado e, às vezes, fazer o paciente projetar com mais intensidade. (Grotstein (1981b) ressaltou que essa ideia introduziu o conceito de déficit do objeto muito antes de Kohut (1977).) Bion (1962b) sugeriu que algumas identificações projetivas exprimiam a *necessidade de comunicar algo a alguém* em nível muito profundo: ele comparou a "continência" e a "transformação" (1965) que o analista faz dos sentimentos e pensamentos do paciente às comunicações pré-verbais primitivas, mas poderosas, que ocorrem entre mães e bebês bem novinhos.

Ele sugeriu que, dessa forma, os sentimentos se tornam toleráveis e os pensamentos pensáveis. Essa psicologia bipessoal, de certa maneira mais democrática, deixa espaço para qualquer um dos dois termos da equação afetar as interações. Nesse tipo de modelo há mais espaço para o objeto, *ex*terno ou *in*terno, ter impacto no sistema. (Para uma discussão mais completa dos progressos do pensamento psicanalítico com crianças com problemas psicóticos *borderline*, ver Lubbe (2000).)

Decorrências técnicas dos progressos da teoria psicanalítica

As implicações técnicas desse aumento de atenção para as inadequações do objeto foram profundas. Rosenfeld (1987) ressaltou os perigos de interpretações a pacientes *borderline* que sobrevalorizassem a contribuição do analista. Ressaltou a importância das forças saudáveis que poderiam estar nas resistências e da não ruptura da idealização com excessiva rapidez. Money-Kyrle (1947) pensou a questão de diferenciar a identificação projetiva desesperada da destrutiva, questão de grande urgência técnica. Joseph passou a vida inteira trabalhando nesse problema (ver Spillius e Feldman, 1989, *passim*). Ela ampliou a noção do uso comunicativo da identificação projetiva do ponto de vista técnico e do teórico e chamou atenção para o fato de que projeções muito prementes podem incluir a necessidade de comunicar algo que exija continência e investigação prolongadas no íntimo do analista, não devendo ser devolvidas para o paciente de forma muito prematura. Quase sempre é melhor o analista conter e investigar a experiência dentro de si – por exemplo: "Sim, você sente que eu sou obtuso" (sem acrescentar que é projeção do sentimento de obtusidade do próprio paciente). Joseph (1978) ressalta que o paciente pode precisar sentir a concordância em conter as projeções por tempo suficiente para vivenciar a parte que falta do paciente ou, acrescenta, vivenciar seu objeto interno, antes não examinado. Um objeto parental decepcionante ou frágil, digamos, cuja fraqueza sempre foi negada, pode necessitar de revelação gradual, não de explicação – mudança que se poderia descrever como da gramática de explicação para a gramática de descrição. Steiner (1993) debate essa questão em detalhes em sua discussão acerca das interpretações centradas no analista *versus* interpretações centradas no paciente.

Bion (1962b) salientou que a necessidade de um continente para esse tipo de comunicação é normal, como necessidade infantil humana muito inicial de estar na companhia de uma mente atenta [*mindful*]. A implicação é que essas emoções comunicadas não necessariamente são emoções das quais o paciente quer se livrar – podem ser emoções que o paciente precisa que seu objeto tenha em lugar dele. Podem ser emoções que precisa investigar no terapeuta e, apenas aos poucos, apropriar-se delas. Além do mais, como destaco neste livro, não precisam ser emoções negativas. Estados mentais positivos podem ser transmitidos, ainda que de forma confusa e louca, por meio desse processo de comunicação inconsciente com tanta intensidade quanto a dos exemplos anteriores de medo e desejo assassino de Bion. Bion disse que o psicótico tem dor, mas não a sofre; é possível acrescentar que o psicótico também tem prazer, mas não o desfruta. Como argumentei no capítulo anterior, as preconcepções precisam tornar-se concepções em ambas as áreas para que o desenvolvimento normal prossiga.

A gramática da identificação projetiva: técnica com desejo versus necessidade

Agora quero investigar a ideia de que essas comunicações projetivas inconscientes podem ter uma gramática, como as comunicações verbais mais comuns. Essas variações da gramática podem corresponder mais ou menos ao lugar em que o paciente se encontra no contínuo neurótico/psicótico – isto é, a seu nível de desenvolvimento egoico e ao nível de urgência e de desespero de suas necessidades. Tanto a criança neurótica como a *borderline* podem vangloriar-se de maneira maníaca ou grandiosa ou protestar e se queixar de injustiça. Podemos ser pressionados a admirar ou a ter compaixão. A contratransferência pode ser semelhante em ambos os casos, mas a motivação da criança pode ser muitíssimo diferente nas duas situações. De fato, podemos ser levados a agir de maneira a desmascarar ainda mais com a criança *borderline*, cuja imaturidade pode fazer suas ostentações soarem ridículas e tolas. No entanto, nossa resposta interpretativa precisa ser cuidadosamente estruturada em termos gramaticais, levando em consideração a diferença entre desejo de onipotência e desejo de potência (Alvarez, 1992). A criança normal ou neurótica pode desejar ou até exigir que as coisas sejam de outro jeito, mas pode tolerar mais ou menos o reconhecimento de como as coisas realmente são na realidade externa e dentro de si. Habitualmente, pode falsificar e comparar duas realidades (Stern, 1985), conseguir uma perspectiva dupla (Reid, comunicação pessoal, 1988) ou visão binocular (Bion, 1950) e "pensamento entre parênteses" de dois trilhos (Bruner, 1968). Pode manter um pensamento em reserva, analisar o pensamento dentro do pensamento e o pensamento além do pensamento. Pode administrar processos metacognitivos (Main, 1991) e funções de autorreflexão (Fonagy *et al.*, 1991) e certo grau de funcionamento simbólico (Segal, 1957). Pacientes *borderline*, por outro lado (ou seja, em seus momentos psicóticos), são concretos, de trilho único, sobrecarregados pela singularidade do seu estado mental, em risco de equações simbólicas e cisão e projeção generalizadas. Corremos *nós* o risco de produzir integrações prematuras ao nos recusar a prolongar seus estados mentais obstinados, urgentes e imperativos? Será que, em certos estágios muito iniciais de desenvolvimento emocional, há necessidade de algo semelhante à equação simbólica, o ajuste quase perfeito? É importante acrescentar que esses momentos não precisam ser considerados desmentalizados – o equilíbrio entre opiáceos prazerosos e dopaminas exaltantes no cérebro pode variar de momento a momento, mas não precisam envolver estados desmentalizados de sonolência.

Os estudiosos do desenvolvimento têm trabalhado muito a respeito de como se desenvolve a mente do bebê, como a intersubjetividade se internaliza e se torna intrassubjetividade (Stern, 1985; Trevarthen e Hubley, 1978). É um momento fascinante quando crianças autistas ou outras crianças desmentalizadas começam a descobrir que gostam de fazer algo e, a seguir, que *gostam de gostar* de fazer (First, 2001). (Quando prosseguem e, finalmente, adquirem uma perspectiva dupla – por exemplo, que existem dois modos diferentes de olhar o mesmo brinquedo –, a linguagem e o brincar de faz de conta podem começar.) As mães seguem "a direção do olhar dos seus bebês muito antes de eles começarem a seguir o delas" (Collis, 1977). A observação de bebês nos mostra repetidas vezes a maneira pela qual as mães se animam ao verem o que atraiu o olhar do bebê – "Oh, é o movimento da árvore!". Os observadores do desenvolvimento e os psicanalistas parecem concordar que, para a mente se desenvolver, é necessário um encontro de mentes sem excesso de "erros nos passos da dança" (Stern, 1977) do bebê com o cuidador. Mas também não muito poucos – desencontros, desilusão e condição de estar separado [*separateness*] são fundamentais para conhecer a realidade (Beebe e Lachmann, 2002;

Hopkins, 1996; Tronick, 2007). Assim, o equilíbrio entre compatibilidade e incompatibilidade em nosso trabalho interpretativo precisa ser cuidadosamente afinado no nível do desenvolvimento – e estado emocional – em que o paciente-criança esteja funcionando em qualquer momento dado. Mais fácil dizer que fazer!

Isso me traz de volta à gramática e à questão de níveis de interpretação. Sugiro que interpretações que realcem a condição de estar separado [*separeteness*] e a diferença dos objetos ideais ou *self* ideal – isto é, as que usam linguagem de desejos e necessidades – podem ser apropriadas para pacientes com algum desenvolvimento egoico, algum senso de confiança em seus objetos e algum senso de mérito próprio. Por mais que suas ansiedades, rancores e depressões sejam grandes, esses pacientes têm equipamento egoico suficiente para examinar as lacunas no tecido do universo. Em latim, o verbo que contém dúvida (você deseja, você teme, você pensa, você almeja, e assim por diante) deveria ser seguido de subjuntivo ou condicional: "Talvez eu vá" é mais fraco que "Estou indo" ou "Eu irei". A linguagem em "Você quer, mas nós dois sabemos que não pode (ou não fez, ou não fará)" é tolerável quando a alternativa real é apenas suportável. Descobri que, se eu dissesse "Você tem medo de morrer sem mim no fim de semana", o paciente neurótico poderia ouvir as implicações e as possibilidades alternativas implícitas nessas afirmações (*i.e.*, de que muito provavelmente não morreria). A partir do seu ponto de vista e da sua capacidade de pensar em dois trilhos, ele pode pensar desses dois jeitos mais ou menos ao mesmo tempo.

Aprendi às minhas próprias custas que o paciente *borderline* frequentemente não consegue fazer isso. Seus pânicos e até suas negações maníacas podem expressar a necessidade de que compreendemos que deveria ter – ou seja, tem a necessidade legítima de – garantia, segurança, proteção e até justiça. Ele necessita ouvir algo como: "É difícil para você imaginar que consiga chegar até segunda-feira" ou "Você sente que eu não deveria deixá-lo neste momento". Isso não precisa envolver conluio nem sedução ou falsas promessas (ver Kut Rosenfeld e Sprince (1965), do atual Centro Anna Freud, a facilidade com que a interpretação da ansiedade pode fazer a ansiedade aumentar em *borderline*). A necessidade legítima de reasseguramento da criança precisa ser compreendida e, a não ser sob condições de emergência muito extremas, não deveria ser necessário reassegurar. Interpretações de ansiedade ou de perda para uma criança já desesperada podem enfraquecê-la. Outras gramáticas, a gramática dos imperativos, podem possibilitar o fortalecimento do seu ego.

O paciente e minhas interpretações de desmascaramento

Richard me foi encaminhado no verão de 1967, aos 10 anos de idade. O psiquiatra que fez o encaminhamento considerou-o muito louco e com um aspecto tenso e desconfiado, com gestos estranhos das mãos, como se estivesse se protegendo de golpes na cabeça. A mãe de Richard tinha sido diagnosticada com psicose maníaco-depressiva e o espancara, com frequência, quando bebê. Ela abandonou Richard, de repente, quando ele tinha dezoito meses, e seu irmão mais novo, quatro meses. Visitou-os poucas vezes desde então. Quando Richard chegou, não estava conseguindo aprender muito em uma escola especial. Após o abandono da mãe, ele morou com a avó paterna por alguns meses, depois com o pai e uma babá, a quem era muito apegado. Quando a babá foi embora, a avó paterna de Richard mudou-se para a casa do pai dele para tomar conta das crianças. O pai e a avó eram pessoas muito boas e inteligentes, mas muito suaves e suspeito que devem ter achado muito difícil enfrentar o sofrimento, o horror e a indignação que havia em Richard, caso tivessem se manifestado alguma vez quando era bebê. Sua tia, mulher calorosa e sensível, também sempre deu uma mão com as crianças. Comecei a atender Richard duas vezes por semana e, então, devido a seu elevado nível de prejuízo e perturbação, logo aumentamos para quatro vezes por semana.

Repasso as sessões iniciais com detalhes. Pode parecer um exercício bastante masoquista e minucioso – porque eu era bem novata naquela época e, por diversas razões, o trabalho não é bom –, mas quero examinar a gramática e as implicações teóricas e técnicas por trás da gramática; assim, espero que o leitor perdoe a abordagem ponto por ponto.

Quando iniciamos, havia pintores na minha casa. Na primeira sessão, Richard passou pela porta da sala de brinquedos e encontrou um dos trabalhadores que gentilmente mostrou-lhe o caminho. Richard era um menino loiro de olhos azuis, um pouco gorducho com um jeito de andar muito robótico. Cada passo era dado com enorme cautela, como se andasse de olhos vendados. Ele parecia aterrorizado, mas, após alguns comentários meus e explicações sobre a terapia, olhou para a parede e disse: "Eu sei o que é isso; é pintura". Pouco depois, disse: "É uma parede!". Depois, quando se assustou com o ruído dos pedreiros no andar de cima, perguntou: "Por que eles estão aqui? A casa está em pedaços?".

Depois de um tempo, pareceu menos assustado e começou a pintar em pinceladas largas e arrebatadoras – bastante semelhante às dos pintores do andar de cima. Eu disse que ele pintava como os trabalhadores e talvez me mostrasse que gostaria de poder pintar como aqueles adultos. Acrescentei que talvez quisesse fazer o que o papai podia fazer. Ele disse (tudo se espalhando em confusão, palavras e pensamentos se atropelando): "Sim, eu faço, eu quero, sim, mas eu trabalho *mesmo*, é isso o que *faço*, sabe!".

Convido-os a observar minha interpretação: "Você *gostaria de ser capaz* de pintar...". Notem também a desesperada correção dele. Tomei isso como uma identificação onipotente, um desejo, mas não estaria ele realmente comunicando a necessidade de ser visto por mim como alguém capaz de ser ou, ao menos, de se tornar um pai potente e reparador? Penso que deve ter vivido minha interpretação, e muitas outras semelhantes posteriores, como um lembrete esmagador de impotência permanente e talvez de humilhação da vida toda. Afinal, fora abandonado por dois cuidadores e espancado por um deles. Suponham que eu tivesse dito "Bem, acho que eu devia perceber que você também pode pintar e de forma não muito diferente dos homens lá de cima"?

Depois, quando já tinha se acalmado um pouco, após outros ruídos, recomeçou a ficar nervoso. Interpretei que ainda estava assustado, e ele disse: "Não, não estou assustado. David [seu irmão] fica assustado". Entendi que ele punha David como assustado para não ser ele o assustado. Acrescentei que, afinal, era um lugar estranho e eu era uma pessoa nova para ele. Mas houve uma tranquilização geral, que eu poderia ter sublinhado ao ver o medo ser excindido para David, não como projeção e cisão, que deveria ser devolvida e reintegrada, mas como algo que precisava ser reconhecido e respeitado. Ou seja, eu poderia ter dito algo como: "Agora, você se sente um pouco menos assustado e pode pensar que outra pessoa é que fica assustada". Isto é, poderia ter registrado a outra metade da cisão – a metade *não assustada*. Poderia também ter reconhecido, até antes, que ele sentiu: "Ao menos reconheço algo neste manicômio; isto é pintura e isto é parede". Cisão e projeção têm funções saudáveis, não só patológicas. A necessidade e a capacidade de colocar o medo a distância não são apenas defensivas. Podem permitir o desenvolvimento de um pouco de confiança e, assim, preservar e proteger um pouquinho de desenvolvimento egoico (ver Apêndice, Figura A3).

Seja como for, Richard prosseguiu explicando que sua consciência o deixava assustado e, então, do nada, nos reassegurou que ele não tinha quebrado o despertador da vovó. Liguei o relógio ao sentimento da minha casa em pedaços e ao pensamento de que talvez houvesse algo em pedaços dentro dele, mas ele não sabia o que era. (Eu enfim não estava explicando demais.) Finalmente, ele começou a relaxar. Tirou a cola, examinando sua caixa. Disse decepcionado: "Mas não há nada para consertar!". Pergunto-me agora se ele falava da sua situação trágica em que não havia um continente reparável: a mãe louca e violenta não estava apenas em pedaços, tinha ido embora. Também eu tinha todos esses pintores no andar de cima e, com muita probabilidade, ele não me sentia suficientemente disponível *para ele*. Nesse caso, penso que deparamos com o déficit do objeto interno, que precisa ser abordado tanto quanto os conflitos e as defesas em relação a objetos mais desenvolvidos. Isso significa deixar a transferência reescrever a história para o paciente e não se apressar em fazê-lo recordar a realidade dolorosa irreparável. Talvez eu precisasse deixá-lo sentir que poderia ser – ou poderia se tornar – como os pintores do andar de cima.

Richard teve medo de que a segunda sessão fosse durar menos e ficou feliz quando lhe contei que teria a mesma duração e que talvez ele não tivesse gostado da espera entre as sessões. Concordou entusiasmado e disse que gostava de coisas sem fim, para sempre. Eu – lamento dizer – comecei a falar da mãe dele. Contei que sabia que a mãe não morava com eles naquele momento e perguntei se ele a via. Ele disse, com pânico na voz: "Sim, para sempre". Respondi que me perguntava se ele gostaria de sentir que era para sempre por sentir que seria triste demais se não fosse. Ele sentia necessidade de ter uma mamãe para sempre, assim como sentia que deveria ter uma senhora Alvarez para sempre, não uma senhora Alvarez apenas dois dias na semana. Assim, embora provavelmente sob pressão do meu sentimento contratransferencial de terrível dor por ele, transmiti alguma compreensão de suas necessidades, mas acho que eu ainda estava usando o modelo de desmascaramento. Tratei a insistência em ser para sempre como defesa contra a tristeza, em lugar de considerá-la como necessidade legítima de continuidade. Segundo, ao introduzir a realidade externa dolorosa e irreparável no momento em que Richard chegou com esperança de uma nova realidade interna via transferência, eu o empurrei de volta para o pânico desesperado e o rejeitei. No início da interação, eu poderia ter dito algo como: "Você gosta de sentir que este tratamento durará muito tempo – um bom sentimento de que é para sempre". A parte infantil da personalidade necessita da sensação de duração e de durabilidade da experiência boa antes de poder aprender a tolerar interrupções e términos. Grotstein (1983) ressalta que é preciso estar vinculado antes de poder ser desmamado.

Na sétima sessão, Richard me contou sobre a alucinação de uma roda dentada terrível girando e perfurando dentro da sua cabeça e a visão do relógio com todas as suas engrenagens internas caindo. Novamente, liguei isso a sua mãe e a mim e, em sessões posteriores, comecei a abordar seu medo de ele ter apagado minhas produções e as de sua mãe. Na realidade, fiquei grávida duas vezes no decorrer do seu tratamento e, cada vez mais, ele mostrou uma sexualidade intensamente intrusiva e se envolveu cada vez mais com a ideia de desfrutar a destruição das minhas "produções" e, ao longo dos anos, de assassinar bebês. Eu e outros consideramos esse relógio aos pedaços, ou a roda dentada perfurante, como um objeto destruído que ele sentia ter criado como resultado de seus ataques. Ele transmitiu seu outro pesadelo ou delírio: "Mamãe Gansa [*Mother Goose*] morreu de tristeza porque produziu um ovo podre". Isso foi no final dos anos 1960 e início dos anos 1970, em que o pleno impacto das ideias de Bion sobre continência ainda não tinha sido investigado. Era fácil entender que o sadismo cada vez maior de Richard fora liberado para ficar cada vez mais exposto. Em parte, isso era verdade, só que eu não compreendi em que proporção era induzido por desespero diante do objeto irreparável, desespero que minhas interpretações faziam aumentar porque pareciam acusá-lo de ser totalmente responsável por esse estado de coisas. Penso que havia uma ideia vigente, que era uma paródia de Klein, que as pessoas tinham os objetos maus que mereciam; isto é, que o objeto interno mau, violento, ficara assim devido às projeções de fantasias violentas que emanavam do *self* do paciente. Richard ficou menos assustado e menos psicótico (suas alucinações desapareceram), mas também ficou violento e cheio de fantasias sádicas. Penso que eu poderia tê-lo ajudado a desenvolver contenção muito antes, caso tivesse transmitido a compreensão de que seu objeto tinha responsabilidade por estar em pedaços. (Não acho que isso ajudaria se o elemento psicopático aparente fosse genuíno.) Se tivesse ajudado a investigar seu objeto interno louco, irreparável e violento, poderia ter reduzido sua culpa em lugar de aumentá-la. Caso tivesse investigado o objeto em que nada havia para consertar, poderia ter permitido o desenvolvimento da sua preconcepção de um objeto reparável (que estava evidentemente presente pela sua referência à falta) e também de sua capacidade de se identificar com um pai reparador.

Houve períodos em que seu desespero e ódio não tinham limites, como quando ele cantava amargamente: "Tenho de mandar uma mensagem para você"; a seguir, pegava suas fezes e levava até o nariz. Em outra ocasião, disse: "Eu só tenho de fazer você derramar lágrimas, aí eu paro". Eu não via isso como necessidade legítima de projetar e comunicar seus horrores – continuava compreendendo como sadismo –, mas às vezes ficava inundada de piedade e desespero e, dessa forma, talvez compartilhasse e contivesse algo. Ele começou a aprender na escola, mas ficou obcecado por fantasias de matar pequenos animais; de fato, matou um ou dois. Interpretei o sadismo e o ciúme, em vez de vingança e de sensação de terrível traição. Afinal, eu tive dois bebês nos primeiros quatro anos de tratamento e a mãe verdadeira dele realmente traíra sua confiança.

Ele se queixou de que eu não sabia o que era estar perto de uma lâmpada prestes a explodir. Ele tinha razão – eu não estava recebendo a mensagem. Mas comecei a observar que algumas interpretações pareciam deixá-lo ainda mais perturbado. Finalmente, após quatro anos, na interrupção do tratamento, levei esse material a Sydney Klein, que era muito influenciado por Bion. Dr. Klein disse que eu estava perseguindo Richard com minhas interpretações sobre o sadismo dele. O sadismo de Richard em relação a bebês começou a diminuir. Em três meses, ele conseguiu falar da interrupção vindoura de modo muito diferente. Ele cantou: "Jesus me ama" de modo muito doce (não meloso) e falou de um homem que atravessava as Cataratas do Niágara para o Canadá em cima de uma corda. (Ele sabia que sou canadense.) Não há espaço para examinar sua voz de santinho – que no início tomei como negação do seu ódio, mas que, como finalmente passei a compreender, também encobria amor verdadeiro. Nos últimos dois anos de seus seis anos de tratamento interrompido, ele ficou muito mais controlado, integrado e civilizado. Não obstante, para mim, ainda é doloroso ler as anotações iniciais.

Discussão: quatro considerações

Discuto quatro considerações que atualmente considero importantes no tratamento de certos pacientes paranoicos *borderline* em quem o elemento psicopático não é acentuado. São apenas considerações, pois a complexidade da mente humana, até mesmo da mente psicótica da criança, assegura que não é possível haver manual: o paciente pode se movimentar em ambas as direções entre níveis neuróticos e psicóticos de funcionamento – ou de um bebê de três dias para um bebê de seis meses para a criança de 10 anos – no decorrer de poucos segundos, e o nível de trabalho precisa mudar de acordo com isso. Assim, embora eu diga que certo tipo de paranoico *borderline* forma um grupo, fica evidente que é uma simplificação enorme. Também a ênfase na gramática é um modo de pensar (de estruturar minha compreensão) sobre esses pacientes – certamente, não há mágica nas palavras em si. Se entendemos a compreensão emocional de forma correta, nossos pacientes nos perdoam a gramática.

Atraso de desenvolvimento

O primeiro ponto é que a doença psicótica em crianças – por mais que seja temporária ou por mais que seja apenas uma ameaça longínqua – quase sempre interfere no desenvolvimento psicológico normal e produz parada ou déficit de desenvolvimento. Perturbação e transtorno podem ser acompanhados de atraso e déficit em qualquer um ou em todos os aspectos da personalidade: na função do ego; no *self* e em seu senso de identidade, capacidade de amar, usufruir e sentir respeito próprio; no superego e objetos internos. O lado positivo da personalidade do paciente pode ser tão *sub*desenvolvido quanto o lado persecutório é *super*desenvolvido (ver Apêndice, Figura A3). Sempre houve implicações de desenvolvimento evidentes na afirmação de Klein (1952) e Segal (1964) de que a *força* do objeto ideal e dos impulsos libidinais do indivíduo possibilitam a integração das relações persecutórias de objeto e, assim, a passagem da posição esquizoparanoide para a posição depressiva. Em muitas crianças *borderline*, contudo, é exatamente essa força que não pode ser tomada como fato consumado.

O processo de introjeção do objeto ideal e a construção do senso de *self* amoroso e que pode ser amado é longa e lenta e, ainda assim, vital para a saúde mental. Cisão e identificação projetiva podem ser consideradas a serviço do desenvolvimento mais que como defesa, pois podem possibilitar a ocorrência de novas introjeções em condições que deveriam ser descritas como protetoras, e não como defensivas. Lamento dizer que, durante muitos anos, acredito que meu trabalho com Richard pode ter interferido nesse processo introjetivo. Como mostrei, muitas vezes interpretei frágeis incrementos de crença no *self* ideal (ele como pintor) ou no objeto ideal (mamãe para sempre), ou tentativas de excindir ou projetar a maldade para dentro de outra pessoa (David, que estava assustado, ou eu, que deveria chorar) como defesas contra perseguição e desespero. Hoje, acredito que poderiam ter sido considerados como frágeis movimentos de desenvolvimento, isto é, como tentativas de superar a perseguição e o desespero, mais do que se defender deles. Uma onda de esperança ou de orgulho ou um sentimento repentino de alívio é diferente de um estado maníaco usado como defesa. Recuperação não é negação, embora, com certeza, possa ser acompanhada de negação. Em certas crianças profundamente deprimidas, ostentações aparentemente grandiosas, onipotentes, que se assemelham a afirmações maníacas, na verdade comunicam um *questionamento muito vacilante* se o objeto pode considerá-los potentes. Nem todos os sapatos que não se ajustam bem foram tomados de outra pessoa: alguns são apenas novos, precisam de uso para amaciar. Mas, infelizmente, é evidente que no final dos anos 1960 – antes do impacto técnico da obra de Bion e antes da ajuda de Sydney Klein – eu sofria da mentalidade ou-ou, em que ou os sapatos são seus ou são meus.

A diferença de defesa e superação na posição paranoide

Klein (1935) introduziu a diferenciação metateórica fundamental entre defesas e superações em relação aos processos de reparação na posição depressiva. Como já mencionei, ela insistiu que a verdadeira reparação, diferentemente da reparação maníaca, não era uma formação reativa contra a culpa, mas, sim, superação da culpa. Eu acrescentaria que podemos também necessitar desse metaconceito de "superação" para desenvolvimentos *dentro da posição esquizoparanoide*. Nessa posição, está em questão a superação do medo e do desespero, mais que da culpa e da mágoa. Se o amor precisa ser mais forte que o ódio para o ódio ser superado na posição depressiva, o que precisa ser mais forte que o medo para superá-lo mais que se defender das ansiedades persecutórias? O que possibilita que o medo e o desespero se reduzam de modo que os sentimentos bons possam começar a surgir? O alívio da pressão esmagadora da ansiedade pode iniciar esses processos de cura, e noções como o conceito de Bion (1962b) sobre as funções continentes do objeto materno, o *"background* de segurança" de J. Sandler (1960), a "base segura" de Bowlby (1988) e muitos outros delineiam uma forma importante de se obter alívio da pressão intolerável.

Retificação: fantasias imperativas de vingança

Essa ideia envolve a elaboração da questão de Joseph (1978) sobre sustentar e investigar as identificações projetivas dentro de nós em vez de devolvê-las de forma prematura. Nesse caso, refiro-me aos momentos em que o paciente pode estar projetando – ou melhor, exteriorizando – não uma parte do *self*, mas um objeto interno extremamente mau. Um adolescente psicótico queria estrangular uma mulher da sua família, sedutora, mas condescendente.

Interpretações do seu ódio e rancor pareciam aumentá-los. Interpretações do fato de que ele sentia que *ela merecia morrer devido ao modo como o tratava*, no entanto, pareciam acalmá-lo em lugar de transformá-lo em maníaco homicida. Isso envolve questões importantes e, com frequência, perigosas, se empurramos tudo para o paciente com uma interpretação "você" ou se deixamos que seja contido em outro lugar, em nós ou mesmo em outro objeto. O efeito calmante e de alívio parece ter a ver com a compreensão de que a maldade precisa *ficar lá fora*. Caso contrário, a humilhação, o desespero, a vergonha e a vingança podem levar a erupções explosivas e perigosas em pacientes que receberam projeções excessivas. Kundera, em seu romance *The joke* [A brincadeira] (1982), ressaltou que há dois tipos de retificação: perdão e vingança. O autor descreve que todo o equilíbrio interno de uma pessoa pode ficar perturbado, caso um objeto de toda a vida, que mereceu ser odiado, inocentemente evita seu plano de vingança e decide ficar de bem e deixa de ser abominável. (Ele se referia a um amigo que o traiu e provocou seu envio para um campo de trabalho por *quinze* anos.) Ele pergunta: "Como eu poderia explicar que não poderia fazer as pazes com ele?... Como eu poderia explicar que usei meu ódio para equilibrar o peso do mal que aguentei quando jovem?... Como eu poderia explicar que eu *precisava* odiá-lo?" (p. 229). Será necessário diferenciar cuidadosamente esse tipo de ódio desesperado e amargurado da agressividade do psicopata, mais despreocupadamente brutal ou mais friamente assassino que, com certeza, poderia experimentar essas interpretações como conluio (ver o Capítulo 7 sobre essa questão). Compreender o ódio desesperado e o desejo de vingança evidentemente não implicaria fazer conluio com a atuação dessas fantasias, mas, sim, mostrar compreensão acerca da necessidade legítima de ter esses sentimentos.

Mais retificações: justiça e outros imperativos morais

Sugeri que os tipos diversos de pressão que os pacientes colocam sobre nós transmitem formas gramaticais subjacentes diferentes e exigem uma gramática diferente de interpretação. As fantasias podem não ser apenas desejos e demandas imperativos, mas sobre o que talvez seja, sobre o que poderia ou pode ser (esperança e possibilidade), sobre o que será (confiança e convicção, não necessariamente onisciência) e sobre o que deveria ser (justiça) (ver o importante artigo de Fitzgerald (2009)). O senso de justiça envolve um tipo diferente do imperativo da intimidação [*bullying*] psicopática, mas, apesar disso, é um imperativo. Onde há pouco ego para começar e talvez um superego cruel e despojador, a gramática interpretativa dos desejos pode ter implicações muitíssimo cruéis; em lugar de ajudar a criança a pensar em privação, faz a criança sentir-se ainda mais desprovida. Em lugar de favorecer que a criança se identifique com objetos ideais, podemos estar perpetuando "desidentificações" (J. Sandler, 1988).

Portanto, podemos necessitar de uma gramática diferente, uma gramática de necessidade legítima, que permita o desenvolvimento do objeto bom e do *self* bom. Ouvi um menino *borderline* demente e feroz de uma família perigosamente violenta insistir, após um período em que estava um pouco mais calmo que, com certeza, a terapeuta não ficaria zangada se ele levasse comida para a sessão. A seguir, corrigiu-se e disse: "Bem, ela não *deveria!*". Ele passara da negação maníaca do seu medo para um imperativo moral. A sensação de como as coisas deveriam ser liga-se, penso, a uma profunda sensação de ordem, justiça, correção e, quando a criança abusada ou que sofreu grande privação demonstra a ânsia de que a adotemos ou resgatemos, a interpretação no sentido de "Você gostaria, mas nós dois sabemos que você não consegue" aumentaria o desespero e enfraqueceria o ego. "Você sente que eu deveria resgatá-lo", "Você sente que alguém deveria resgatá-lo" ou "Você sente que sua mãe não deveria tê-lo abandonado" podem fortalecer a criança contanto que sejam ditas sem que contenha promessas de resgate real. Zbigniew Herbert (1977, p. 79) escreveu que não está em nosso poder perdoar em nome dos que foram traídos.

Conclusão

O argumento deste capítulo é que a posição paranoide tem sua lógica própria, sua gramática própria e suas sanidades próprias. Se tentamos apressar sua jornada para níveis mais "maduros", o custo é muito alto para nossos pacientes desprovidos de ego.

7. Malignidade sem motivo: problemas da psicoterapia de pacientes com características psicopáticas

Introdução

Este capítulo investiga a difícil questão de compreender – e enfrentar – a natureza muito particular da destrutividade da criança psicopata. Chamo a atenção para a diferença entre o estado mental e o mundo interno de pacientes neuróticos, *borderline* e psicopatas, no que diz respeito a diferentes tipos de destrutividade: raiva no paciente neurótico, ódio desesperado e vingativo no *borderline* paranoico e o vício frio em relação à violência no psicopata. Discuto questões técnicas e a necessidade de ir ao encontro do paciente psicopático onde realmente está – no gélido cemitério íntimo emocional em que provavelmente habita. A descrição honesta e corajosa do que vemos, por mais onerosa que seja ao zelo terapêutico, parece muito mais eficaz do que tentativas de explicar (e, assim, parecem afastar por meio da explicação) o comportamento destrutivo. Desnecessário dizer que pacientes recusam-se a permanecer nas categorias esquemáticas estanques que descrevi, mas de fato parecem valorizar nosso reconhecimento sobre a qualidade específica desses estados mentais muitíssimo diferentes.

O filme *Assalto ao 13º DP* (1976) começa com uma sequência de tiros de uma gangue de jovens percorrendo de carro um bairro de Los Angeles (Estados Unidos), o distrito Watts, apontando suas armas, primeiro, para uma negra idosa, depois, para um homem branco e, em seguida, para um homem negro. A diversão deles ao menos não discrimina raça. A mira parece aleatória, sem propósito, quase caprichosa. A cada vez, vemos a presa alinhada, na mira da arma, mas ninguém puxa o gatilho. Os membros da gangue parecem se divertir. (Chatwin (1987) observou que, no idioma de muitos povos nômades, usa-se a palavra "carne" para habitante da cidade.) A seguir, a cena muda para uma menininha comprando sorvete de um vendedor ambulante enquanto o pai telefona em uma cabine. Ela está voltando em direção ao pai, quando, de repente, olha o sorvete desanimada e retorna ao carrinho de sorvete. Ela não percebe que o bando já matara o sorveteiro e que o homem no carrinho é o assassino. Ela diz: "Desculpe, eu pedi chocolate e você me deu morango!". O assassino se vira e, da mesma maneira casual com que mataria uma mosca, atira na boca ainda aberta da menina. O que é especialmente horripilante é o caráter casual. O assassino não parece enraivecido nem dá qualquer sinal de prazer sádico. No máximo, parece um pouco irritado.

Em outro filme, *Jogo de emoções* (1987), um homem engana e desfalca todas as economias da sua psiquiatra. A princípio, ela – e nós – somos levados a pensar que ele está apaixonado por ela. Na verdade, ele é membro de um grupo de vigaristas. Ao perceber a sedução e a traição, ela pergunta, indignada, incrédula e machucada: "Como você pôde *fazer* isso comigo?". Ele responde calmo, encolhendo os ombros com pouco-caso: "Mas isso é o que eu faço".

Psicanalistas e psiquiatras descreveram a falta de consciência dos psicopatas, a ausência de culpa e de remorso por suas ações, sua indiferença aos pedidos de misericórdia das vítimas. A classificação psiquiátrica mais moderna tem buscado evitar o que, em parte, tornou-se uso pejorativo e generalizado do termo "psicopata". Mas os termos mais modernos – "transtorno de conduta", "transtorno de personalidade antissocial" e até "sociopata" – tornaram-se inadequados, pois o nível simplesmente descritivo do significado não diferencia a destrutividade motivada por raiva, ódio intenso, indignação, sadismo ou brutalidade casual.

Algo que tem sido ainda mais verdadeiro no campo da psiquiatria da infância, porém, começa a mudar, ao menos na pesquisa psiquiátrica da infância. Viding (2004) sugeriu que se deveria considerar a psicopatia como distúrbio do desenvolvimento e Frick e White (2008) fizeram a revisão da pesquisa sobre a importância dos traços de insensibilidade emocional de personalidade em um subgrupo específico de jovens antissociais e agressivos. Ao contrário de manuais anteriores, a pesquisa mostra que os próprios jovens sabem que não se trata de uma simples questão de raiva. Na verdade, parecem muito à vontade em sua falta de empatia (Frick e White, 2008). A revisão sugere que, para o tratamento, é importante fazer essas diferenciações, mas não fica claro que tipo de tratamento os revisores consideram adequado para abordar esses jovens. Com certeza, violência paranoica vingativa com motivação é diferente de violência habitual que vicia. A violência viciante pode ter começado como defesa contra algum tipo de pavor; depois, aos poucos, adquiriu matizes sádicos e excitantes; finalmente, sob determinadas condições de cronicidade ao longo da vida, tornou-se quase sem motivos e decididamente casual. A atrocidade do ato pode não ter mais qualquer relação com a magnitude de sentimentos deixada no agressor. Vício é diferente de defesa. O endurecimento defensivo temporário do coração é diferente da arteriosclerose permanente das emoções. O congelamento enorme difere do arrepio transitório.

Uma criança com características psicopáticas

Meu aprendizado de duros golpes começou com uma menina pequena chamada Sarah. Era uma criança destrutiva e violenta que, de forma habitual, costumava me agredir fisicamente. Quando ela jogava cadeiras em mim nas sessões de sexta-feira, eu dizia: "Hoje, você está me batendo porque é o fim da semana; vamos nos despedir e você não gosta de ser abandonada". Ela concordava dizendo "Sim" e me chutava outra vez. Eu interpretava de forma semelhante na segunda-feira: "Você está me chutando porque eu a abandonei no fim de semana". Aos poucos, comecei a pensar: "Mas ela me chuta na terça, na quarta e na quinta também!". Ela simplesmente *gostava* de chutar as pessoas. Como aprendi tardiamente, a menina tinha um elemento sadomasoquista potente em sua personalidade.

Após vários anos de violência física, Sarah modificou para crueldade mental. Ela sabia como interromper – com *timing* impecável, quase musical – no exato momento em que eu estava prestes a formular com clareza algo importante. Ela sabia como criar esperanças para frustrá-las a seguir. Era arte refinada em que se concentrava com dedicação, precisão e persistência. Se tentasse fazer voar uma borboleta de papel e a borboleta caísse, no próprio instante do fracasso, ela se virava e zombava: "Você achou que voaria, não é?". Na verdade, ela também pensara (por um momento) que voaria, mas a esperança era projetada e destruída de forma tão instantânea que exigia da minha parte não apenas monitoramento cuidadoso, minuto a minuto, como *segundo a segundo*. Eu me queixava, com frequência, a qualquer colega que se dispusesse a me ouvir que qualquer pessoa que não tivesse passado, como a minha paciente, toda a sua vida nessa *prática* de derrotar a si própria e aos outros poderia aguentar esse tipo de pessoa. Apesar de eu considerar importante monitorar nossas interações nessa base de instante a instante, não tinha certeza de *querer* ficar atenta nesses termos microanalíticos, de segundo a segundo.

Os escritos de Joseph (Spillius e Feldman, 1989) foram úteis para desencorajar o uso superficial de interpretações explicativas com pacientes *borderline*. Seus ensinamentos e escritos sobre processos viciantes foram indispensáveis (Joseph, 1982). Rosenfeld sugeriu-me também que a máxima de Bion de se abster de memória e desejo não era adequada para esse tipo de paciente (comunicação pessoal, 1983). Ao contrário, considerava necessário ser muito vigilante e estar sempre um passo à frente, senão seria desprezada. (Naturalmente, esse tipo de paciente se mostrou muitíssimo atento à hipocrisia.) Concordo com Rosenfeld no que diz respeito ao aspecto psicopático dos pacientes e sugiro que, muito antes, de a bondade estar em questão, esses pacientes nos avaliam por nossa coragem, força e impossibilidade de sermos enganados. (Não obstante, seus aspectos perseguidos e desesperados podem exigir de nós outras sensibilidades ternas – em lugar das realistas.)

Esses pacientes, provavelmente, estão no extremo esquizoide do que Klein (1935) denominou contínuo esquizoparanoide-depressivo; para os mais endurecidos ou grandiosos, tornar-se paranoico e perseguido às vezes é realmente uma espécie de desenvolvimento. Quando, em vez de se sentirem preocupados consigo próprios, começam a temer represálias, isso estranhamente pode sinalizar a redução da grandiosidade ou, ao menos, o derretimento do gelo emocional. O objeto interno pode ter começado a assumir um pouco de substancialidade e de vida, ainda que apenas de um tipo perigoso. Em algum lugar, um objeto tornou-se capaz de testemunhar e de levar a sério o risco para o *self*. Ao menos, algo tem importância. (Evidentemente, isso não está próxima da posição depressiva), em termos de preocupação com os outros; mesmo assim, progressos dentro da posição paranoide são desenvolvimentos e não devem ser desconsiderados simplesmente por não envolverem a preocupação ou a culpa da posição depressiva.

É curioso que, no final, quando o assassino psicopata do filme *Onde os fracos não têm vez* (2007) aparece para matar a mulher que é esposa e filha de suas duas vítimas anteriores, surpreende-se por ela recusar-se a dar a ele permissão de lançar a moeda que poderia salvar sua vida, caso caísse do lado certo. Ela é diferente de todas as vítimas anteriores, que se defenderam de forma patética, imploraram ou tentaram negociar por suas vidas. Em contraposição, ela simplesmente o olha com firmeza enquanto espera que ele a mate. Somos poupados do seu assassinato, mas, na cena seguinte, ele é visto dirigindo pela estrada, olhando pelo espelho retrovisor dois meninos que fazem palhaçadas em suas bicicletas atrás dele. Ele se perturba com os meninos e, no único momento do filme em que perde o controle, bate o carro e se machuca muito. Acho que a fria coragem da sua vítima o perturbou.

Diferenciação clínica de estados mentais neuróticos, borderline *e psicopáticos*

Gostaria de diferenciar raiva no paciente neurótico; desespero, indignação e vingança em dois pacientes *borderline*; e crueldade gélida e calculista em um paciente psicopata muito jovem. A seguir, examino quatro questões técnicas do tratamento de pacientes psicopáticos. Com certeza, como já disse antes, seres humanos vivos se recusam a se enquadrar em classificações estanques, portanto, uso essas classificações diagnósticas apenas para fins de discussão. Recentemente, também me interessei pelo elemento de psicopatia ou de transtorno de personalidade em algumas crianças com autismo, questão que exige maior espaço de discussão (Alvarez, 1999, 2004).

Pacientes neuróticos

Na introdução, dei um exemplo de trabalho com uma paciente neurótica em que foram possíveis interpretações mais corriqueiras sobre raiva, em razão da perda ou do ciúme. Ela funcionava relativamente bem em nível neurótico, em que pode ser positivamente útil dizer algo como: "Você está zangada porque...". Isso ocorre em pacientes em que há certa capacidade de sentir culpa, alguma capacidade de sentir amor, um ego que possa processar *insight* sobre sua própria agressividade e também que já tenha estabelecido respeito próprio.

Pacientes *borderline*

Surgiu uma situação diferente com um menino pequeno chamado Peter, cuja terapeuta deixaria a clínica dentro de um mês. Ele chegou à sessão em condição de muito desespero, agitação e fragmentação. Sua mãe – que, como ele, estava aborrecida com o encerramento e sem condições de reconhecer o fato – passara a trazê-lo com atraso. Ele sofrera privação excessiva no primeiro ano de vida, em que sua mãe (de qualquer forma) um tanto distante, estivera profundamente deprimida. Após alguns minutos, ele pegou o calendário das sessões, perguntando quando parariam e qual era a sessão daquele dia. A terapeuta ofereceu-se para assinalar os dias já passados, algo que recentemente tinham parado de fazer. Ele exclamou: "Não!", começando a rasgar o calendário. A terapeuta disse que Peter estava zangado com ela porque seus encontros iriam terminar (*i.e.*, "raivoso porque" – uma interpretação explicativa de defesa). Peter ficou ainda mais agitado e derrubou uma cadeira; a terapeuta tentou impedir e, novamente, disse que ele estava com raiva porque iam parar de se encontrar. Ele ficou mais agitado ainda, batendo a cabeça contra a parede, algo que sempre fizera quando bebê.

Nesse caso, penso que não é suficiente interpretar a raiva. Há desespero; e a impotência desesperada e o desamparo da criança podem aumentar e se agravar inutilmente nesses momentos. É incapaz de ouvir a interpretação da sua raiva, porque não está em condições de pensar e de processar a raiva. Faltam o funcionamento necessário do ego e a necessária esperança. No entanto, se a terapeuta se dispõe a tomar para si um pouco da maldade, a criança pode começar a sentir que as coisas são um pouco mais toleráveis e a processar a experiência. Assim, é possível dizer (a propósito, com certo sentimento) algo como: "Realmente, é *terrível* para você que eu esteja indo embora. Você sente que deveria poder anular toda essa experiência. Isso *não deveria* acontecer. Eu *não deveria* abandonar você". Essas afirmações envolveriam o reconhecimento do desespero da criança, ampliariam e transportariam, por ela, o senso de injustiça ainda não nomeado, não verbalizado, mas possivelmente ao menos "pré-concebido" (Bion, 1962b) (ver Capítulo 6 para uma discussão mais ampla sobre a questão de resposta aos imperativos morais). Devo mencionar também a importância de se reconhecer que algumas crianças traumatizadas agem impulsivamente em estados de transtorno de estresse pós-traumático e precisam que nós mostremos a elas nosso reconhecimento de que está "nelas fazer isso", o que difere da suposição de que se apropriam do que estão fazendo. A violência pode irromper como resultado de sofrer abuso ou de testemunhar violência, e a criança pode sentir, de forma justificada, que não tinha intenção de fazer isso, outra pessoa fez.

Em pacientes mais paranoicos, fantasias (não atos) de outras pessoas recebendo a punição merecida – isto é, fantasias de justiça e de vingança – podem permitir que ocorram e sejam contidas projeções desesperadas e necessárias. Joseph (1978) discute os riscos da devolução prematura de projeções a pacientes *borderline*. O efeito calmante e de alívio parece ter a ver com a compreensão de que a maldade precisa *ficar lá fora*. Caso contrário, como tentei mostrar no Capítulo 6, humilhação, desespero, vergonha e vingança podem levar a erupções explosivas e perigosas em pacientes que sofreram projeções muito intensas. Esse tipo de ódio desesperado e ressentido precisa ser cuidadosamente diferenciado da agressividade casual mais brutal – ou assassina mais gélida – do psicopata que, com certeza, pode sentir as interpretações mencionadas como conluio.

Pacientes com características psicopáticas

A. H. Williams (1960, 1998) realçou que, se trabalhamos cuidadosamente com assassinos, com uma teoria adequada de cisão, deslocamento e projeção, é possível descobrir que não há falta de consciência; eles têm consciência, mas apenas em relação a objetos específicos excindidos. Por exemplo, um homem que assassinou uma mulher pode não sentir culpa em relação a ela, mas, de repente, pode sentir pena e remorso ao ver um pombo ferido. N. Symington (1980) defende ideia semelhante de que, se examinamos com cuidado o mundo interno dessas pessoas, em algum lugar, têm um objeto bom e amor por ele que, com frequência, é invisível e está oculto. Não são pessoas totalmente sem consciência nem totalmente sem amor. Têm excesso de culpa. Ele cita o amor simbiótico de Heathcliff por Catherine, no romance *O morro dos ventos uivantes*, de Emily Brontë (1965). Eu realçaria que o que fez

Heathcliff prosseguir foi a crença de que ela o amava. Em alguns psicopatas mais frios, no entanto, seria difícil encontrar até mesmo esse pontinho de luz na escuridão. Meloy (1996), psicólogo que teve longa e intensiva experiência com presidiários violentos nas prisões da área de San Diego, na Califórnia (Estados Unidos), fez uma diferenciação muito útil do que chama "agressividade evocada por afetividade" – agressividade evocada pela percepção de ameaça – e "agressividade predatória" – dirigida à destruição da vítima, geralmente na busca de alimentos, em espécies sub-humanas. Esta última envolve estimulação e vocalização autonômicas mínimas.

> *Quando um gato doméstico está encurralado e ameaçado, o sistema neuroquímico produz uma demonstração de agressividade afetiva: sibilos, pelos arrepiados, dilatação das pupilas, garras em riste e costas arqueadas. Quando o mesmo gato persegue um pássaro no quintal, predomina a agressividade predatória: perseguição silenciosa da presa, ausência de exibição ritualística, atenção concentrada no alvo. (Meloy, 1996, p. 25)*

O autor afirma que agressividade predatória é marca registrada do psicopata. (Ele é cuidadoso na diferenciação dos extremos graves e brandos de um contínuo de psicopatia e considera que pessoas do ponto mais moderado do contínuo tendem a ser tratáveis.) Meloy (1996, p. 74) sugere que as descrições anedotais de pessoas que trabalham com pacientes em tratamento forense e sob custódia de que os olhos de alguns são "frios, fixos, duros, vagos, vazios e desprovidos de sentimento" e o consequente sentimento assustador de medo deveriam ser levados muito a sério. Ele ressalta que essa vivência de medo arrepiante não costuma surgir nem mesmo com pacientes combativos e explosivos muito perigosos.

Problemas técnicos com pacientes com características psicopáticas

Agora gostaria de chamar a atenção para um tema importante do artigo de N. Symington (1980): sua brilhante descrição das três respostas que o psicopata evoca. Ele ressalta que uma das respostas mais comuns é o conluio. As pessoas simplesmente deixam os valentões obterem o que querem. Sugere que isso tem algo a ver com a gratificação de alguns aspectos psicopáticos de nós mesmos. Diz que a segunda resposta comum são descrença e negação. Penso que é possível, porém, inútil e até perigoso usar explicações psicanalíticas para o paciente e para nós, justamente desse jeito negador, no intuito de fugir dos fatos perturbadores a respeito dos nossos sentimentos na contratransferência. E esses pacientes sabem quando estamos sendo evasivos, não conseguindo suportar o que difundem. Symington é bastante clemente a respeito do medo que essas pessoas evocam em seus analistas, terapeutas ou carcereiros, com a naturalidade da nossa negação covarde. Ele ressalta que é saudável desejar segurança e paz. A terceira resposta é a condenação. Esses pacientes realmente provocam sentimentos muito intensos de horror, indignação, condenação e represália. Infelizmente, essas respostas servem apenas para excitar o paciente ou fortalecer sua armadura e deixá-lo ainda mais decidido a derrotar o terapeuta. O mais difícil é olhar o mal nos olhos, de modo corajoso, porém não vingativo nem condenatório. Quando finalmente percebi o enorme prazer de Sarah em enfiar a faca e torcê-la, a princípio fiquei chocada e horrorizada. Eu disse: "Realmente, você quer mesmo partir meu coração, não é?". Suspeito que o fato de eu usar a palavra "realmente" ainda continha certo tom de descrença e a vã esperança de que ela negasse. Em vez disso, ela se inclinava atenta para a frente e sussurrava – com fervor – "Sim!". Penso que trabalhar algum tempo com esses pacientes nos obriga a crescer e a mudar, pois eles nos modificam. É preciso ultrapassar o estágio de negação, depois o de indignação para um estado mental que exige coragem e firmeza e, também, em certo sentido, respeito pela coragem de o paciente sobreviver no seu mundo vazio.

Quero dizer algo sobre um livro de Docker-Drysdale (1990), seguidora de Winnicott, que administrava uma unidade residencial para crianças extremamente perturbadas. Ela escreveu sobre crianças "congeladas" que, penso, podem ser ainda mais doentes do que Heathcliff e as pessoas discutidas por Symington. Penso que precisamos deixar espaço em nossas mentes para o fato de algumas crianças ficarem congeladas tão cedo na vida que não há muito amor nem mesmo escondido. Docker-Drysdale esclarece que sempre procurava algum lampejo de sentimento ao avaliar uma criança para admissão na escola. Ela escreve de modo muito atraente sobre a dificuldade de simbolização dessas crianças e dá como exemplo uma criança, nova na escola, que rouba algo da geladeira, não porque a comida tenha qualquer significado simbólico, mas simplesmente por estar com fome. Alguns anos depois, na época em que já estiver bem apegada à sua principal cuidadora, poderá roubar da geladeira por estar aborrecida com o fato de a cuidadora sair de férias: o roubo pode ter pleno significado simbólico. A autora considera importante não confundir as duas coisas. Nesse caso, é relevante a diferenciação de Segal (1957) de equação simbólica e símbolo verdadeiro, assim como o conceito de fase transicional de Winnicott (1953). É fascinante observar essas crianças passarem da atuação [*acting out*] maldosa para a diversão maldosa, digamos, para uma brincadeira verbal cruel e, depois, para uma brincadeira mais amena – processo progressivo que pode levar meses ou anos, mas que mesmo assim é um desenvolvimento importante porque implica poupar o objeto.

Docker-Drysdale (1990) considera essas crianças "incapazes de se relacionar com quaisquer objetos reais ou de sentir necessidade deles". E, significativamente: "Esse tipo de criança não consegue simbolizar o que jamais sentiu nem viveu" (p. 179). Do mesmo modo, sugiro ser importante encontrar uma linguagem suficientemente fria para o psicopata sentir que ao menos tentamos ir ao seu encontro, onde ele realmente está, mais que onde achamos que deveria estar. Em grande parte do seu ser, ele pode residir em um cemitério emocional. Não podemos tentar exortá-lo nem o persuadir a entrar na posição depressiva e unir-se ao restante da humanidade. Ele vai pensar apenas que somos tolos desorientados se lhe falamos da raiva, da perda ou da dor que ele está muito distante de sentir. Nem devemos imaginar que necessariamente ele se defende da dependência em relação a nós ou se recusa a ver nossa bondade. Ele pode nos considerar *realmente* inúteis, pois seu objeto interno é imprestável. Sua violência pode ter começado como defesa contra a dor, mas acabou transformada em estilo de vida.

Docker-Drysdale (1990) faz uma diferenciação importante de experiência, realização e simbolização: ressalta que, para essas crianças, não basta lhes proporcionar boas experiências, precisam perceber que estão vivendo essas boas experiências. Esse ponto de vista se assemelha aos meus, oriundos do trabalho com crianças que sofreram muitas privações ou muitos abusos. Talvez seja necessário interpretar, por exemplo, "Você sente que hoje eu gosto de você" ou "Hoje, você gosta de mim", mas é necessário mostrar também que elas *gostam* de ser gostadas, que *gostam* de ter sentimentos amorosos: "Você gosta de me agradar" "Você gosta quando eu gosto de você". Muitas vezes, essas crianças estão enredadas em um círculo vicioso em que fazem algo provocativo, o objeto castiga e, então, fazem algo ainda mais provocativo e, raramente, conseguem notar os outros momentos (provavelmente muito fugazes) de bom contato. (Possivelmente, essas interpretações precisam ser ainda mais frias e prosaicas com pacientes em estado psicopático.)

O conceito de realização de Docker-Drysdale é semelhante ao conceito de Bion (1962b) sobre a necessidade de fazer a "função alfa" se aproximar de um pensamento para torná-lo pensável e às teorias do desenvolvimento de como a experiência adquire significado. Stern (1985) descreveu um conjunto muito mais agradável de significados que Bion, enquanto, nesse caso, a experiência a que somos convidados – ou melhor, forçados – a compartilhar ou conter é perturbadora e, muitas vezes, tão apavorante que é muito fácil deixar passar reduções minúsculas do nível de crueldade, por exemplo, ou momentos fugazes de afetuosidade. Mas ao ocorrerem esses momentos, podemos aprender a não os receber com muita ânsia nem exagerar nas interpretações explicativas simbólicas. Parece mais adequado simplesmente ficar com o paciente pensando na sua experiência, um momento de cada vez. Com psicopatas, o conceito de Strachey (1934) de "doses mínimas" na transferência provavelmente necessita de redução para "doses minimalistas". Essas pessoas muitas vezes odeiam qualquer comentário muito carregado de significado, pois, por consequência, tende a ser sentido como muito carregado de emoção, e uma vida inteira de dissociação levou a considerar a emoção como algo repugnante, desprezível ou irrelevante.

Segundo exemplo de criança com características psicopáticas: Billy

Sarah, que mencionei antes, tinha apenas 10 anos e, a princípio, foi difícil acreditar que uma criança tão pequena pudesse ser capaz de tamanha dedicação à crueldade. Posteriormente, tratei um menino de 4 anos que chamo Billy, encaminhado por causa de sua frieza em relação à mãe. (A mãe acreditava que Billy, desde o nascimento, nunca a olhara. Na realidade, a mãe raramente estava em casa, e a criança se apegou profundamente à sua primeira babá, que foi embora, tendo sido substituída por uma série de outras.) Em determinado momento, Billy ficou muito retraído, mas antes e depois desse período endureceu com frieza. Ele era uma criança atraente que encantava os estranhos por sua inteligência, vivacidade e seu sentido bastante excitante de dramaticidade, mas desenvolveu um brilho gelado e um jeito manipulador que preocupava até mesmo seu pai, que não se sentia rejeitado por ele. Billy tinha extremo ciúme e era muito cruel com a irmã de 2 anos, que era a predileta; em suas sessões, entregava-se a torturas lentas e deliberadas que um "doutor" (ele próprio) realizava em um bebê-ursinho de brinquedo. Fui instruída a falar pelo ursinho e, obviamente perdendo minha capacidade de tolerar, um dia cometi o erro de perguntar, na voz do ursinho, por que eu estava recebendo tal castigo, por que o doutor fazia isso comigo. Billy me olhou como se eu fosse totalmente obtusa e respondeu: "*Por quê? Porque eu gosto!*". Um ou dois dias antes, eu o vira enfiar o alfinete do seu distintivo nos olhos do ursinho, muito lentamente e com prazer quase amoroso, portanto, já deveria saber. Termos como "distúrbio de conduta" não captam o sabor desses momentos. Esse tipo de destrutividade é de uma espécie diferente de raiva ou fúria impulsiva: parece para toda a vida, permanente, duradoura. Até mesmo em alguém de 4 anos de idade "para toda a vida" significa exatamente isso – a vida de amarga decepção de Billy tinha sido excessivamente longa.

Geralmente, eu não me referia ao ursinho como representante da parte-bebê de Billy ou de sentimentos de dependência infantil sendo poupados. Às vezes, o ursinho estava repleto de alteridade e representava, creio, sua odiada irmã. Acredito que o desejo – e, de certa maneira, como sugere Kundera (1982), a *necessidade* – de fantasias corretivas de vingança (não ações) precisa ser abordado durante um bom tempo. O clínico precisa decidir quando o paciente é capaz de aceitar o retorno da parte excindida ou projetada. Isso pode ocorrer poucos segundos depois ou alguns anos mais tarde. O clínico também precisa tentar perceber quando a violência se tornou um pouco assistemática e já não é mais necessária. Billy tinha características *borderline* paranoicas genuínas, mas que começavam a se solidificar em algo mais psicopático.

Naquela ocasião, os pais de Billy jamais tiveram convicção de que fosse psicoterapia o que queriam para ele e, na medida em que ficou mais tratável, evidenciou-se que o tratamento deveria se encerrar. Ele estava menos retraído, o que para eles parecia suficiente. Após o fim de semana em que telefonaram para confirmar a decisão de que ele deveria parar o tratamento no prazo de um mês, na segunda-feira, ele entrou na sessão em um estado ameaçador, enfurecido e louco. Primeiro, bloqueou meu acesso nas escadas para a sala de atendimento. Eu disse que parecia minha vez de ser excluída. Então, de um jeito que, para ele, era muito confuso (em geral, ele era gelidamente claro e coerente), disse: "Eles disseram que eu não venho mais – eles me perguntaram o que eu... Não quero mais vir aqui. Não... eles não querem... Não... Eu não quero". Eu disse que ele estava confuso por não ter certeza de quem não queria que ele viesse. Ele continuou repetindo, enquanto abria sua caixa: "Não quero mais vir aqui... Você é uma... bruxa má". Contudo, embora em certos momentos ele me encarasse e, em geral, seu olhar fosse atrevido e nem um pouco infantil, dessa vez ele não me olhou no rosto. Ao contrário, olhou para baixo, para algum ponto na altura da minha cintura. Eu disse que ele estava com dificuldade de me olhar e talvez fosse por não ter certeza do que queria, e se de fato eu era tão má. Ele começou a atirar todos os brinquedos para fora da caixa, no chão, mas, quando chegou à parte inferior, que continha a fazenda e os animais selvagens, primeiro examinou o cordeirinho, colocou-o cuidadosamente dentro de um fantoche e colocou um potrinho branco e marrom na frente, como se montasse guarda. Eles tinham sido figuras boas, montando guarda ao cordeirinho na semana anterior, e a sobrevivência deles me surpreendeu. Billy prosseguiu com deliberação terrível e derradeira, jogando todos os outros animais para fora, no chão, com total desprezo e pisoteando lenta e inteiramente o bebê-coelho. Ele parecia tenso e gelado demais, até mesmo para se envolver em uma das suas "brincadeiras" sádicas comigo, em que os animais seriam mortos e devorados. Seu desprezo (e, penso, seu desespero) era excessivo até para brincar. Reconheci isso, mas comentei a preservação do cordeiro. Falei que ele deixava um pouco de espaço em sua mente para sentimentos amistosos e boas lembranças do tempo que passara aqui. Mantive minha fala controlada e minimalista por acreditar que seria o mais correto para ele. Isso salvava sua dignidade e, de certa maneira, reconhecia sua coragem diante da enormidade da tarefa, que envolvia administrar seu imenso ódio e o ódio que ele acha que os outros sentem em relação a ele. Portanto, não me referi a uma parte bebê nem a poupar sentimentos infantis de dependência. Pouco depois, ele gritou: "Você vai se arrepender!". Sentindo-me muito mal, nesse momento, falei que, de acordo com o que ele sentia, eu deveria ser a única a sentir tristeza por sua partida. E que talvez ele soubesse que eu *estava* muito triste e não queria perdê-lo. Após certo tempo, acrescentei que ele devia sentir que eu deveria estar arrependida de não ter sido suficientemente forte para persuadir seus pais a o deixarem continuar. Ele começou a me olhar um pouco e, depois, de forma muito despótica, passou a exigir que eu pegasse os brinquedos jogados. Senti que a situação estava confusa, pois ele era uma criança muito tirânica e, dessa maneira, a ajuda que ele pedia para as pessoas executarem quase sempre era realizada de má vontade, se não com ódio. Mas eu também sentia que ele estava cada vez mais desesperado e precisava que eu pegasse os brinquedos – para mostrar que eu *queria* fazer isso por gostar dele, não por ser *forçada* a fazer, por temor a seus acessos de raiva. Também, afinal, ele me envolvia em uma atividade conjunta, ainda que sob forma de intimidação. Portanto, comecei a recolher os brinquedos, mantendo meus olhos nele, o que foi bem difícil de executar sob seu olhar tão desagradável e frio. Penso que, como todos os tiranos, ele tinha certeza de que seus escravos o odiavam. Ouviu-se um barulho vindo do andar de cima da casa, e ele teve um sobressalto. Eu disse que talvez ele temesse que alguém lá em cima não gostasse de vê-lo me ameaçando assim e que seu sentimento era de que eu não gostava dele de verdade quando me dava ordens desse jeito. (Meus anos de incompreensão e de negação com Sarah devem ter me ensinado algo, pois disse isso com muita seriedade, mas notem o "de verdade".) Ele começou a dizer "Eu não quero vir aqui", mas o que acabou dizendo foi "Você não quer vir aqui"; finalmente, obrigando-me a olhar para ele, dando-me conta de que havia certa verdade nisso, eu disse: "Acho que você sente que estou feliz por você ir embora". Ele me olhou de forma direta.

Note-se que eu não disse: "Você receia que eu esteja feliz por você ir embora", pois o verbo contendo dúvida – "receia que" – pode servir para negar o que realmente acontece entre o *self* do paciente e seu objeto. É importante conter a realidade da sua experiência emocional, e a palavra "sente" traz menos negação (ver Winnicott (1949) sobre o ódio na contratransferência). Olhar corajosamente o paciente nos olhos também significa ter coragem de olhar para si de forma honesta.

Quando chegou a hora de ir, ele gritou em direção à escada: "Como *você* se sentiria se precisasse ser colocada dentro de uma caixa?". Só tive tempo suficiente de dizer que ele sentia realmente que deveria ser comigo, e não com ele, que isso acontecia. Pensei que devia permitir que ele soubesse que eu achava que estava correto, porque, dessa vez, parecia uma identificação projetiva desesperada, não cruel. Na verdade, repensando, acho que nem ao menos era uma identificação projetiva – era muito mais o reconhecimento do fracasso da sua projeção, da sua incapacidade de encontrar e de manter um objeto que pudesse receber suas projeções. Nessa época, ele raramente via sua amada babá do passado, e acho que ele descrevia seu próprio destino como receptáculo das intensas projeções de sua mãe. Mas o elemento adicional em sua pergunta, que não pude abordar no mês que nos restava antes do término do tratamento era: "Você realmente se importa mesmo de saber como é ser eu?". Suspeito que Billy soubesse que uma parte minha não queria.

Discussão e conclusão: quatro questões técnicas

Gostaria de concluir discutindo quatro questões que surgem ao trabalhar com esses pacientes. A fim de evitar a tríade de Symington, conluio, negação e condenação, em primeiro lugar é importante evitar a última, isto é, em lugar de condenar, é necessário olhar o mal diretamente nos olhos, o que implica não evitar a total desolação e o horror dos impulsos do paciente nem a inadequação e a insensatez dos seus objetos internos, bem como a nossa, na transferência. Como me respondeu o doutor-torturador-criança: "Eu gosto!". Isso implica também não evitar aquilo que eles sabem ser nossa aversão, desgosto e até ódio por seu tratamento implacável, cruel e, muitas vezes, brutal a nós, a seus objetos e a si próprios. Não sei se consegui transmitir em que grau a brincadeira de Billy com o ursinho não era simplesmente brincadeira fantasiada, agressiva, corriqueira, ou por que senti que ele seria o tipo de criança que realmente poderia provocar um acidente com a irmã com um cuidado tal que ninguém jamais desconfiaria não se tratar de acidente.

Contudo, também havia um elemento paranoico desesperado, e era importante alguém receber as projeções que ninguém conseguira conter e ser honesto sobre o que ele conhecia como ódio e exaustão do seu objeto. Esperava-se que isso fosse possível sem represália. Infelizmente, havia outro problema, o fato de que sua crueldade estava se transformando na possível base de uma perversão sadomasoquista. Ele "tremia" de excitação em algumas de suas cenas. Algo que certamente necessitava ser abordado em trabalho intensivo posterior com ele, o que enfim se realizou com considerável sucesso.

Segundo, precisamos nos empenhar para não fazer conluio nem negar, mas para encontrar, sem sentimentalismo, os sentimentos amistosos do paciente e qualquer débil despontar de confiança e de fé. Não devemos apelar a um *self* ou objeto bom que não esteja presente, mas precisamos estar atentos aos diminutos lampejos de fé e de esperança que *estejam* presentes. É perigoso promovê-los ou amplificá-los: é muito melhor subestimá-los. O paciente pode ser capaz de concordar que está um pouco irritado com a interrupção recente da sua rotina, mas está muito longe de tomar contato com sentimentos dolorosos de perda em razão da falta. Além disso, às vezes, podemos precisar reconhecer sem sentimentalismo o que ele observa a respeito da nossa dor, da nossa derrota ou do nosso afeto, quando o paciente não pode fazê-lo.

Terceiro, geralmente é importante evitar interpretações simbólicas de sentimentos positivos ou negativos. Por exemplo, interpretações como "Você se sente abandonado por mim como se sentiu por sua mãe" podem conter significado excessivo que pode não estar disponível para pacientes nesses estados de endurecimento e congelamento. Podemos precisar respeitar a insistência do paciente de que ele "apenas gosta" do que faz ou que está "apenas irritado", não zangado, hoje e que isso não tem significado. Então, devagar – talvez – o significado possa desenvolver-se.

Finalmente, interpretações duplas dirigidas à busca e à revelação da vulnerabilidade do paciente em geral são perigosas ou inúteis. Esses pacientes não funcionam em nível de posição depressiva. Estão vivendo em um mundo paranoico em que o que está em questão é a sobrevivência, não o amor. Os valores de inteligência, ousadia, coragem, destreza e triunfo – os valores do campo de batalha – são supremos. Interpretações prematuras a respeito da vulnerabilidade ou da dependência ocultas, das quais o paciente ainda não se apropriou, podem produzir explosões perigosas ou, no mínimo, provocar seu desprezo justificado. Ao contrário, é importante poupar sua dignidade e respeitar sua coragem de prosseguir no mundo morto em que habita.

8. Questões de narcisismo, autoestima e relação com o objeto obtuso: desvalorizado ou não valorizado?

Introdução

Neste capítulo, uso a teoria kleiniana de mundo interno como constituído de um *self* que se relaciona com diversos objetos internos para identificar três subtipos de narcisismo e três subtipos de narcisismo aparente[1] em crianças e adolescentes. Diversos subtipos fazem referência específica a várias relações com um objeto obtuso.

Três subtipos de narcisismo:

1. Narcisismo em que o objeto obtuso surge de desvalorização defensiva.

2. Narcisismo e o objeto obtuso em que a desvalorização se tornou viciante e faz parte da estrutura de caráter.

---

1 A autora usa o termo *"apparent"*, que tem o sentido de visível, óbvio ou evidente e também de algo que aparenta, mas não necessariamente é. Supomos que aqui seja o segundo sentido [N.T.].

3. Narcisismo destrutivo (a) em que o narcisismo viciante se combina com a destrutividade viciante; o narcisismo masoquista (b) e o problema do objeto invejoso, intrusivo e vigilante.

Três subtipos de narcisismo aparente:

1. Narcisismo aparente como necessidade do desenvolvimento em que se sente que o objeto interno não responde ao senso de ser agente [*agency*] e de potência do *self*. O resultado é desespero ou tentativa de superar a vergonha (não de se defender dela) por meio do orgulho.

2. Narcisismo aparente em que o *self* se relaciona e se identifica com um objeto indiferente, não interessado nem interessante: um déficit duplo, indiferença a um objeto indiferente.

3. Narcisismo aparente que não é narcisismo, mas sensação de autoestima: o *self* precioso e o mundo precioso.

Examino algumas implicações técnicas dessas diferenciações e sugiro que, na maior parte do tempo, todos os subtipos, exceto o primeiro, exigem respostas mais descritivas que explicativas.

Definição de narcisismo

Em muitos escritos (embora não em todos: ver Balint, 1968), Freud expressou a ideia de que o bebê nasce em um estado de narcisismo primário, em que o próprio ego do bebê é tomado como objeto de amor libidinal. Também expressou a ideia de narcisismo secundário, "uma regressão a partir de uma relação de objeto que causou decepção, seja pela perda do objeto, seja por algum tipo de menosprezo por parte do objeto, de volta para o amor narcísico ao ego" (Hinshelwood, 1989, p. 350). Klein discordou que o narcisismo fosse um estágio ou fase primária de desenvolvimento: segundo ela, os bebês já nasciam capazes de relações de objeto, mas os estados narcísicos poderiam coexistir com estados de relação de objeto em qualquer estágio ou fase de desenvolvimento. Basicamente, dizia que todo narcisismo era secundário (Klein, 1952), assim como Balint.

Grande parte da controvérsia subsequente sobre a natureza do narcisismo diz respeito à questão de déficit *versus* conflito. A discussão envolveu a questão de saber se seria possível considerar que o narcisismo fosse usado como defesa de maneira fundamentalmente oposta ao desenvolvimento ou se seria a tentativa de satisfazer uma necessidade do desenvolvimento (Stolorow e Lachmann, 1980). No decorrer da discussão de diferentes subtipos de estados narcísicos em crianças e adolescentes, sugiro que, para ajudar a esclarecer alguns aspectos dessa questão, é preciso prestar atenção a três fatores. O primeiro fator é a natureza da relação do *self* com o objeto interno no paciente narcísico: o objeto é desvalorizado ou não valorizado? O *self* é supervalorizado ou, pensando bem, excessivamente subvalorizado? O segundo fator diz respeito a que proporção o narcisismo baseado em déficit *ou* o narcisismo baseado em defesa tornou-se viciante, isto é, sugiro que é preciso abordar a questão de hábito, cronicidade e caráter, mesmo na infância. O terceiro fator diz respeito ao nível de funcionamento simbólico presente no olhar sobre si mesma da pessoa, e a questão correlata do lugar em que esse olhar sobre si se encontra no contínuo de posição esquizoparanoide-posição depressiva. É discutível se devemos usar a linguagem da patologia nos níveis mais elevados.

Muitos autores diferenciaram subtipos de narcisismo (Bateman, 1998; Britton, 1998; O. Kernberg, 1975; Rosenfeld, 1987). Outros realçaram diferenças na motivação para o narcisismo ou na sua função (Broucek, 1991; Stolorow e Lachmann, 1980). Stolorow e Lachmann diferenciam entre aquilo contra o que o narcisismo poderia funcionar como defesa e aquilo que o narcisismo está tentando alcançar. Os dois tipos podem estar em atividade: defesa contra inveja (O Kernberg, 1975; Rosenfeld, 1987; Segal, 1983) ou vergonha (Broucek, 1991) também pode ter como propósito adquirir um sentimento de superioridade ou de orgulho (Broucek, 1991; Lynd, 1958). A questão da motivação ou da função foi especialmente proveitosa, já que levou a discussão para além dos limites do *self*, fazendo referência à relação com o objeto: a defesa contra a inveja refere-se exatamente ao problema em relação a um objeto, não apenas ao efeito sobre o *self*.

A maioria desses últimos autores faz mais referências à natureza do objeto interno: Kernberg discute sua desvalorização, Stolorow e Lachmann descrevem a contratransferência perturbadora para o analista e Rosenfeld realça a apropriação das qualidades antes admiradas do objeto. Discuto um conjunto de relações diferenciadas entre o *self* e o objeto obtuso. Primeiro, discuto três subtipos de estados mentais narcísicos; a seguir, debato sobre outros três subtipos que podem parecer narcisismo, mas não são. Nesta segunda seção, investigo também as diferenças entre crianças narcisistas com objetos internos desvalorizados, em que o menosprezo foi (ou ao menos começou) defensivo, e as crianças cujo objeto interno, por uma série de motivos, nunca foi valorizado nem admirado em primeiro lugar – nunca respeitado nem, por assim dizer, adquiriu estatura suficiente para ser olhado com respeito. Comecei a pensar nessa diferenciação (de maneira, sem dúvida, bastante literal e concreta), após observar diversas crianças que sofreram grave privação colocarem regularmente os bonecos em posição horizontal – deitados em sofás, no chão da casa de bonecas – ou, raramente, até assistindo à televisão, que em si é uma atividade bastante passiva. (Os pais nesses casos tendiam a ser alcoólatras, viciados em drogas ou ter depressão grave). As crianças diziam que os bonecos estavam "adormecidos", com certeza, nada faziam e, pior, jamais se levantavam. Adolescentes com patologia semelhante tendiam a considerar seus encontros com adultos – pais, professores ou terapeutas – com indiferença (contudo, não com um desprezo ativo). Com frequência, a contratransferência dos terapeutas se assemelhava à contratransferência com pacientes com narcisismo defensivo: sentiam-se ignorados, inúteis, não escutados, não considerados capazes de ajuda. Em particular, não eram considerados *inteligentes*. Na verdade, em alguns casos, não havia o conceito de inteligência nem de mente interessada ou interessante. Os adultos eram considerados obtusos, não necessariamente maus. Algumas crianças que sofreram abusos, por exemplo, consideravam perigosos homens adultos, mas, ao menos, seriam poderosos e interessantes, ainda que apenas sob condições persecutórias e de excessiva vigilância, enquanto as figuras femininas adultas, embora talvez fossem consideradas gentis e certamente amadas, eram consideradas fracas, inúteis, não protetoras, desprotegidas e, assim, fundamentalmente *não interessantes*. Ouvi muitas crianças perguntarem, ao perceberem de repente que a terapeuta podia compreender seus sentimentos: "Como você sabe isso? Você lê mentes?".

Antecedentes históricos da mudança para a psicologia interna bipessoal em relação ao narcisismo

Em artigo seminal sobre a psicopatologia do narcisismo, Rosenfeld (1964) sugere que a maioria dos analistas que tratavam pacientes narcísicos discordava do ponto de vista de Freud de que não havia transferência. Ressaltou que a observação minuciosa do comportamento do narcisista na transferência analítica revelava de fato uma transferência, mas de natureza extremamente primitiva, em que havia graves dificuldades de diferenciar sujeito de objeto. Rosenfeld nos lembra que o próprio Freud considerava os sentimentos oceânicos como anseio por Deus ou pelo universo, como experiência narcísica primária, e Balint (1968) destacou que, na verdade, Freud manteve dois pontos de vista contraditórios durante toda sua vida: um é a crença no narcisismo primário; o outro é a crença de que primariamente o ser humano busca objetos. Balint observou que até mesmo em "Três ensaios sobre a teoria da sexualidade", que é trabalho bem inicial, Freud (1905b) disse que toda descoberta de objeto é, na verdade, uma redescoberta. Balint também destacou que nas Conferências introdutórias, Freud (1916-1917) apontou que certos componentes em estados de sexualidade – como sadismo, escopofilia e curiosidade – têm um objeto desde o início. Assim, Balint questiona, por que a outra versão de narcisismo primário se tornou a versão oficial?

Rosenfeld destacou de modo crucial que o que parecia amor a si próprio – do ponto de vista de uma psicologia unipessoal –, na verdade, baseava-se na identificação com um objeto previamente admirado e cuja identidade foi assumida. Em seu artigo "Sobre a identificação", Klein (1955) descreveu esse tipo de dominação como identificação projetiva. (Esse processo deve ser diferenciado do tipo evacuativo, descrito em "Notas sobre alguns mecanismos esquizoides" (Klein, 1946), mas os dois processos podem ocorrer juntos. No tipo menos extremo (1946), o *self* total não se modifica; as partes boas são conservadas.) Rosenfeld acrescentou que, no narcisismo, o *self* se identifica com o objeto incorporado ao qual se nega qualquer identidade separada ou qualquer limite entre *self* e objeto. Não obstante, insiste que tal falta não constitui falta de relação de objeto. No entanto, é preciso abordar o problema de um grau de falta considerável em crianças com objetos internos obtusos, em que ocorreu a não valorização mais que a desvalorização defensiva. O déficit não está na relação de objeto, está no tipo de relação de objeto. A falta pode não ser de um objeto nem de um casal, mas de um objeto ou casal parental vitalizado e interessante. Nesses casos, o objeto pode parecer extremamente distante, em vez de próximo demais, como nos exemplos de Rosenfeld. Cuidar-se sozinho pode parecer a única opção. Nesse caso, é possível haver uma ligação com as crianças evitativas das pesquisas sobre apego.

Hamilton (1982) ressaltou que o próprio mito de Narciso é relacional. O mito conta a história da relação do jovem de 16 anos, Narciso, e sua amante-admiradora, Eco. Hamilton (1982) escreve:

> Essa relação adolescente está assentada na relação inicial do bebê Narciso "em seu berço" e sua mãe Liríope. Nas palavras de Graves, "todos se apaixonavam por Narciso até em seu berço". O termo narcisismo descreveria, assim, uma relação de amor. À luz dessa interpretação, a relação posterior de Narciso e Eco serviria para ilustrar algumas patologias resultantes de quando se perpetua uma relação inicial de admiração incondicional. Eco é a jovem que "sempre responde" e Narciso o jovem que rejeita as admiradoras que o perseguem. (pp. 4-5)

O self é superior, e o objeto, inferior, mas este existe realmente.

A questão da psicopatologia narcísica em crianças

Beren (1998, pp. xv-xvi) destaca que, em crianças, embora geralmente não encontremos um "transtorno de personalidade constituído", podemos encontrar e, de fato, encontramos o que ela denomina "preocupações" narcísicas em todos os níveis psicossexuais e de desenvolvimento. Beren observa também que a literatura a respeito de crianças sugere que os problemas são, principalmente, em torno do conflito edipiano, ao mesmo tempo que acredita (e eu concordo) que ocorrem tanto déficit quanto conflito (Beren, 1998, p. xvi). Mais recentemente, Kernberg, Weiner e Bardenstein (2000) foram mais adiante: compararam o egocentrismo patológico do que denominam "crianças com transtorno narcísico de personalidade" com o narcisismo normal das crianças. Ressaltam que a criança normal é capaz de reconhecer o fato de receber cuidados com reciprocidade e gratidão, enquanto as crianças narcisistas revelam uma sensação de merecimento (Kernberg, Weiner e Bardenstein, 2000, pp. 180-181). Argumento que a natureza habitual de uma defesa – ou, pensando bem, de uma tentativa de reparar um déficit – pode levar a algo além de preocupações narcísicas: nós podemos e, de fato, encontramos um transtorno de personalidade constituído na infância. No entanto, o narcisismo defensivo, que começa mais tarde na infância, dá uma sensação muito diferente, porque o desenvolvimento e a possibilidade de relação de objeto puderam progredir antes da eclosão.

Três subtipos de narcisismo

Começo com exemplos clínicos do subtipo mais tradicional. Espero que esteja claro que me refiro a subtipos de estados mentais, não a grupos de crianças. A mesma criança pode se mover de um estado mental ou motivação ou nível de vulnerabilidade ou dureza para outro em qualquer momento específico. No entanto, as diferenças são importantes para nossa sensibilidade técnica.

Narcisismo em que o objeto obtuso se origina principalmente da desvalorização defensiva

Os dois pacientes que examino tiveram um bom começo – uma relação próxima, ainda que idealizada, com suas mães e aparentemente uma boa relação com o pai. A primeira criança, Peter, começou a ficar extremamente difícil aos 3 anos de idade, após o nascimento do irmão. Uma limitação física moderada parece ter causado o aumento da sua sensação de vergonha e mágoa. Houve algumas agressões físicas ao irmão, mas a maioria das agressões era verbal e, quanto mais crescia, mais aprimorava as humilhações cruéis e ferinas ao irmão e aos pais. Os pais eram calorosos e amorosos, mas ficavam facilmente desconcertados e feridos pela rudeza e arrogância de Peter. A reação dele à colocação de limites dos pais era de indignação grandiosa, como: "Quem eles pensam que são para me impedir?". Ele realmente parecia sentir que as restrições deles eram tolas e que qualquer pessoa que o limitasse era tolo por pensar que ele necessitava desse tipo de vigilância. Contudo, ao contrário das crianças que sofreram privação a que me referi, havia paixão e indignação em sua sensação a respeito da obtusidade dos pais. E, com certeza, havia dor e vergonha subjacentes. Mais importante, havia assombro: "Como podiam ser tão obtusos?!". Ele tinha alguma ideia – definitivamente própria – de como um genitor inteligente deveria agir: deveria deixá-lo fazer o que bem quisesse! Peter, no entanto, nunca perdeu totalmente a esperança na existência de adultos interessantes, portanto, conseguia manter boas relações com professores e, até certo ponto, escutá-los. Não obstante, seu desdém muito provavelmente contribuiu para ele ficar um pouco abaixo da média, do ponto de vista acadêmico.

Linda, outra paciente muito arrogante, não sofreu qualquer golpe importante ao seu narcisismo até os 10 anos, quando o pai abandonou o lar da família por um tempo. Ela ficou violenta e furiosa com todos os limites impostos em casa, e essas atitudes se alastraram para a escola. No entanto, já desenvolvera uma consciência muito vigorosa sobre a inteligência dos seus objetos, de tal forma que apenas alguns professores foram escolhidos para seu desprezo mordaz. Ela ridicularizava sem piedade esses professores, e alguns passaram a detestá-la intensamente, ainda que continuasse a ter excelente padrão acadêmico.

Vale a pena mencionar que a situação edipiana ficara um pouco distorcida para esses dois pacientes, no sentido de que, em certo momento, a relação com a mãe tinha sido próxima e idealizada demais e com o pai havia sido subestimada. Os dois pais eram chefes de família fortes e bem-sucedidos, mas ocupavam um lugar secundário em casa. Penso que o narcisismo das duas crianças, às vezes, atuava como defesa contra dor, humilhação, inveja e ciúme. Consequentemente, nos estágios iniciais do tratamento, precisei avançar com cuidado ao apontar sua convicção de superioridade: tentava deixar a porta aberta para a possibilidade de outra versão deles, mas quando as defesas estavam no auge, era preciso fazer isso com delicadeza. Essas crianças pareciam plenamente capazes de pensar em trilho duplo, porém, interpretações explicativas sobre a vergonha ou o medo de humilhação que pareciam estar na base da arrogância eram contundentes demais. Eu podia fazer comentários como: "Parece importante você sentir que sabe tudo sobre esse assunto" ou "... melhor do que seu professor/pais/eu sobre isso". Aprendi que em geral era melhor assumir uma terceira posição e abordar a idealização da onisciência e da onipotência, em vez da onisciência ou onipotência em si (o que eles sentiam simplesmente como seu eu querendo derrubá-los do seu pedestal para ocupar esse lugar). Ou seja, em lugar de me concentrar na sua dificuldade de deixar os outros vencerem, era muito melhor conjeturar por que ganhar era tão importante, tão idealizado. Aos poucos, na medida em que ficavam menos suscetíveis, pude fazer interpretações de duplo trilho a respeito de por que se defendiam de modo tão prepotente e a que humilhações a escola ou eu os sujeitávamos no momento.

Outras vezes, no entanto, seu narcisismo tinha uma característica mais complacente, como se qualquer contestação a ele fosse surpreendente e chocante: "Certamente esse adulto não pensa que eu deva ser tratado como criança! Será que ele não sabe quem sou eu?". Essa atitude mais complacente pode sinalizar o início de uma sensação mais permanente de superioridade na identidade. E sua qualidade viciosa pode basear-se em quaisquer desvios caracterológicos potencialmente presentes desde o berço, como diz Hamilton (1982). (Duvido que haja necessidade de uma dicotomia entre a teoria da grandiosidade como defesa contra a inveja (Kernberg, 1975) *versus* a de grandiosidade como defesa contra a vergonha (Broucek, 1991; Lynd, 1958), na medida em que ambas quase sempre estão juntas. Sentimentos em relação ao *self* implicam sentimentos complementares em relação ao objeto.) No entanto, como disse, a atitude defensiva habitual que permanece sem ser enfrentada pode levar à complacência e ao narcisismo viciante e a dificuldades caracterológicas mais profundas. Assim, para continuar...

O objeto obtuso em que a desvalorização se tornou viciante

Quero chamar a atenção para a maneira pela qual a atividade que começa com intuito defensivo pode prosseguir e tornar-se habitual e inserida na estrutura de caráter. Ou seja, a posição narcísica está presente mesmo que a pessoa não esteja sob estresse de ansiedade ou de humilhação. Quando começamos a desafiar um pouco esse tipo de paciente, sua primeira vivência não é de fúria: é de descrença e, depois, talvez algo mais parecido com indignação. Refiro-me à situação em que o processo se tornou viciante e profundamente inserido no senso de identidade da pessoa. Isso cria novos problemas técnicos. Peter, cujo narcisismo começara como defesa, mas se tornara bastante habitual, passou a ser visto por sua família como egoísta, agressivo e exigente de forma intimidante. Para ele, era difícil mudar, em parte porque se criara um círculo vicioso por meio do qual tendia a procurar e a esperar uma briga ou discussão e, então, com muita frequência, acabava arranjando uma. Ele tinha uma mentalidade muito legalista e, no início, eu com frequência me pegava discutindo com ele ou defendendo o que eu acabara de dizer. A velocidade com que ele fazia isso acontecer era de tirar o fôlego.

É importante permanecer firme sem ser vingativo nem ridicularizar quando a tentação é colocar a criança arrogante em seu devido lugar. Permanecer firme é mais fácil quando os pais, como os de Peter, também se esforçam para ser menos conciliadores, digamos assim, com seu filho. (Outros pais, com características narcísicas próprias, tiram a criança do tratamento assim que há melhora do comportamento.)

Após três anos de tratamento, as brigas de Peter o dominavam menos, ele estava muito mais fácil em casa e, às vezes, até capaz de reconhecer com relutância que gostava de vir à terapia. (Isso depois de anos insistindo que só vinha porque os pais o obrigavam.) Não obstante, com frequência, ainda sentia necessidade de se esconder atrás da antiga postura e, segundo penso, porque isso envolvia toda a sua identidade. As farpas e os insultos a mim retornaram a plena força no dia em que anunciou que tinha sido convidado para a festa de aniversário de um amigo dali a seis semanas. Isso envolvia ir de micro-ônibus a outro local de Londres para um *show*, que ele perderia por estar convencido que nem seus pais nem eu permitiríamos que ele perdesse uma sessão. Ao longo das semanas, interpretei invariavelmente sua suposição de que eu o obrigaria e que, portanto, ele nem cogitara perguntar se eu trocaria sua sessão para outro dia. Interpretei que ele, de fato, gostava mais e preferia uma briga a uma negociação. (Eu também sabia que, na verdade, no passado os pais o forçavam a vir, de tal forma que, nessa ocasião, eu não tinha certeza se esse aspecto seria ou não uma projeção dele.) Poucos dias antes da festa, ele mencionou que iria mais tarde e que o ônibus esperaria por ele, com a implicação de que primeiro ele viria para a sessão. Ele perderia o melhor da comida, mas... De repente, pensei em perguntar quem tinha combinado esse meio-termo tão útil (eu não ouvira uma palavra dos pais a respeito), e ficou claro que o próprio Peter resolvera isso com o amigo. Perguntei se ele não achava estranho fingir que continuava brigando, para insistir que não se preocupava com suas sessões e, no entanto, tivera uma atitude responsável e amistosa a respeito da nossa relação. Ele me olhou envergonhado, como faria uma criança neurótica que tivesse sido pega trapaceando. Durante todo o nosso trabalho juntos, precisei me aproximar com muito tato dos sentimentos mais amorosos desse menino. Como Britton (1998) escreve: "dentro de todo paciente de pele grossa há um paciente de pele fina tentando não sair" (p. 46), e ele cita Rosenfeld (1987, pp. 274-275) sobre o perigo de traumatizar o sensível paciente de pele fina como se fosse de pele grossa. Também tive experiências interessantes com Peter, em algumas sessões, após ele ter se comportado de modo especialmente ofensivo. Depois de alguns anos após desse padrão, percebi que, às vezes, ele ficava um pouco envergonhado ou até genuinamente pesaroso, mas não tinha a menor ideia de como expressar esses sentimentos; na verdade, ele os escondia. Comecei a conversar com ele sobre o fato de seu desejo de fazer as pazes ser evidente, mas que aparentemente ele não sabia como proceder. Era muito importante manter contato com esse sentimento (ou protorreparação) nele e dar-lhe espaço.

Narcisismo destrutivo em que o narcisismo viciante se une à destrutividade viciante

Rosenfeld (1987, cap. 6) identifica o narcisismo destrutivo, enquanto o artigo de Joseph (1982) – embora seja principalmente sobre processos masoquistas autodestrutivos – é esclarecedor por sua descrição detalhada da maneira pela qual os processos viciantes e perversos funcionam na transferência e na contratransferência. Joseph não faz uma diferenciação muito nítida entre atividades viciantes e excitação perversa, embora eu pense que é possível e muito proveitoso fazê-la. Algumas pessoas ficam presas em "círculos viciosos" interativos, repetitivos sem necessariamente ficarem excitadas com eles. Isto é, o narcisista pode esperar louvor e admiração de forma mais complacente, por exemplo, sem necessariamente "ficar excitado" com isso. Em outras pessoas – Linda, por exemplo –, o processo é impulsionado por uma compulsividade que pode incluir excitação sexual. Em todo caso, quando a destrutividade não se origina mais da perseguição vingativa, mas é viciante e excitante, temos o início de um transtorno grave de personalidade. Havia elementos disso na maneira de Linda descrever suas brigas em casa. Em seu tom não havia apenas perseguição e amargura, mas fascínio, e eu assinalei que aparentemente ela ficava turbinada não só por conversar a respeito dessas brigas como também por mantê-las. Com certeza, há relutância bastante razoável de usar o termo "transtorno de personalidade" em relação a uma criança, já que sua personalidade ainda não está totalmente formada. No entanto, a imprensa atual está repleta de reportagens chocantes de crianças de rua que desenvolvem um "anomia" terrível – uma atitude desalmada com a vida e com o destino de outros e delas próprias. Vejam o filme *Cidade de Deus* (2002) sobre a violência casual e brutal de crianças de rua brasileiras. Um apelo no *Journal of Child Psychology and Psychiatry* é relevante nesse caso: Shiner e Caspi (2003) ressaltam a necessidade de pesquisa sobre a maneira pela qual a personalidade da criança e do adolescente está relacionada a transtornos concomitantes de personalidade e transtornos de personalidade que surgem mais tarde na idade adulta (ver também o Capítulo 7, sobre a questão do trabalho psicanalítico com crianças psicopatas).

Narcisismo masoquista e o problema do objeto intrusivo invejoso e vigilante

Trabalho interessante tem sido feito sobre narcisismo masoquista (Broucek, 1991; Waska, 2002, p. 105). N. Symington (1993) diz que não importa se a auto-observação é positiva ou negativa, o problema é a auto-observação *em si*. Anderson (2003) estudou algo semelhante no comportamento de risco de crianças que sofreram privação. Elas parecem convidar à agressão ou ao acidente, pois isso ao menos confirma sua existência e possibilidade de serem interessantes. Qualquer coisa é melhor do que o tédio e a invisibilidade. Algumas crianças que sistematicamente sofrem *bullying* parecem ter objetos internos cruéis e invejosos, mas extremamente atentos. Com frequência, esses objetos invejosos são intrusivos, de tal maneira que o paciente se sente permanentemente vigiado. Aos poucos, é possível compreender que, por baixo da perseguição, pode não haver simplesmente desejo de atenção, e sim gratificação perversa. Uma paciente minha procurava de forma compulsiva um valentão em qualquer classe ou escola que cursasse. E falava do valentão todo o tempo. Foi difícil acreditar e, ainda mais difícil, fazê-la acreditar que ela realmente sentia necessidade de toda aquela atenção e do tipo de atenção obsessiva que apenas um valentão poderia proporcionar. Era verdadeiramente viciante e perverso, mas dava profunda gratificação de difícil modificação. Ser comum, ser temporariamente não notada, era inconcebível! No campo minado da técnica, a primeira tentação era tentar ajudá-la a se defender dos valentões – sua resposta masoquista e passiva e a recusa a fazer qualquer coisa levou a repreensões e críticas a ela, parecido com o que faziam os valentões. Mas erguer as mãos para o alto e abandoná-la era sentido como igualmente sádico. A melhor resposta (ainda que muito difícil de conseguir) era eu tentar não ficar excitada demais e até um pouco entediada, mas, ao mesmo tempo, permanecer comprometida, enquanto tentava mostrar como ela gostava da atenção que recebia.

Em outro caso masoquista, aprendi que objetos frágeis e superprotetores considerados obtusos também podem limitar o funcionamento da própria inteligência do paciente. Observei isso, primeiro, em uma menina com supostas dificuldades de aprendizagem que, conforme finalmente compreendi, "se fazia de idiota" e desamparada, principalmente, por achar que seu objeto materno era frágil e ingênuo demais para perceber que ela mesma podia ser inteligente e forte. Portanto, o que pode parecer desprezo destrutivo, às vezes, envolve uma função quase protetora e amorosa. Rey (1988) ressaltou que, em pacientes *borderline*, os objetos internos do *self* precisam melhorar primeiro para o *self* poder melhorar depois.

A trajetória de desenvolvimento do narcisismo e outras questões técnicas

Ao pensar na trajetória de desenvolvimento do narcisismo na infância, seria adequado dizer algo acerca de escritos anteriores sobre os subgrupos. Diversos autores diferenciaram tipos de narcisismo de pele grossa e pele fina (Bateman, 1998; Britton, 1998, pp. 46-54; Rosenfeld, 1987, pp. 274-275). Gabbard (1989) refere-se a um grupo semelhante aos de pele grossa como "desconectados" e O. Kernberg (1975) refere-se ao egotista que muitas vezes tem pais que o adoram, é desavergonhado e, portanto, seletivamente desatento às críticas. Diz-se que os narcisistas de pele fina (frágeis e vulneráveis) têm autoestima rebaixada, mas Broucek (1991, pp. 59-62) ressalta que, não obstante, são muito autocentrados. Eu acrescentaria, do ponto de vista do desenvolvimento e da trajetória da psicopatologia da criança, que pode levar muito tempo para construir um narcisista de pele grossa. Minha impressão é que, enquanto Danny (o menino bem valentão que descrevi no Capítulo 3) tinha uma pele narcísica muito grossa e provavelmente a teria para toda a vida, Peter tinha apenas uma pele medianamente grossa: ele tinha coração, apesar de si mesmo. No entanto, não quero subestimar as dificuldades do trabalho com o tipo de criança de pele grossa. Isso requer muita firmeza e força tanto com a arrogância do paciente quanto com nosso desejo de retaliá-lo e colocá-lo em seu devido lugar. Descobri que a exasperação bem-humorada com frequência funciona para salvar a dignidade deles; também evita que o terapeuta fique preso à retaliação contraproducente e permite expressar um pouco da irritação genuína. No estágio inicial do meu trabalho com Danny, contudo, nem mesmo o humor foi muito proveitoso. O narcisismo dele era acompanhado de uma intensa reação paranoica exagerada diante de qualquer percepção de depreciação e o humor era sentido apenas como zombaria e humilhação.

Três subtipos de narcisismo aparente e a questão da técnica

Narcisismo aparente e a necessidade de autorrespeito: o self supervalorizado como necessidade do desenvolvimento em que se sente o objeto interno não responsivo à condição de ser agente [agency] e potência do self

Tomei emprestado o termo "necessidade do desenvolvimento" de Stolorow e Lachmann (1980). Kohut (1977) descreveu isso como compensatório. Stolorow e Lachmann insistiram na importância de diferenciar narcisismo como defesa na pessoa com uma personalidade mais desenvolvida, mais ego e mais desenvolvimento objetal e narcisismo como "pré-estágio de defesa". Segundo eles, o narcisismo nesses dois subgrupos diferentes tinha uma função semelhante – regular a autoestima (pp. 19-20) –, mas o narcisismo em pessoas com autoestima muito prejudicada era uma "necessidade do desenvolvimento" – não um *impedimento* ao desenvolvimento, como estaria implícito no caso de uso defensivo. É interessante levar em conta como ficamos à vontade no uso da linguagem da psicopatologia para descrever o desenvolvimento normal. Um estudioso do desenvolvimento da criança poderia ter dado um nome próprio ao "pré-estágio de defesa": o que dizer da necessidade do bebê e da criança de despertar o interesse dos pais, de iluminar seus olhos, de fazê-los rir (Trevarthen e Hubley, 1978). Reddy (2008, p. 136) sugere que se exibir ocorre bem cedo, no primeiro ano de vida, e indica a tendência a buscar "aumentar a visibilidade". Trevarthen (2001) pensa que um desenvolvimento emocional básico, no primeiro ano de vida, é o equilíbrio entre vergonha e orgulho. Lynd (1958, p. 252) ressaltou que o contrário de vergonha é orgulho. Ela diferenciou arrogância de autorrespeito, húbris e filotimia que significam honra e inviolabilidade (p. 258) e disse que apenas um homem com orgulho verdadeiro pode ter verdadeira humildade. Bion (1957b) também diferenciou orgulho de arrogância, e podemos acrescentar: a sensação do bebê sobre sua capacidade de dar prazer é tão importante quanto sua capacidade de receber prazer.

Antes, descrevi Danny, um menino que tinha profunda sensação de vergonha e de impossibilidade de ser gostado (Alvarez, 1992, pp. 181-182; Capítulo 3 desta edição). Ele me foi encaminhado aos 8 anos por não conseguir aprender na escola, comportamento agressivo e fascinação preocupante por fogo. Seus pais sentiam que ele perdera muito quando bebê e criança pequena por conta de doenças na família. Danny se mostrava um menino empolado e prepotente, mas também amortecido e deprimido, que praticamente não sabia como interessar o ouvinte nem como brincar. Tinha poucos amigos. Após cerca de um ano de tratamento, ele aprendera a refrear suas explosões agressivas, a ser um pouco menos prepotente e fez alguns amigos. Certo dia, contou-me que ele e um grupo de meninos na escola estavam brincando de liça. Como tinha os ombros mais fortes da classe, ele era o cavalo, e seu amigo e ele formavam a melhor dupla. Comentei seu prazer e orgulho de poder me mostrar um lado amistoso e forte de si, e ele continuou me contando de forma excitada que, às vezes, galopava com o amigo o caminho todo até a escola. Expliquei (Alvarez, 1992) por que senti que contestar isso (naquele momento) produziria a deflação típica da desesperança e por que penso que esse tipo de tentativas "mentirosas" para nos pressionar a admirar às vezes podem não ser vistas como identificações projetivas de intimidação [*bullying*], mas como algo que seria melhor denominar "identificações antecipatórias" – como um tipo de pergunta esperançosa, oculta sob o disfarce de insistência. Isto é: "Você poderia me ver como...?". Isso pode levar à superação da vergonha e da inveja mais que uma defesa contra elas.

Eu não disse: "Você quer que eu o veja como..." (com a implicação "... mas ambos sabemos que..."). Ao contrário, eu disse que ele sentia *que eu devia vê-lo como alguém forte, valente e arrojado.* Poucos dias depois, quando ele estava um pouco mais forte, pude conversar sobre o fato de que, quando se sentia fraco, quase sempre exagerava.

Outro menino pequeno, Toby, paciente meu, tinha nascido quase cego de um olho. Ele se recuperou, foi cuidado por seus dedicados pais e seu trauma com relação à cirurgia e às limitações do início da vida não foi tão grave quanto poderia ter sido. Não obstante, era uma criança difícil e, às vezes, seu sentimento de ser extremamente precioso para seus objetos era composto de um sentimento arrogante de ser especial e de precisar de proteção especial. No entanto, na medida em que começou a se sentir mais forte do ponto de vista psicológico (ele já estava bastante recuperado fisicamente), sua identificação masculina começou a se desenvolver. Aos 6 anos, poucos antes de uma interrupção, ele desenvolveu o gosto por música *pop* e executou – batendo os pés com estrondo e certo ímpeto de macho em sua marcha – uma canção muito rítmica. Depois urrou outra, tocando uma guitarra imaginária para mim, de modo muito *sexy* e agressivo. Ele parecia estar passando por algo semelhante à recuperação de uma profunda sensação de dano e de desamparo, e me mostrava sua potência e sexualidade edipiana (ainda um pouco narcísica) levemente atrasada. Considerei que seria importante mostrar que apreciava e estava impressionada, e assim fiz. (Discuto minha resposta contratransferencial com mais detalhe no próximo capítulo.) Peguei-me pensando que deveria ser bem difícil para os pais de um bebê nascido com tal problema vê-lo como potente e se permitir a segurança e a confiança de sonhar para ele um futuro como homem forte e saudável, sonho que toda criança do sexo masculino provavelmente necessita que seus pais tenham com ela. No entanto, Toby não era uma criança que sofreu privação. Apenas uma parte da sua identidade estava inibida. Ou seja, penso que ele não tinha dúvidas a respeito da sua capacidade de ser amado e interessante, apenas acerca da sua força e potência.

Narcisismo aparente em que há relação – e também identificação – com um objeto indiferente: déficit duplo

Esses são os pacientes que mencionei na introdução para quem, conforme comecei a pensar, os adultos e o mundo eram profundamente desinteressantes. Por longo tempo, tive uma experiência atípica de total indiferença sempre que um pequeno paciente,

Jacob, jogava fora seus desenhos. Levei algum tempo para perceber que realmente eles *não tinham importância* – nem para ele, nem para mim – e muitos tinham sido executados quase sem propósito: "Sou criança. Crianças desenham. Faço um desenho para ela largar um pouco do meu pé". Com certeza, essa era sua atitude frente às demandas da escola – cumprimento obrigatório sem aprendizado verdadeiro –, mas, como as crianças desenham, de forma tola, eu procurava significados nos desenhos. Ele cumpria sua obrigação comigo, sem qualquer entusiasmo. O significado estava ausente (ver Ferro (1999), para um exemplo semelhante). Era importante mostrar a essa criança a falta de fé e de esperança e, consequentemente, de sentido, que havia em cada comunicação sua. (Isso foi escrito de forma muito evocativa por Ogden (1997, p. 4).) Jacob não achava que suas produções pudessem interessar nem achava que a reação de seu objeto fosse de interesse para ele ou pudesse, possivelmente, levar a mais interesse. O mundo parecia vazio. (Menciono Jacob novamente no Capítulo 11.)

Em algumas crianças – que sofreram muito mais privação do que Jacob –, o narcisismo aparente revela indiferença, tédio, desprezo e, muitas vezes, inicialmente, espanto de que o objeto pudesse ser interessante ou interessado. Esses objetos são diferentes dos objetos dos pacientes de Rosenfeld e de Hamilton, que eram próximos demais: esses objetos são impossivelmente distantes e a única solução é prosseguir sozinho. Nossa contratransferência pode ser semelhante a essa em caso mais obviamente narcísico, mas o estudo da natureza do objeto interno é esclarecedor. Nos casos mais graves, o efeito desesperador sobre a introjeção e a internalização leva a uma situação em que não só o mundo como também os próprios pensamentos da pessoa são desinteressantes. O funcionamento cognitivo e a aprendizagem ficam profundamente prejudicados. Não se sente que os pensamentos sejam suficientemente interessantes nem que valha a pena pertencerem à pessoa, serem examinados ou seguidos ou que se persista neles. O trabalho analítico precisa começar nesse nível – e, note-se, o paciente não dá a mínima, pois não acredita que vale a pena. Na medida em que o objeto (e os conteúdos de sua mente) ganham interesse e valor, a inveja pode surgir como característica importante, mas isso não é necessariamente evidência de que a indiferença narcísica anterior tenha surgido como defesa contra a inveja. Ao contrário, a inveja precisa ser vivenciada uma vez que o objeto ganha em estatura, e o processo normal que todo bebê ou criança que começa a andar atravessa – que é invejar todas as coisas que os adultos podem fazer – precisa ser negociado de uma só vez, por assim dizer.

Narcisismo aparente que não é narcisismo, mas senso do próprio valor: o self precioso e o mundo precioso

Comecei a me interessar por essa questão após ouvir, regularmente, relatos da observação de um bebê em que a mãe parecia especialmente dedicada e atenciosa com ele. (Daí em diante, vi muitas outras com essa qualidade.) O bebê ia bem do ponto de vista físico, emocional e cognitivo, mas nosso seminário se indagava se essa maternagem perfeita, ainda que facilitasse o desenvolvimento no nível bipessoal, sobreviveria ao desafio edipiano. Além do mais, o pai era uma presença ativa igualmente generosa, o casamento parecia ser feliz, e a mãe parecia sentir que o mundo tanto para ela quanto para seu bebê era valioso e interessante como ele. Era difícil achar defeito nessa família. No entanto, essa criança era investida de uma preciosidade singular pela mãe, o que gerava muitos debates no seminário. Após quase dois anos (íamos perder alguns desafios edipianos e também havia o nascimento do próximo irmão), a mãe, que se formara como parteira, contou ao observador que seu irmão-bebê tinha morrido quanto ela tinha 8 anos de idade. Pudemos compreender que, de fato, seu filho tinha sido precioso para ela – não especial no sentido de gratificação narcísica nem primariamente como meio de triunfar sobre sua mãe. A superação do luto e da perda pelo processo do luto, como Klein (1937) disse, é muito diferente da defesa maníaca contra eles, e penso que provavelmente esse foi o motivo de o grupo ficar tão comovido e também encantado ao escutar as observações do amor e da desenvoltura da mãe em relação a seu bebê, e o "caso de amor com o mundo" (Mahler, Pine e Bergman, 1975, pp. 70-71) do bebê. Penso que observávamos os resultados do desenvolvimento da posição depressiva na mãe. (Sou grata a Tomassini por sua crítica a meu uso da palavra "especial" de modo pejorativo e por ressaltar que os bebês amados também são "especiais", no sentido de serem únicos para seus pais (comunicação pessoal, 2004).) De novo, se há certa admiração e respeito não narcísico pela diversidade e fecundidade da vida por parte dos pais, não é necessário que isso leve a um resultado narcísico para a criança. "Especial" não significa "superior". Bebês e crianças mais confiantes parecem ter um senso de *self* suficientemente forte que lhes permite avançar para um comprometimento com o mundo em que há *esquecimento de si próprio*. Sentem que seus talentos e conquistas são partilhados *com* os objetos internos parentais – e até com os irmãos – mais que alcançados sozinhos ou apesar deles. É um momento muito importante quando uma criança ou adolescente, antes desesperado, consegue partilhar conosco algum sucesso mínimo: precisamos ser capazes de celebrar esses momentos sem prosseguir convidando a depreciar ou a superar o topo. Certamente, tudo isso é relativo. De forma alguma sugiro que a criança normal não vivencie enorme rivalidade fraterna ou inveja em relação aos pais – é uma questão de nível e de equilíbrio.

Conclusão: consequências da recuperação e outras questões técnicas

O. Kernberg (1975, p. 256) sugeriu que a raiva é um resultado comum, à medida que o narcisismo diminui. Resnik (1995, p. 95) ressaltou que a depressão narcísica ocorre quando o psicótico se recupera do seu mundo delirante. Kernberg também disse que o caráter narcísico precisa passar por depressão grave e fantasias suicidas e, se essas pessoas não tiverem suficiente força de ego para tolerar, sua vida corre perigo. Quando o ego era fraco, oferecia psicoterapia de apoio (O. Kernberg, 1975, p. 256). Observei esse problema de depressão e de fantasias suicidas em narcisistas defensivos e viciados (muitos dos grupos que sofreram mais privação parecem revigorados com a mudança em seu objeto e seu *self* no sentido de maior robustez). No entanto, penso que às vezes há um modo de lidar de forma psicanalítica com o problema do colapso depressivo, sem necessidade de apoio externo. Se considerarmos que a psicopatologia do paciente lhe dita que tem apenas duas escolhas – ser superior ou desesperadamente inferior –, vai ser um erro dar a entender que confirmamos essa dualidade reduzida. Afinal, existe uma terceira opção e a descida pode ser facilitada para o narcisista se ele descobrir que há outros prazeres disponíveis e começar a renunciar um pouco ao controle e a perceber como idealizou o poder, o controle ou o que quer que seja, para sentir-se acima de todos. Caso contrário, a queda realmente pode ser devastadora. Perguntar o que há de tão terrível em ser um membro comum da raça humana (implicando que também somos), às vezes, pode ajudar a começar a lidar com a ilusão de que apenas um (de nós dois) pode ser superior. Como escreveu Waska (2002, p. 106), grande parte depende de o narcisismo estar mais próximo da posição depressiva ou da esquizoparanoide; e se há algo da primeira, a fúria a respeito da descoberta da sexualidade do objeto materno, digamos, pode ser acompanhada de grande alívio e certo alento (Alvarez, 2010b).

Eu acrescento que, quando o narcisismo se tornou viciante, há certas sobreposições diagnósticas interessantes com estados dissociativos, síndrome de Asperger e até autismo e, nesse caso, é necessária mais investigação. Surgem alguns problemas técnicos semelhantes e algumas consequências da recuperação são semelhantes. Aqui, interessa a descrição de Joseph (1981) de um tipo de dor psíquica que envolve o fato de voltar à vida, diferente da dor depressiva, e também o livro de Tremelloni (2005) sobre o "derretimento do gelo" em adultos autistas e psicóticos. Para os pacientes que se recuperam das síndromes de narcisismo aparente, o colapso depressivo é improvável. Em minha experiência, eles começam a ter mais prazer na vida.

9. Tipos de transferência e contratransferência sexual no trabalho com crianças e adolescentes

Introdução

Interessei-me pela questão da sexualidade normal durante a supervisão de terapeutas fazendo tratamento de pacientes que sofreram abusos sexuais graves ou, em muitos casos, de pacientes que cometiam delitos sexuais (Cottis, 2008; Woods, 2003). Passei a me interrogar se reconhecia essas questões em meus pequenos pacientes traumatizados ou corrompidos. Durante o processo de recuperação, um momento interessante e delicado é o surgimento de sexualidade menos perversa, mais normal, mesclada ou, às vezes, disfarçada por fantasias perversas mais habituais.

Devo começar por alguns escritos da área de adultos. Relativamente pouco se escreveu sobre o que se tem denominado sexualidade pós-edípica na área da infância. Poucos escritores do campo de trabalho psicanalítico de adultos traçaram distinções de transferências perversa, erotizada e normal (Bonasia, 2001; Wrye e Welles, 1989). Alguns também distinguiram contratransferências de natureza erotizada *versus* erótica normal no analista (Davies,

1998; Gerrard, 2010, 2011). Quero refletir se essas questões poderiam ter qualquer relevância para nossos pacientes crianças. Freud (1905b) e Klein (1945) nos ensinaram muito sobre a sexualidade da criança em relação a seu interesse e atração pelos pais como seres sexuais. Mas será possível detectarmos também algumas origens em experiências anteriores, do primeiro ano de vida, sobre a capacidade futura de a criança sentir-se um ser sexual, capaz de ser desejado por outro? Como esse sentimento de autovalorização sexual difere de narcisismo?

Breve história das ideias psicanalíticas sobre sexualidade na infância

Assim como Freud ampliou o termo "mental" para incluir processos que ocorriam na parte inconsciente da mente, ampliou também enormemente o termo "sexual". Primeiro, ampliou-o para além da esfera do genital para incluir diversos impulsos perversos que, conforme descobriu, surgiam em fantasias e sonhos de pacientes que não praticavam essas atividades na vida real. Concluiu que a sexualidade tinha muitas outras manifestações além de simplesmente a união genital do coito e que a origem dessas atividades e fantasias não genitais estaria situada no período pré-genital, no início da primeira infância – período que depois denominou "perversidade polimorfa". A fonte ou pulsão tinha um alvo, sua meta era a liberação de tensão.

Nesse período inicial da psicanálise, os objetos da pulsão – isto é, outras pessoas – eram considerados de relativa pouca importância (Freud, 1905b). As tensões surgiam, por assim dizer, por conta própria nas zonas erógenas, em que as membranas eram sensíveis, como boca, ânus e área genital: eram descritas mais como comichões que precisavam ser coçadas. Contudo, o caso de estudo posterior do pequeno Hans e outras histórias clínicas de Freud nos dão uma impressão muito diferente, mais rica, mais sutil: lemos, por exemplo, a respeito de conflitos dolorosos entre ciúme e amor terno (Freud, 1909).

Freud (1905b) também identificou algo que denominou "pulsões parciais" – como voyeurismo, exibicionismo, sadismo e masoquismo –, que, apesar de perversas, só se transformavam em perversões caso se tornassem preocupações fixas e exclusivas posteriormente. Jones (1967, p. 317) diz que Lorde Tansey questionou por que Freud não usou uma palavra como "amor" ou uma frase como "desejo de união", que poderia ter evitado a aversão que caiu sobre ele por sugerir que os bebês eram seres sexuais (até sexuais de forma perversa). E, de certa maneira, com a visão retrospectiva de estudos e teorias posteriores, também podemos ficar irritados com a aparente patologização ou até mesmo perversificação (se é que existe tal palavra) da vida amorosa dos bebês. Não obstante, de outro modo, Freud fazia exatamente o oposto: tentava encontrar linhas elementares normais na patologia. O problema é que o normal no bebê normal foi conceituado na linguagem da patologia. Às vezes, nós ainda fazemos isso. Poderíamos tentar algumas alternativas, em resposta a Tansey. Atualmente, em vez de perversidade polimorfa, poderíamos usar uma palavra que transmita a plena natureza passional dos bebês – a maneira como, ao cumprimentar alguém, a animação e a satisfação se mostram no corpo todo. Eles nos cumprimentam, como os adultos, com olhos e bocas sorridentes, mas também nos cumprimentam da maneira mais eloquente girando as mãos e agitando os pés.

Freud considerou que a integração, quando acontecia, chegava por meio do complexo de Édipo, por volta dos 3 anos de idade, enquanto hoje compreenderíamos que é a simples alteridade dos pais (até mesmo no estágio bipessoal pré-edipiano do início da primeira infância) que primeiro induz a integração. O bebê normal é atraído para seus objetos e, se eles lhe derem tempo para refletir e se prolongar em sua experiência, isso em si é extremamente integrador. Além do mais, o bebê também é atraente *para* os pais.

Mas voltemos a certos limites do conceito de Freud de "pulsões parciais". Aqui está, escrita há um século, a reverência de William James à complexidade:

> O psicólogo tradicional fala como se dissesse que um rio consiste em nada além do que baldes, colheradas, galões, barris e outros tipos de recipiente, de água. Mesmo que os baldes e outros recipientes realmente permanecessem dentro do rio, ainda assim a água fluiria livre por entre eles. É exatamente a água livre da consciência [poderíamos acrescentar "da inconsciência", também] que os psicólogos ignoram resolutamente. Toda imagem definida na mente está impregnada e tingida na água livre que flui ao seu redor. Isso acompanha o senso de suas relações, próximas e remotas, o eco moribundo de quando chegou a nós, a sensação nascente de para onde deve conduzir. A importância, o valor da imagem, está todo nesse halo ou penumbra que a circunda e acompanha – ou melhor, que está fusionado a ela e se tornou carne e osso com ela. (James, 1992, citado por Crapanzano, 2004, p. 18)

A bela prosa, quase bíblica, de James pode ser tão boa quanto a de seu irmão Henry! Até mesmo os estudiosos do cérebro e os geneticistas nos advertem do risco de pensar demais em termos de baldes. Os modelos modernos de cérebro e de genética não são simples e são extremamente detalhados. Eles descrevem uma complexidade assombrosa (Alhanati, 2002, p. 116; Solms e Turnbull, 2002). Claro, não podemos dispensar totalmente os baldes, mas uma palavra como "elementos" ou "aspectos" do sentimento sexual parece melhor. Ou a noção de que alguns sentimentos e pensamentos ocorrem no primeiro plano da nossa mente enquanto outros permanecem no pano de fundo, nem sempre inconscientes, talvez apenas pré-conscientes, como J. Sandler e A. M. Sandler (1994b) sugeriram. Outro termo poderia ser talvez "paraconsciente" – existindo ao lado, mas um pouco na sombra, por assim dizer.

Com certeza, Freud também tinha algo a dizer sobre a sexualidade adulta normal. Embora em "Três ensaios" (Freud, 1905b) tenha deixado espaço para duas correntes na vida libidinal humana – a sensual-erótica e a amorosa –, Likierman (2001, p. 90) ressalta que ele não considerou a corrente amorosa como força primária, irredutível. Tivemos de aguardar Klein para chegar lá. Fornari (citado por Lupinacci, 1998, p. 411) sugeriu que a descoberta da sexualidade infantil fascinou Freud de tal maneira que obscureceu sua visão da sexualidade adulta – especificamente da transição no momento da maturação sexual e emocional, do tipo infantil de sexualidade para a existência real de dois genitais vinculados por uma relação de simetria recíproca. Lupinacci escreve concordando com Fornari:

> *Temos assim a ideia de um estado complementar criativo e civilizado de estruturas e funções no homem e na mulher, em que cada membro do casal, tomado de modo individual, é limitado e dependente, precisa do outro e, por sua vez, tem algo a dar ao outro, em benefício recíproco de ambos. (p. 411)*

Phillips (1993) apresenta uma questão relacionada sobre a natureza do beijar, especialmente em adolescentes. Ressalta que há mais no beijar que elementos de sugar ou de comer. Ele sugere que há também o retorno da experiência primária sensual de *saborear* outra pessoa e que o beijo é a imagem da experiência de reciprocidade, e não de dominação: "Ao beijarmos, nós devoramos o objeto acariciando-o; em certo sentido, nós o comemos, mas sustentamos sua presença. Beijar na boca pode ter uma reciprocidade que obscurece a distinção entre dar e tomar" (pp. 102-103).

Klein, embora se mantivesse na teoria freudiana, na verdade, substituiu a noção de pulsões parciais pela noção de *objetos* parciais. Klein e seguidores realçaram que o que nos atraía e afetava nosso desenvolvimento era a alteridade das pessoas. Como bem se sabe, o seio como objeto primário de necessidade e desejo tornou-se o ponto focal da teoria kleiniana, embora Klein também dissesse que o bebê absorvia compreensão com o leite. Mais tarde, Bion (1962b) escreveu sobre a existência de uma preconcepção de mente no bebê recém-nascido, o que O'Shaughnessy (2006) denomina objeto que dá continência psicológica, um objeto psicológico. Klein também escreveu sobre o interesse do bebê no rosto e nas mãos da mãe, mas só agora tomamos conhecimento de que o interesse nos rostos das pessoas entra em cena tão cedo quanto o interesse em seios e mamadeiras, ou seja, imediatamente após o nascimento, no primeiro dia (Hobson, 2002). Adoro a pesquisa sobre desenvolvimento e Bion, mas podemos ver que movimentar para a parte superior do corpo, dos genitais para rostos e até para a mente pode nos afastar da sexualidade. De qualquer modo, Klein (1945) ensinou que essas experiências iniciais de amor e ódio em relação ao objeto primário coloriam e influenciavam os desenvolvimentos posteriores na fase edípica.

Green (2000), que questionou se a observação de bebês e a pesquisa de desenvolvimento da infância têm algo a contribuir para a psicanálise, critica igualmente o que considera a ênfase kleiniana na primeira infância e o que considera como consequente desatenção à sexualidade. Com certeza, é de uma eloquência virulenta com relação ao tema da pesquisa de bebês. Ele pergunta, por exemplo: "O que dizer do pesquisador que não mais denomina o genitor do bebê como objeto de amor, mas 'cuidador'? Será que cuidadores têm desejos sexuais, amam, odeiam, têm fantasias, sonham? – quem se importa?" (p. 58). E, em artigo em que pergunta se a sexualidade ainda tem algo a ver com a psicanálise, sugere que o foco contemporâneo e em voga em relações de objeto, fixações pré-genitais, patologia *borderline* e teorias e técnicas tiradas da observação ou do desenvolvimento infantil obscureceram o significado e a importância da sexualidade na teoria e na técnica psicanalíticas" (Green, 1995, p. 871). Ele também diz que até o pênis começou a ser considerado um órgão doador e nutridor – em outras palavras, como o seio (p. 876). Afirma que o papel da relação sexual não é alimentar nem nutrir, mas chegar ao êxtase em prazer recíproco. Acha que as posições anal, oral ou, em outras terminologias, depressiva e esquizoparanoide, vistas como mais antigas ou mais profundas, significam que são equiparadas como mais importantes. Diz que isso reflete "uma atitude contrária à sexualidade, dando a entender que a sexualidade é superficial" (p. 879). Injúrias à parte, defende um ponto de vista teórico muito interessante ao dizer que, como resultado do importante artigo de Freud, *Além do princípio do prazer* (1920): "Nós enfocamos as pulsões de morte, mas Freud, em vez de pulsões sexuais, fala em pulsão de vida. Pulsão de vida ou de amor" (p. 877); Green diz que desconsideramos isso. Penso que ele pode ter razão a esse respeito, mas Edwards (comunicação pessoal, 2010) observou que não é assim no artigo "Sobre o desenvolvimento do funcionamento mental" de Klein (1958).

Desejo levar em conta as críticas de Green, mas argumentar que ele deixou de lado algo importante da teoria kleiniana. Como bem se sabe, Segal (1957) é responsável pela diferenciação entre equação simbólica e símbolo na teoria psicanalítica. O símbolo é usado não para negar, mas para superar a perda. Vale a pena mencionar que o conceito de simbolização é diferente do conceito freudiano de sublimação, porque o primeiro não descreve simplesmente uma transformação, isto é, a mudança na forma de expressão de um impulso ou pulsão. Envolve uma mudança mais fundamental – a que resulta de um processo de luto e de desenvolvimento por meio de internalização. Envolve enfrentar a dor da perda da menina pequena que jamais poderá se casar com o papai nem ser a mamãe; e do menino pequeno que jamais poderá se casar com a mamãe nem ser o papai. Todos nós tivemos pacientes cujas vidas foram conduzidas e arruinadas pela dificuldade de aceitar esse rebaixamento. A formação de símbolos tem alto custo, envolve renunciar à posse – ou à identificação narcísica com – do objeto primário e – no nível edipiano – renunciar ao papel de ser um "membro do casamento" intrusivo e pleno, de tal forma que (como os escritores estadunidenses mencionam o termo) a sexualidade pós-edípica possa surgir por mérito próprio. Ainda que seja o caso de muitos artigos terem se concentrado em pacientes cujo nível de enfermidade envolve problemas pré-edipianos, penso que a *teoria* kleiniana – com seu conceito de posição depressiva e sua diferenciação entre tipos de identificação patológica e saudável com a sexualidade dos pais – deixa bastante espaço para a sexualidade.

Não obstante, quero defender a ideia de que o pensamento kleiniano tende a realçar os sentimentos do *self* em relação ao objeto. Mas o que dizer das fantasias do *self* sobre os sentimentos do objeto, até mesmo os sentimentos sexuais a seu respeito? Como devemos pensar ambos os aspectos da sexualidade de nossos pacientes crianças? Podemos distinguir autoavaliação narcísica e algo semelhante ao sentimento da autovalorização sexual (Gerrard, 2011) suficientemente confortável que permita o autoesquecimento, e não a autopreocupação narcísica?

A questão da transferência e da contratransferência erótica normal

Em artigo intitulado "Excitação sexual e amor contratransferencial no analista" ("Sexual excitement and countertransference in the analyst"), Gabbard (1994, p. 1083) observou que a literatura psicanalítica (desde Searles, 1959) tem estado extraordinariamente silenciosa sobre o tema de sentimentos contratransferenciais eróticos. Ele apresentou o interessante ponto de vista de que a sexualização pode defender contra sentimentos de amor (p. 1091) que, conforme disse, para muitos analistas são relativamente mais difíceis de reconhecer que os sentimentos sexuais. Ele afirmou que nunca é demais ressaltar o valor de consultar um colega, mas que somente ao andarmos nas pontas dos pés, à beira desse abismo, poderemos avaliar plenamente o mundo interno do paciente e seu impacto sobre nós.

Davies (1998), analista relacional, adentra o abismo. Ela investiga o conceito de "sexualidade adulta pós-edípica" e sugere que isso contesta a suposição fundamental de que – toda vez que sentimentos eróticos entram no espaço psicanalítico – o analista está sempre no papel de genitor edipiano. Ela diz que isso pode não reconhecer mudanças evolutivas importantes. Gerrard (2010, 2011), psicoterapeuta de adultos inglês, adota um ponto de vista semelhante ao de Davies, ao destacar que o desejo edipiano é romântico e idealizado, enquanto o desejo pós-edipiano tolera imperfeições e pode viver decepções sem a morte do desejo.

Davies (1998) não está falando de transferências infantis erotizadas, portanto, patológicas, mas do que denomina "essa forma de vitalidade sexual que com muita frequência... marca a fase de término de uma análise... com o aprofundamento da intimidade e do espaço potencial interpessoal de trabalho analítico bem-sucedido" (p. 752). Ela concorda com Searles (1959) de que isso envolve uma espécie de luto e de renúncia da parte do analista, de liberação do paciente para ter sua própria vida sexual adulta. Mas realça algo além da liberação: é a responsividade do analista à nova vitalidade possível do paciente, em especial em seu artigo, quando essa vitalidade surge em um paciente antes morto para sua sexualidade. Algo semelhante pode acontecer com crianças e adolescentes desesperados quando vivenciam uma nova vitalidade. O paciente de Davies era um homem que sofreu abuso e que antes fora profundamente deprimido, certo dia, após finalmente começar a dar sinais de recuperação, disse que Davies estava flertando com ele. Naquele momento, ela percebeu que realmente estivera.

Davies passa a discutir a diferença entre a criança edipiana e a criança pós-edipiana (1998, p. 753) que está lutando para vivenciar o *self* como objeto de interesse sexual de outra pessoa, *quando o outro não é a figura parental idealizada* (p. 759). Sugere que o genitor pós-edipiano se encontra num estado permanente de vivenciar, processar e reconhecer a sexualidade emergente do filho e que a criança está agudamente sintonizada com a luta em curso do genitor. Ela dá um exemplo ilustrativo de sua própria família. Mas voltemos ao paciente antes deprimido que percebeu Davies flertando com ele. Ela revelou-lhe que realmente estivera flertando. Ele perguntou a ela o que as pessoas que escreveram os livros que estavam na prateleira atrás dela pensariam disso. Ela sugeriu que eles dois deveriam investigar a questão, mas ele ficou nervoso e preferiu fechar a porta para o tema. Contudo, em sessões posteriores, voltaram a ele. Do meu ponto de vista, concordo com a sugestão de Davies relativa à tarefa do genitor pós-edipiano (na vida ou na contratransferência), mas penso que há um modo de prosseguir sem envolver a necessidade de o terapeuta se revelar. Penso que Davies poderia dizer algo como: "Você começa a sentir que é alguém com quem as pessoas gostariam de flertar". Concordo com ela que recorrer simplesmente a "deve" e "não deve" não nos leva muito longe com pacientes que sofreram privações, e eu, certamente, acrescentaria que simplesmente se livrar da situação como fantasias edipianas imaturas também não, e que a receptividade é importante. Não obstante, penso que não ajuda tornar a situação aquecida demais para o paciente. Acredito que a revelação pode realmente sobrecarregar qualquer paciente. Parece-me suficiente a avaliação mais descritiva e respeitosa do novo desenvolvimento.

No entanto, penso que são muito interessantes as ideias de Davies e Gerrard sobre o papel do genitor pós-edipiano no desenvolvimento. Uma última palavra sobre flertar. Não é necessário ser considerado simplesmente como um ato sedutor. Se estiver ocorrendo no nível simbólico, pode envolver um tipo de brincar, de reconhecer a atração, mas em condições seguras em que o triângulo edipiano interno, que Britton (2003, p. 55) descreveu, permanece intacto, respeitado e reconhecido.

A questão é: algum desses artigos é relevante para o trabalho psicanalítico com crianças? Evidentemente são questões delicadas especialmente hoje, quando temos muito mais informações a respeito da ubiquidade do abuso sexual de crianças. Quero propor algumas perguntas e também fazer algumas especulações sobre possíveis origens da sexualidade pré-edípica que podem vincular a pesquisa do desenvolvimento a questões de sexualidade. A pesquisa pode ser admiravelmente esclarecedora, mas grande parte dela (não toda) tem desconsiderado os corpos dos bebês e, com certeza, a sexualidade infantil. Mas parte do trabalho mais recente pode ter relevância para essas questões.

Por meio de exemplos clínicos de crianças, começo tentando diferenciar sexualidade perversa de sexualidade caótica e, ambas, de sexualidade edípica normal, mas atrasada. Sigo isso com um exemplo em que a sexualidade adolescente nascente permitiu reescrever uma importante história pré-edípica *por meio da sexualidade pós-edípica*. Discuto a questão das implicações para o desenvolvimento das respostas dos genitores a todos esses níveis pela maneira com que transformamos e usamos os sentimentos em cada um desses níveis na contratransferência. No estágio pós-edipiano, eu me indago a respeito da técnica psicanalítica na presença de sentimentos sexuais reais e do *self* sexual de uma criança, em contraposição à situação em que a criança sexualiza outro sentimento com propósitos defensivos.

Exemplo de sexualidade perversa em uma criança

David, de 7 anos, foi diagnosticado com transtorno global de desenvolvimento com características autísticas e tinha atraso de linguagem, de pensamento e de capacidades simbólicas. A terapeuta percebeu aos poucos que ele tinha fetiche por pés. Percebi que muitas terapeutas tinham começado a usar sandálias durante a primeira semana quente de verão, e houve reações importantes de quase todos os pacientes, conforme ouvi em supervisão. (Há questões importantes relativas à consideração das nossas roupas, especialmente com pacientes com estimulação excessiva.) De qualquer forma, algumas reações às sandálias eram mais radicais que outras. David começou olhando, com terrível olhar de malícia, para os pés calçados em sandálias da sua terapeuta. Ele a acusou de ter pés malcheirosos, mas, de forma visível, olhava-os fixamente e com enorme fascínio. Também (e concluímos que isso era muito importante), apesar de seu olhar parecer acusá-la de conluio – isto é, de gostar de ser suja e nojenta –, parecia convidar também a repugnância e nojo dele da parte dela. Portanto, havia nisso algo cruel e sádico, mas também bem masoquista. Observei uma preocupação quase fetichista com pés em algumas crianças que sofreram privações, embora a terapeuta de David e eu discutíssemos a possível *origem* da preocupação, na história desses bebês, que teriam sido excessivamente esquecidos no tapete, olhando pés que iam e vinham e jamais pareciam parar um tempo suficiente e, ainda assim, não podiam ser esquecidos; esses bebês nunca ficavam tempo suficiente no colo olhando para rostos. Mas claramente essa não era a história toda. Obviamente, *havia muito mais que apenas uma reação a dor ou defesa contra ela.* Conversamos muito sobre o sentimento de David de ter sido detestado e repulsivo para sua mãe, algo que tinha sido real, mas também sobre o que na atualidade parecia ter se tornado a qualidade perigosamente viciante de sua preocupação. O olhar lascivo desse menino evocava repulsa. Era um pouco semelhante ao modo do meu paciente autista Robbie me olhar – não com desejo sexual, mas de modo tão lascivo que, apesar de não sentir medo, sentia intenso desejo de rejeitá-lo.

Uriah Heep e Caliban[1] sabem que são desprezados. Fazer-se feio e desagradável é melhor que se submeter a ver isso nos olhos de outro, como Sinason (1992, p. 119) observou em crianças com deficiência física. O prazer de a criança obter o desgosto que espera e procura pode, nos casos piores, transformar-se em excitação sexual. Ficamos muito intrigadas com David. Tínhamos certeza de

---

1 Uriah Heep é o nome de um personagem do romance *David Copperfield*, de Charles Dickens. No romance, ele é o sócio perverso e fraudulento do Sr. Wickfield, sogro de David, que acaba descoberto e preso. Caliban é um personagem da peça *A tempestade*, de William Shakespeare, meio humano, meio monstro [N.T.].

que não sofrera abuso sexual, não nos interrogamos como passou a se sentir nojento nem por que tentaria projetar esse sentimento nos outros, mas sobre como poderia ter descoberto essa virada final fazendo crescer a excitação. (Talvez, se não há entusiasmo e diversão suficientes na relação amorosa, especialmente se o amor for limitado, você agarra à força como pode.)

O material seguinte não fornece respostas, mas ao menos dá uma ideia dos passos na progressão do que seja uma perversão.

David melhorara muito nos últimos meses, estava muito menos interessado em pés e muito mais interessado no brincar normal – ainda que bastante imaturo para sua idade (6 anos e meio). Essa brincadeira deu-lhe prazer e satisfação genuínos, não excitação perversa. Às vezes, havia até brincar simbólico real. Nessa ocasião, cumprimentou sua terapeuta, a quem chamo Cathy, com bastante normalidade na sala de espera, apenas com um olhar muito rápido para os pés dela. (Ele a olha no rosto mais demoradamente enquanto a cumprimenta.) A sessão começou com uma dessas brincadeiras novas, mais normais ainda que imatura. Ele começou girando na cadeira de escritório da sala de consulta. O jogo envolvia Cathy fazer a cadeira parar de forma intermitente e dizer: "Aí está você"; nesse momento, David ria e girava de novo. Era uma espécie de esconde-esconde, e Urwin (2002) sugeriu que o surgimento desse jogo sinalizava com frequência a saída da criança do estado autístico. Cathy escreveu: "Às vezes, seu sorriso parece um pouco rígido, quase uma 'careta', embora seu riso pareça mais autêntico". (Era vital para ela monitorar a diferença para não entrar em conluio nem deixar os momentos mais perversos aumentarem. No entanto, precisamos também deixar espaço para nossa resposta receptiva aos momentos mais comuns de excitação, quando finalmente surgirem, às crianças que estiveram em estados anteriores em que só conheciam o tipo perverso. Caso contrário, estamos fazendo conluio com a visão do paciente desesperado de que há apenas duas escolhas: a excitação da perversão ou o vazio da normalidade excessivamente sóbria.) Eles continuaram essa brincadeira de girar por um tempo e, em certo momento, David girou a cadeira muito rápido, batendo o joelho com força na cadeira de Cathy. Ele então riu alto excitadamente. A terapeuta tinha conhecimento do atraso de linguagem de David e tendia a manter uma linguagem simples, mas emotiva, portanto, disse de forma simples e empática: "Ih, ai!". Mas David ordenou imediatamente: "Chora, Cathy!". Ela lhe disse que ele tinha batido o joelho e agora queria que ela chorasse e ela se perguntava por quê. Ele disse "Estú-pida!" e riu. Cathy lhe disse: "Acho que David pensa que chorar é estúpido, mas, se dói, não é estúpido chorar". Muitas vezes antes, ela testemunhara David zombando cruelmente de um boneco-criança machucado, mas também pode ter sentido que ela era estúpida por não *captar* que deveria ser ela a pessoa a conter a identificação projetiva – sofrer o machucado e chorar no lugar dele. (A propósito, geralmente ela fazia isso, assim como a terapeuta da criança na cadeira de rodas do Capítulo 1.) De qualquer modo, ele respondia à insistência dela que não era tolo chorar, anunciando com olhar malicioso que ele "tinha cheirado os pés do porquinho-da-índia".

Nesse caso, podemos ver com clareza alguns passos na progressão para um fetiche. Primeiro, David está ferido; a seguir, tenta projetar a dor para dentro da terapeuta; então, quando ela não consegue conter totalmente dentro dela, penso que sente uma repugnância arrasadora de si; e a seguir os pés malcheirosos precisam pertencer a outra pessoa ou a algo fora dele – o porquinho-da--índia. Um *self* ferido de bebê não é apenas desprezível; aparentemente, também é repugnante. E o que se faz com o sentimento profundo de repugnância a si próprio? Suponho que um caminho seja projetar e controlar a repugnância. Nunca compreendemos direito como isso chegou ao estágio final de erotização perversa no desenvolvimento dessa criança. Evidentemente, contudo, a resposta técnica diante de um momento perverso precisa ser muito diferente da resposta a uma manobra defensiva ou protetora e, com certeza, daquela que se dá diante de excitações mais comuns (Alvarez, 1995; Capítulo 7, deste volume). Uma resposta em nível descritivo, provavelmente com bastante calma, é muito melhor do que a tentativa de explicar como defesa, para tirar da frente, por assim dizer.

Sexualidade caótica

Quero prosseguir com dois exemplos de sexualidade caótica, mas não exatamente perversa. Um paciente autista meu, Joseph, tinha a preocupação repetitiva de fazer dois bonecos dançarem ou pularem juntos, enquanto pareciam conversar um com o outro em uma linguagem fictícia. O jogo era privado e exclusivo demais para ser considerado uma brincadeira de faz de conta autêntica – os pulos sempre ocorriam em um único ponto e a dança envolvia apenas o mais ínfimo dos círculos ao redor dos dançarinos. Nunca havia saltos porque, segundo penso, ele sentia não haver qualquer lugar interessante para ir. O problema não era ansiedade acerca do desconhecido, acredito, mas um tédio extremamente profundo. Nada ou nenhum lugar simplesmente era bastante interessante para seguir. (Isso pode envolver a diferença entre objetos desvalorizados e não valorizados ou obtusos: ver Capítulo 8.) Certa ocasião, Joseph chegou com um estado de espírito aparentemente bastante amoroso em relação a mim e, dessa vez, os animais se beijaram no rosto com delicadeza, encostando as bochechas e murmurando palavras ternas. Não senti que fosse perverso de jeito nenhum nem mesmo abertamente sensual. No entanto, isso não parou. Continuou e continuou, e comecei a pensar que começara com algo que parecia amor verdadeiro; mas até mesmo Antônio e Cleópatra, algumas vezes, devem ter se levantado e saído para respirar um pouco de ar puro e dar uma boa caminhada! O comportamento era viciante, mas não realmente perverso, ainda que isso certamente levante questões técnicas importantes relativas a descolar o paciente do seu jeito habitual e ajudá-lo a progredir. Respondi de algum ponto entre um nível descritivo e um mais intensificado sugerindo ter certeza de que deviam estar um pouco cansados de se beijar e talvez gostassem de escalar a colina (do divã) para ver o que havia do outro lado. Finalmente, eles fizeram assim, e Joseph me mostrou isso com prazer.

O exemplo seguinte é de outro paciente meu, que, segundo penso, também tinha uma sexualidade caótica, mas não (até então) perversa. Como David, esse menininho, Michael, ficou muito excitado no meu primeiro dia com sandálias: correu pela sala com a boca fechada, rígida e raivosa que, conforme aprendi, controlava o desejo de morder. (Suspeito que isso tenha começado quando ele tinha dois meses de idade e se recusava a se alimentar quando a mãe voltou ao trabalho, logo após sua recuperação – física, mas não mental – de uma série de cirurgias traumatizantes.) Muitas vezes, tentou agarrar meus joelhos com aquela expressão e pressionar seu pênis em mim. Nesse momento, após um olhar rápido para meus pés, ele tentou a mesma coisa, outra vez. Senti que vivenciava um conjunto de impulsos muito confusos, avassaladores, meio suprimidos e enormemente *comprimidos* – orais e genitais de uma só vez, mas todos terrivelmente condensados. Tentei esclarecer um pouco, mas foi muito difícil fazê-lo reduzir a velocidade para ajudá-lo a vivenciar os sentimentos, um de cada vez, por assim dizer. De qualquer modo, poucos dias depois, um pouco mais calmo, ele olhou para meus pés outra vez, de forma muito intensa, e *perguntou* se poderia morder meus dedos dos pés! Dessa vez não parecia haver excitação genital, portanto, seria um pouco mais desenvolvido: havia apenas um desejo – morder – e ao menos ele pôde permitir-se vivenciá-lo em vez de suprimi-lo. Posteriormente, ao retornar das férias de verão, ele ouviu algo que presumiu serem passos de um homem no andar superior. Antes, ao ouvi-los, ele sempre fugia para o outro lado da sala. Michael era uma criança edípica muito onipotente, mas seu medo do pai era composto, penso, de intervenções cirúrgicas muito precoces e intrusivas. Falei do seu medo do papai, especialmente quando estava sendo possessivo e mandão comigo. Quase no final da sessão, ele observou que o divã não era realmente uma cama e que eu não iria para casa nem viajaria com ele nas férias. Ele também perguntou o que havia no andar superior, e senti que outro espaço/lugar se abria. Klein (1945) sugeriu que isso se referia ao mistério do interior do corpo da mãe, enquanto Crapanzano (2004), um antropólogo, indicou a importância do que está além do horizonte – horizontes imaginativos (ver também Britton (1989) e Edwards (1994), sobre a sensação do espaço que se abre). Sugiro que a poderosa compressão das paixões de Michael era caótica, mas não realmente perversa. Quando ele conseguia ir mais devagar e vivenciar uma paixão de cada vez, por assim dizer, conseguia sentir curiosidade e pensar.

O self *sexual normal e questões de técnica, isto é, uso de nossas respostas contratransferenciais*

Lupinacci (1998, p. 418) apresenta algumas ideias interessantes sobre o papel dos dois grupos de genitores no mito de Édipo. Ressalta que os genitores narcisistas e egocêntricos tebanos tentaram matar seu bebê por medo da sua hostilidade e que os genitores adotivos coríntios, ainda que gentis e amorosos, são um pouco idealizados e assexuados. Ela nota que os dois grupos necessitam de integração no paciente ou na criança, mas também no analista durante o trabalho. Descreve a necessidade de o analista enfrentar seus próprios impulsos edipianos e integrar seus aspectos coríntios mais suaves aos tebanos mais firmes, para facilitar a integração do paciente (p. 418). Lupinacci, assim como Klein (1945), situa as origens das fantasias edipianas de seus pacientes em experiências pré-edipianas mais primitivas, com a mãe e o seio do início. Suas recomendações técnicas têm muito em comum com os comentários de Britton (1989) sobre a resposta dos pais aos sentimentos edipianos e pré-edipianos da criança no decorrer do desenvolvimento. Fica claro, porém, que Davies (1998), a analista do flerte com o paciente, ultrapassa a atenção à resposta contratransferencial materna suave e calorosa. Ela deixa claro que está falando de uma contratransferência *erótica* normal à sexualidade adulta pós--edípica que está ocorrendo no paciente.

Até aqui, estive falando do desenvolvimento de sentimentos sexuais no *self* em relação ao objeto sexual. Agora quero abordar a questão do desenvolvimento do *self* como ser sexual, como objeto da sexualidade de outro. Sugiro que, embora isso se vincule em parte à identificação gradativa do bebê com os pais, provavelmente está vinculado também ao desenvolvimento inicial do sentimento do bebê de ser suficientemente potente para despertar respostas, interesse e satisfação no cuidador. (Isto é, pais não satisfazem apenas necessidades corporais básicas de alimento e *holding* nem oferecem apenas continência mental.) Laznik (2009) nos interessa quanto à importância dos impulsos canibalescos normais que os pais sentem em relação à comestibilidade de seus bebês. Imagino que Green (1995) diria que estou privilegiando o início da primeira infância, mas estou tentando traçar as possíveis origens, no primeiro ano de vida, de um sentimento de valor pessoal sexual na vida adulta. Claramente, como dei a entender, a formação de símbolos e a capacidade resultante de identificação (não identificação patológica excessiva) com a sexualidade dos pais desempenha um papel enorme, mas haveria algo mais também? Há alguns elementos que precisam ser examinados além dos mais familiares a respeito da importância de sentimentos em relação ao seio e da reciprocidade facial e vocal, da qual tanto ouvimos dos estudiosos do desenvolvimento? Há espaço para a sexualidade infantil real, sem reduzir a sexualidade a necessidades infantis e de dependência?

Primeiro, gostaria de mencionar o senso de ser agente [*sense of agency*] e de potência (e não de onipotência) (Alvarez, 1992). Estudos mostraram que os bebês têm prazer ao descobrir que podem ser causa de eventos e também podem retrair-se consideravelmente ao fracassar e viver sentimentos de ineficácia (Papousek e Papousek, 1975). Os estudos consistem em bebês tocarem sininhos e acenderem luzinhas, mas sabemos que os principais efeitos causais para o bebê ocorrem em suas interações com outros seres humanos. É divertido agitar chocalhos e fazer várias outras coisas acontecerem, porém, nos primeiros meses, o que mais importa, entre diversas coisas, é ser capaz de fazer os olhos de alguém brilharem. A capacidade de entreter e de dar satisfação tem sido estudada por Trevarthen (2001) e Reddy (2008), e gostaria de ressaltar que essa relação é diferente da necessidade de alimentação ou de um objeto continente, tanto no sentido de Bion (1962b) como no de Bick (1968): diz respeito à necessidade de um objeto interessado e responsivo, capaz de ficar encantado.

Eis a observação de um bebê, com uma mãe com certeza suficientemente boa, que nos primeiros sete meses de vida parecia aceitar com excessiva passividade o fato de a mãe se ocupar com outras coisas. Por volta dos oito meses, quando a mãe se preparava para voltar a trabalhar, os dois pareciam ter formado um laço mais forte e mais vital. Ele tinha descoberto um poder maior de atrair e manter a atenção dela por meio de sorrisos, arrulhos e vocalizações, e ela parecia mais desejosa de ser cativada desse jeito. Então, aos nove meses, os dois estavam começando a se recuperar de uma gripe e bastante abatidos de novo. O bebê tentou dois métodos diferentes de conseguir que a mãe olhasse para ele e respondesse. Os dois métodos falharam, mas o que quero é discutir a diferença dos métodos. Primeiro, ele chorou algumas vezes, mas desistiu quando a mãe continuou suas arrumações chatas e não respondeu. (O choro dele nunca foi longo nem alto.) Então, em um momento em que a viu de pé na frente dele, olhando vagamente em sua direção, deu um grande sorriso e fez "brrrr" com a boca. Um mês antes, ela teria rido e/ou o imitado, mas nesse momento continuou simplesmente olhando para algo além dele na sala. Ele, então, buscou a chupeta e foi dormir.

O bebê que chora pede conforto; o bebê em ação e sorridente pede algo como prazer, fazer a luz brilhar nos olhos de alguém. Essa necessidade não envolve defesa maníaca. Ele necessita conforto, mas também um objeto acessível e alcançável – impressionável, interessado, satisfeito de ser entretido (Reddy, 2005; Trevarthen, 2001). (Sugeri anteriormente (Alvarez, 1992) que carecemos de uma palavra para um processo que pode ser o alicerce e o prelúdio da reparação – o desejo de dar algo a alguém, não para reparar um objeto danificado, mas para dar mais prazer a um objeto intacto.)

Trevarthen (2001) pensa que as emoções de vergonha e orgulho mostradas na primeira infância são centrais para o desenvolvimento. Bion (1957b) diferenciou arrogância de orgulho, como os gregos fizeram entre húbris e filotimia (Lynd, 1958). Um menino muito deprimido, no passado, tinha sido muito hábil, como David, em obter atenção comportando-se ou falando de forma a evocar repugnância, mas não sabia usar métodos mais comuns de obter atenção. Após alguns anos de tratamento, durante os quais renunciou ao seu jeito antigo, um dia disse à terapeuta: "Eu gosto quando seus olhos estão arregalados", aparentemente porque, para ele, significava a certeza de que ela estava interessada. Isso envolve uma integração inicial tanto entre *self* e objeto como dentro do *self* – "Tenho o poder de causar um impacto (positivo) em você". Algo surge como um desenvolvimento importante em crianças que se recuperam de depressão de toda uma vida, e é importante ter clareza a respeito de quando estamos vendo simples sedução manipuladora e narcisista e de quando estamos vendo desejo de mostrar e de dar satisfação, em lugar de simplesmente se exibir para fazer a outra pessoa sentir-se inferior ou desamparadamente enredada. Atrair não precisa envolver seduzir.

Sexualidade na infância: a questão do papel do objeto parental

Qual é o limite entre o genitor facilmente seduzível e aquele que permite a sexualidade sem ser seduzido nem sedutor? Uma criança (ou, pensando bem, um bebê) pode sentir-se capaz de dar prazer ao outro. Como podemos responder quando se exibe sem incentivar exibicionismo e narcisismo? Como podemos facilitar a autoexibição natural em que a coisa ou a atividade exibida é mais importante do que aquele que exibe, mas valorizando-o ao mesmo tempo?

Exemplo clínico de atraso do desenvolvimento edipiano

No Capítulo 8, descrevi um pequeno paciente meu, Toby, que nasceu quase cego de um olho, condição que necessitou de diversas cirurgias. Ele se recuperou no físico, mas parecia sentir-se uma criança por demais especial. Não obstante, quando começou a se sentir mais forte do ponto de vista psicológico, sua identificação masculina começou a se desenvolver. Aos 6 anos, pouco antes de uma interrupção, desenvolveu o gosto por música *pop* e executava – com batidas fortes dos pés e um jeito bem macho de se movimentar – a música "Don't stop thinking about S Club Beat". Ele também urrava "*Superstar with your big guitar!*" não exatamente de forma *sexy*, mas com nova vitalidade, ruidosa. Ele, de fato, monitorava minha expressão e tenho certeza de ter demonstrado certo prazer. Esse comportamento na sala era muito mais espontâneo do que o habitual, muito controlador. Parecia recuperar-se de uma profunda sensação de dano e de desamparo e me mostrava sua potência e sexualidade edipiana um pouco atrasada (e ainda bastante narcisista). Eu disse no Capítulo 8 que, conforme imaginava, seria muito difícil para os pais de um bebê nascido com esse tipo de dano físico vê-lo como potente e se permitir a segurança e a confiança de sonhar seu futuro como homem forte e saudável. Agora, gostaria de acrescentar seu futuro como homem *sexy adulto*. Nessa situação, não precisamos estar interessados na semente da árvore – o *self*-bebê no adulto –, mas na árvore contida na semente. Pergunto-me agora se a capacidade de os pais muito dedicados de Toby o considerarem atraente enquanto bebê teria sido afetada por sua imperfeição facial. Ao olhá-lo, naturalmente se sente preocupação, o que não é a mesma coisa que o orgulho dos pais com o corpo e o rosto saudáveis do seu bebê.

Penso que isso levanta a questão da importância da contratransferência positiva. Gostei muito da dança de Toby, ainda que minha resposta, apesar de positiva, não tenha sido especialmente erótica. Outra criança que atendi na clínica, há alguns anos, Nicola, tinha sofrido grande privação e sido rejeitada em sua primeira infância, tornando-se cronicamente deprimida, mas também dissociada e dura, apesar de ter sido adotada aos dezoito meses por pais muito amorosos. Passou muitas sessões me fazendo ficar assustada, por mim mesma ou por ela, jogando objetos muito perto do meu rosto ou entalando seu corpo de forma perigosa na mobília. Após um ano de tratamento, aos 11 anos de idade, mostrou-me a dança que fazia na escola e alguns passos de uma das meninas mais velhas. A dança dela me deu um prazer novo – ela parecia mais suave, mais acanhada e menos defendida do que habitualmente. A dança era simples, mas a leveza, graça e sensualidade eram muito atraentes, e tenho certeza de que meus olhos e rosto – e minhas palavras – revelaram meu prazer e valorização da nova Nicola. (Eu disse algo como: "Que dança linda!".) Não acho que Nicola estivesse sendo sedutora, afinal, ela não estava sendo provocante. Penso que ela experimentava algo novo em nossa relação e tentava dar o tipo de prazer que não tinha sido capaz de dar quando bebê ao seu objeto extremamente rejeitador. A puberdade possivelmente estava sendo vivida como uma espécie de novo nascimento, em que sua história dolorosa podia ser parcialmente reescrita por meio da valorização delicada de sua atratividade e graça recentemente encontradas. Com certeza, seria necessário mais trabalho para ultrapassar a situação em que a sexualidade poderia ser veículo principal de experiências positivas. Ela precisava encontrar novas formas de se abrir e de agradar seus objetos.

Conclusão

Para concluir, ainda há muito trabalho a ser feito sobre a investigação de nossas contratransferências ao corpo e à sexualidade de nossos pacientes em todos os níveis – pré-edipiano, edipiano e pós-edipiano. Especulei sobre algumas possíveis origens do tipo de relação de objeto posterior na capacidade de o bebê dar prazer, causar impacto, entreter por meio do uso de seu corpo, expressões faciais e vocalizações. Não tive tempo de discutir seu humor e inteligência. Quando alguém nos faz rir ou diz algo inteligente que não é pedante nem exibicionista, sentimos prazer e, certamente, é atraente e às vezes até *sexy*. A maneira como usamos esse tipo de contratransferência de forma que não dissolva o momento em uma explicação como ato puramente edipiano ou sedutor – mas como um permanecer sensível ao novo desenvolvimento, provavelmente saudável – é uma questão delicada. Às vezes, é mais difícil receber e manter a transferência positiva que a negativa; e, quando ela é sexual, também exige muita coragem, honestidade e respeito da nossa parte em nossas respostas contratransferenciais.

10. Subintegrações e integrações no nível esquizoparanoide

Introdução: pontos de vista controversos de Bick sobre não integração

Marianne Moore (1968) encerra seu notável poema "O pangolim" com o modo como cada aurora estabiliza a alma do homem com nova esperança. Este capítulo contém algumas reflexões sobre o tratamento de crianças instáveis e desestabilizadas. No final dos anos 1960, Bick fez uma diferenciação muito interessante, mas controversa, entre não integração por desamparo e desintegração defensiva por processos de cisão com finalidade defensiva (Bick, 1968). Uma fonte de certa confusão é que, em alguns momentos, ao se referir a não integração por desamparo, tratou disso simplesmente como um *estado* (mencionou até "flutuações" nesse estado). Em outros momentos, no entanto, referiu-se a isso como *característica da fase* primária de desenvolvimento. Em 2004, em conferência para orientadores de observação de bebês, aparentemente Joan Symington concordou com Bick acerca dessa noção como *fase (ou estágio)* primária de desenvolvimento (J. Symington, 2004;

ver também J. Symington, 2002). Seguiu-se considerável debate sobre o tema (O'Shaughnessy, 2006).

Antes de mais nada, o artigo original de Bick, "A experiência da pele nas relações iniciais de objeto", é muito curto e condensado, porém bastante categórico no tom. Ela escreveu (Bick, 1968):

> *A tese é de que, em sua forma mais primitiva, as partes da personalidade são sentidas como não tendo nenhuma força de ligação entre si e, por isso, precisam ser mantidas passivamente unidas, com a pele funcionando como limite. Mas essa função interna de conter as partes do* self *depende inicialmente da introjeção de um objeto externo, sentido como capaz de desempenhar essa função. Posteriormente, a identificação com essa função do objeto substitui o estado de não integração dando origem à fantasia de espaços internos e externos. Somente, então, estão estabelecidas as condições para a operação da cisão primária e da idealização de* self *e objeto como descrito por Melanie Klein. O conceito de espaço dentro do* self *não pode surgir até terem sido introjetadas as funções continentes. (pp. 55-56, destaques nossos)*

Ela continua: "As flutuações desse estado primário serão ilustradas em material de observação de bebê, para mostrar a diferença entre não integração como experiência passiva de total desamparo e desintegração por processos de cisão como processo defensivo ativo a serviço do desenvolvimento" (p. 56). Bick disse que o primeiro era propício a ansiedades catastróficas e o último a ansiedades mais limitadas e específicas, persecutórias e depressivas. Além do mais, prossegue:

> A necessidade de um objeto continente, no estado infantil de não integração, parece produzir a busca frenética por um objeto – uma luz, uma voz, um cheiro ou outro objeto sensual – que possa manter a atenção ao menos momentaneamente e, assim, ser vivenciado como algo que mantém reunidas as partes da personalidade. O objeto ideal é o mamilo na boca, com a mãe com seu cheiro familiar que segura o bebê nos braços e conversa com ele. (p. 56)

Bick dá exemplos de bebês tremendo, fazendo movimentos desordenados, e de pacientes seus sentindo que sua pele não conseguia mantê-los coesos e que transbordariam. Ainda que se possa ver que listou diversos tipos diferentes de objeto "continente", ela os resumiu no material clínico, bem como no título do artigo, na ideia de que esse tipo de objeto era vivenciado concretamente como uma pele. Em minha experiência, deveria dar-se peso igual aos outros tipos de integradores.

Surgiram diversas questões em discussões do artigo de Bick. Abordo uma de cada vez, acrescentando algumas ideias minhas.

Será possível considerar tudo o que parece não integração como resultado de processos de desintegração agindo sobre integrações anteriores?

O conceito de déficit (nos Estados Unidos) e esse conceito um pouco semelhante de não integração por desamparo levou a controvérsias por bons motivos. Parecem ter contestado o importante *insight* de Freud sobre a natureza dinâmica dos processos de pensamento – sua significância e intencionalidade inerentes. É uma questão antiga. Fairbairn (1952, p. 14) ressaltou que, apesar de o conceito de repressão de Freud ter sido a pedra fundamental sobre a qual se construiu todo o sistema explicativo representado pela teoria psicanalítica, não obstante, não foi uma conquista inequívoca, pois não deixou espaço para a ideia de fraqueza do ego (que Charcot tinha atribuído às histéricas que ele e, depois, Freud trataram). No trabalho com crianças, podemos acrescentar que o modelo dinâmico que implica que todo estado mental, ainda que patológico, surge de motivação significativa não deixa espaço para a *imaturidade* do ego e, assim, para a ideia de algo como desamparo.

No que diz respeito à motivação ativa (intencionalidade) influenciando estados de não integração (isto é, esses pacientes e bebês não são tão desamparados?), é interessante ler Wittenberg, que parece ter mantido a mente aberta para a questão e cuja abordagem é mais próxima da de Bick do que daquela de Klein e Bion. Ao escrever sobre a depressão primária de seu pequeno paciente autista, referiu-se ao conceito de identificação adesiva de Bick e disse que seus braços (de Wittenberg), seu colo, sua atenção pareciam ser o "fio que amarrava e mantinha coesa a vida mental de John" (paciente dela). Acrescentou:

> *no momento em que eu me afastava, a vida mental de John se desintegrava ou, talvez, ele a deixava fazer isso de maneira passiva, para não sofrer um desamparo extremo. No momento em que outra criança gritaria de raiva ou de medo, John sentia que seu objeto era inalcançável e, desse modo, desistia em desespero.* (Wittenberg, 1975, p. 93)

Note-se a sutileza de Wittenberg ao abordar toda a questão de intencionalidade em estados de desespero.

Meu ponto de vista é que a psicanálise, os tratamentos psicanalíticos e os pesquisadores do cérebro ainda têm muito a aprender sobre estados de desespero que certamente são diferentes da depressão da posição depressiva, mas também diferentes da melancolia e de estados de perseguição. Suspeito que desistência seja diferente de dissociação ou cisão. A primeira pode ser resposta ao desespero; as outras, ao terror ou ao ódio. Evidentemente, há tipos diferentes de desistência, alguns (não todos) desamparados. No Capítulo 1, ao discutir os colapsos de Robbie, mencionei a forma pela qual, à medida que os anos passavam, ele pôde usar e abusar da sua passividade de formas bastante ativas. De maneira alguma isso coloca em dúvida o desamparo dos seus estados originais, mas é uma lição para se permanecer vigilante e discriminar um motivo do outro – especialmente quando surgem juntos no mesmo momento! (Ver os motivos complicados e mesclados de Samuel, adiante, neste capítulo.)

No número do *Journal of Child Psychotherapy* dedicado a esse debate, sugeri (Alvarez, 2006b) que uma parte da confusão e até da controvérsia poderia ser evitada se falássemos apenas de um "estado" (provavelmente temporário) de não integração ou (como prefiro denominar) de subintegração, em vez de "fase" mais duradoura de desenvolvimento marcada por não integração a que Bick, às vezes, se referiu (1968) e mais tarde J. Symington (2002). A seguir, apresento tentativas de abordar (parcialmente) a questão.

Existem estados de não integração? A questão de graus de coesão do ego primitivo

Eu, certamente, concordaria com a sugestão de que existem processos de desintegração defensivos ou destrutivos, mas minha experiência clínica também me leva a afirmar que o tipo de desintegração desamparada que Bick descreve também existe. Nesse caso, a pesquisa sobre o cérebro pode dar suporte. Os pesquisadores sobre trauma descreveram a dissociação como mecanismo protetor que corta ou bloqueia conexões neuronais no cérebro – entre pensar e sentir, por exemplo, como reação ao abuso ou trauma (Schore, 2003). No entanto, Perry (2002) também descreveu uma condição muito diferente surgida da falta de crescimento de dendritos e de sinapses no cérebro em razão de negligência. É possível imaginar que um bebê ou criança com pouco crescimento cerebral muito provavelmente teria menos condições de evocar defesas necessárias contra o estresse. O tipo e a sofisticação das "defesas" disponíveis para o bebê parecem depender da idade e do estágio de desenvolvimento cognitivo e emocional (ver a discussão da pesquisa de Papousek e Papousek (1975) no Capítulo 2). Aparentemente, faltam processos de integração a essas crianças e bebês e não ataques a eles, sugiro. É importante notar também que os pesquisadores do cérebro consideram a dissociação como mecanismo automático e protetor que pode tornar-se habitual de modo improdutivo, mais do que algo defensivo e de certo modo intencional. Podemos também precisar deixar espaço para a possibilidade de que a dissociação crônica no primeiro ano de vida e na infância produz um nível tão extremo de atraso cognitivo que, em outras palavras, a desintegração crônica pode levar à não integração. A cronicidade e a gravidade são fatores importantes em toda patologia, não apenas na psicopatologia. No Capítulo 1, mencionei que testemunhei tal vazio em alguns pacientes que cheguei a duvidar que eles buscassem esses estados de forma defensiva. Concluí que – em certos casos, em alguns momentos – não eram: o paciente verdadeiramente *não tinha* defesas. O excesso de tempo passado nesses estados – cedo demais – pode levar à atrofia da função, quando não da estrutura.

Um artigo sobre o ensino de profissionais de saúde da escala de avaliação do comportamento neonatal (NBAS) e seu uso como intervenção foi publicado por Hawthorne (2004). Refere-se a bebês a termo e a enormes diferenças entre eles. Por exemplo, a escala mede coisas como o nível de funcionamento do sistema autônomo. "Bebês que mostram tremores, sustos, mudanças de cor e sinais de estresse ainda estão se esforçando para ter seu sistema autônomo sob controle e podem necessitar de continência e de *handling* tranquilos" (p. 3). A escala também mede o sistema de estado que avalia a capacidade de se habituar: isto é, a capacidade de os bebês se acostumarem com as coisas. "Bebês que acordam facilmente com certos estímulos e não conseguem voltar a dormir têm maior probabilidade de ter problemas de proteger seu sono sozinhos e precisarão de ajuda, como dormir em um quarto silencioso e escuro" (p. 3).

Com bebês prematuros, Negri (1994) nos conta que, de um ponto de vista prognóstico, a aquisição de homeostase, *a organização de estados diferentes* por volta da 42ª semana de gestação, é um marco na saúde mental da criança prematura. Os pediatras procuram vigília verdadeira e sono tranquilo verdadeiro, e não um estado indiferenciado contínuo.

> *Define-se que a criança está em estado organizado uma vez que ela pode permanecer em um estado bem definido por períodos significativos, com* mudança gradativa *de um para o outro. Mudanças súbitas de estado sinalizam a vulnerabilidade da criança, assim como seu comportamento motor e postural. (p. 109)*

Acredito que a mudança gradativa é crucial: atendi vários pacientes – e nenhum deles tinha sido bebê prematuro –, em que precisei aprender que o salto de um estado mental, ou pensamento, para outro não era fuga nem técnica evasiva; simplesmente faltavam ao paciente certos vínculos vitais que facilitam as transições. Na experiência deles, faltavam transições de circunvizinhança, e ajudar a construí-las é um grande desafio técnico (ver Capítulo 4 para uma discussão mais detalhada sobre fazer vínculos). Tenho a impressão de que, ao tentarmos desacelerar a criança impulsionada defensivamente ou maniacamente evasiva, observamos a ansiedade, a depressão ou a raiva contra a qual a velocidade era defensiva; na criança com vínculos deficitários, vemos primeiro perplexidade, depois curiosidade e, mais tarde, até satisfação com a ideia de que algo pode preencher o vazio ou ficar por mais tempo.

Essas transições nem sempre têm a ver com mudanças de positivo para negativo ou vice-versa: às vezes, é uma questão de como baixar de um estado de excesso de excitação para um prazer controlável. Com frequência, tenho observado surgir no material descidas suaves como de um escorregador de parquinho, em lugar de quedas de penhascos perigosos, à medida que a ideia de transições toleráveis começava a se desenvolver (ver Sorenson (2000), sobre a importância do comportamento materno facilitando a transição).

Será a não integração a fase primária e mais primitiva do desenvolvimento? As ideias de Bick contestam os pontos de vista de Klein e dos estudiosos do desenvolvimento?

Apesar de concordar com Bick sobre a importância, para a exatidão da técnica terapêutica, de diferenciar *estados* de não integração de estados de desintegração defensiva ou agressiva, não penso que essa necessidade de modo algum conduza à suposição de que esses estados devam ser instalados como característica de fase mais inicial do desenvolvimento: ou seja, como primária. Eu pensava que os kleinianos, com apoio da observação de bebês (inaugurada pela própria Bick – Magagna *et al.*, 2005; L. Miller *et al.*, 1989; Reid, 1997; Sternberg, 2005) e da pesquisa sobre a competência de bebês e a prontidão para engajamento (Stern, 1985; Trevarthen, 2001), demonstraram claramente a existência de um ego primitivo rudimentar e certa proporção inata de capacidade de relacionamento objetal. Descobriu-se que os bebês são muito mais integrados e competentes do que antes se pensava, esperam, buscam e usam os objetos (Stern, 1983). Muitos pesquisadores sugeriram que, provavelmente, existe um "outro virtual" no cérebro cujos esboços são preenchidos pela experiência (por exemplo, Braten, 1987, 2007). Os neurônios-espelho estão sendo estudados atualmente e considerados como elementos possíveis da capacidade inata para a interpessoalidade (Rizzolatti, Craighero e Fadiga, 2002).

A integração é precondição necessária para a relação de objeto?

Outra questão é se um bebê em estado de não integração pode ter relação objetal. Em estados de subintegração – isto é, em momentos de perda ou de desespero –, o objeto que o bebê procura (caso seja capaz de procurar qualquer coisa) não é necessariamente aquele que proporciona nutrição e amor, mas o objeto que, antes de mais nada, seja capaz de mantê-lo coeso. Cohen (2003) faz uma linda integração de Klein, Bick e Bion ao escrever em seu estudo sobre bebês prematuros: "Espero mostrar que o bebê busca integração, e essa busca necessita de uma resposta... O bebê precisa ser segurado no colo e, aí, é segurado – vivenciando assim tanto o *holding* (sustentação) quanto a noção de alguém pensando a respeito do que ele necessita" (p. 70). A questão do bebê "em busca" de integração pode ser difícil, pois "em busca de" não faz parecer que esteja especialmente desamparado. Aqui, a preconcepção de Bion nos ajuda. Penso que observamos algo semelhante a uma pré-busca ou protobusca. Já observei até crianças autistas procurando algo, sem saber bem o que procuravam, mas que, ao conseguir, reconheceram. Portanto, não concordo quando Bick diz: "em sua forma mais primitiva, sente-se que as partes da personalidade não têm força de ligação entre si". E também não concordo que a função continente vem apenas do objeto externo. Alguns bebês (provavelmente a maioria deles) nascem com bastante coesão e firmeza interna. Mas *todos* os bebês têm seus limites e, com certeza, os níveis de integração flutuam, ao longo do dia, até nos bebês mais firmes.

Sander (1975) foi dos primeiros a ressaltar que uma precondição necessária para a possibilidade de relação do bebê com o cuidador era certa capacidade de o bebê ter o que denominou "estados de organização": nos bebês com maior organização, seus estados de ser (digamos, sono *ou* vigília) são mais plenos, bem definidos e duradouros. A organização, ele disse, envolve a antecipação de um evento, expectativa por recorrência e sequência. E ele mostrou que isso afeta o desenvolvimento cerebral e a capacidade de se relacionar, e uma enorme ajuda vem do fato de haver um único cuidador mais constante do que numerosas mudanças de cuidador.

O que mais permanece valioso no argumento de Bick? Algumas necessidades têm prioridade sobre outras?

A noção de uma hierarquia de precondições é útil: acompanha a ideia de Bick de precondições necessárias para a relação, sem exigir que as precondições envolvam uma fase total de desenvolvimento. E observem-se as descobertas de Brazelton, Koslowski e Main (1974) sobre a maneira pela qual as mães colocam seus bebês em posição confortável *antes* de começar a se relacionar com eles (ver também Brazelton e Nugent (1995)). Se supomos que alguns bebês nascem mais (e alguns menos) integrados do que outros e que cada bebê tem flutuações no decorrer do dia, podemos ainda compreender que pode haver um conjunto de prioridades de necessidades – em outras palavras, que há certas precondições para que ocorram boas introjeções e internalizações. (Atualmente, os analistas falam disso em termos de técnica. Ver Joseph (já em 1978), sobre a necessidade de continência com pacientes de difícil acesso, e Steiner (2004), que afirma que a continência precisa ser anterior à possibilidade de o paciente conseguir tomar responsabilidade por si próprio.) Muitos de nós descobrimos que não faz sentido contar ao paciente fragmentado de modo desesperador que a razão da sua perturbação se deve à interrupção da análise, que acabou de ocorrer, até ele estar suficientemente calmo – primeiro, para perceber que estamos de volta; depois, para escutar. A tranquilização é o primeiro problema. Porque a necessidade de oxigênio tem prioridade fisiológica sobre a necessidade de nutrição, um bebê mantido perto demais do seio não consegue sugar, *a menos e até que consiga respirar.* Quando uma pessoa sofre uma hemorragia, o suprimento de sangue para a periferia diminui, mas continua fluindo para os órgãos vitais – coração, rins e cérebro. Um bebê mantido muito longe do mamilo e, de forma muito precária, nos braços da mãe se agarra ao mamilo com toda força, mas pode não ingerir muito leite, pode não explorar muito o mamilo nem o seio e, certamente, não vai usufruir. Segurar com firmeza permite e é condição necessária para introjeções tranquilas e prazerosas. Introjeções cuidadosas dependem de condições calmas e seguras como pano de fundo. Wolff (1965) mostrou que os bebês, primeiro, precisam estar bem alimentados e confortáveis para poder estar calmos e atentos de modo suficiente para se interessarem pelo mundo. A curiosidade de um bebê tenso é muito diferente daquela de um bebê satisfeito: é mais restrita e limitada por sua urgência.

Portanto, concordo com Bick e Symington que *um pouco* de integração é *precondição necessária* para relacionar-se com um objeto bom, uma sensação clara de um objeto mau e uma projeção para dentro de um objeto mau. Todos tivemos pacientes enfermos demais para administrar esses processos e trata-se de momento importante quando finalmente têm suficiente concentração para poder enfrentar isso. O paciente de Waddell (2006) fez contato com um objeto bom, o que o acalmou. Às vezes, o mesmo vale para a capacidade de integração de objetos maus. Ocasionalmente, observei pacientes autistas e psicóticos se movimentarem de um estado de fragmentação para alucinação, digamos, de um objeto aterrorizador – e esse tipo de progressão pode ser um desenvolvimento, pois, finalmente, alguma parte do mundo *não* é habitada pelo objeto mau (ver Rodrigué (1955) para um caso semelhante). A maldade é enfocada, circundada e, finalmente, localizável dentro de um espaço delimitado. Ao refletir acerca de como alguém desenvolve cognição emocional, Blomberg (2005) descreve como, para seu pequeno paciente Armando, tudo dentro e ao seu redor estava repleto de perigos catastróficos enormes. Se algo o assustasse:

> *ele desmoronava e gritava de ansiedade. Ele não estava zangado nem assustado com alguma outra coisa. Portanto, ficava incapacitado de se assustar com qualquer coisa, um inimigo lá fora. O "terror sem nome" [Bion, 1962a]... era tão absoluto que não tinha representação. Não podia ser visto à distância. Simplesmente era, estava lá. (Blomberg, 2005, pp. 35-36)*

A questão de integração no nível esquizoparanoide

O pensamento kleiniano relativo à integração adquirida entre amor e ódio na posição depressiva é bem conhecido. Quero considerar a questão da integração nos níveis esquizoparanoides. Primeiro, penso que precisamos lembrar que o processo não se parece com o tipo de coisa que acontece quando misturamos carne, vegetais e caldo para fazer uma sopa. Provavelmente, é mais parecido com um *pot-au-feu* ou cozido. Respeita-se a identidade das partes, ao menos em parte do tempo. "Coordenação" é uma palavra útil. Siegel (1999) discute uma questão correlata em seu livro que liga pesquisa do cérebro com psicoterapia: "A integração arregimenta circuitos subcomponentes diferenciados, em um sistema funcional mais amplo, por meio de um processo fundamental de retorno" (p. 321). O estado de regulação conjunta e influência mútua das conexões que retornam chama "ressonância". Ele ressalta a importância prévia de diferenciação e especialização – isto é, em particular, "a diferenciação de estados emocionais primários em classificação específica de emoções" (p. 127). A integração permite que componentes distintos sejam ligados de modo funcional. O conceito de função alfa de Bion (1962b) é interessante nesse caso: minha visão é que podemos dar significado a pensamentos individuais, de algum modo, permitindo que se ampliem em círculos cada vez mais amplos de significado, de tal forma que dois pensamentos antes distantes possam ligar-se um pouco, como o conjunto de ondas, ao jogarmos duas pedras numa corrente de água. No entanto, podemos, mas não devemos forçar sua junção prematura.

É interessante que a própria Klein (1963, p. 300) escreveu repetidamente sobre o fato de as integrações iniciais ocorrerem em relação a objetos parciais. Likierman (2001, p. 17) lembra que Klein notou o paradoxo no fato de ter afirmado que o processo de integração se baseava nas introjeções do objeto bom, primariamente um objeto parcial, o seio da mãe, e que a excisão [*splitting off*] de experiências más era a base da segurança relativa no bebezinho. Estudos recentes sobre a anatomia do cérebro de crianças que sofreram abusos demonstraram uma redução associada no tamanho total do cérebro, bem como prejuízos específicos de funcionamento no desenvolvimento do corpo caloso – os feixes de tecido neural que permitem a transferência de informação entre os dois hemisférios cerebrais. De Bellis *et al.* (1999) ressaltam que a desintegração e a dissociação de partes anatômicas distintas do cérebro são efeito profundo de trauma (ver Schore, 2003, pp. 213-214). Ainda temos muito a aprender, penso, acerca de como facilitar introjeções boas e seguras e como respeitar ou facilitar cisões benéficas. A seguir, ofereço uma lista de alguns integradores identificados que têm implicações técnicas para nosso trabalho.

Formas de integração e de integradores iniciais pré-depressivos e pré-edipianos: implicações técnicas

Continência em termos de Bick

Em 1968, Bick, após identificar estados de não integração passiva por desamparo, sugeriu uma variedade de formas em que há *integração facilitada pelo objeto* – por exemplo, o mamilo na boca e a mãe que segura no colo, conversa e cheiro familiar. Bick discutiu também como uma luz ou uma voz podem manter a atenção (e, hoje, com certeza, sabemos melhor a importância do rosto e dos olhos do cuidador como ímã potente para atrair *e sustentar* a atenção (são diferentes) – volto a isso adiante). Mas a principal ênfase de Bick foi na ideia da pele como continente das partes não integradas da personalidade. Podemos querer acrescentar a importância do sentimento de que a pele da pessoa – e, nesse sentido, a musculatura, as mãos e os pés – também pode manter *fora* o excesso de estímulo ou as intrusões. Há também a necessidade de sentir-se sustentado e firmemente contido e seguro (ver Robertson (2005), que escreve sobre a importância de proporcionar um "ninho" ao bebê com risco de paralisia cerebral, em vez de deixá-lo deitado de costas, agitando os braços). Quando essas diversas continências falham, podem seguir-se processos adesivos (ver adiante a diferença do olhar de Harriet, criança que já anda, quando se sente ou não bem sustentada).

Na conferência de fevereiro de 2005, um grupo de discussão que debatia essa questão indagou se Bick concebia a ideia de não integrações boas (Winnicott (1945) fez isso), mas precisamos também conjeturar acerca de adesividades necessárias. Em psicanálise, o *setting* proporciona uma sustentação muito potente e, pensando bem, experiência de estruturação e estabilidade em sua previsibilidade quanto ao espaço de encontro e regularidade do *timing* das sessões. É a moldura essencial para o trabalho.

Em uma observação de bebê, a menina Harriet, de quinze meses, habitualmente bastante bem integrada, começou a desmoronar um pouco. No ambiente caseiro, geralmente continente, seu olhar para a observadora tendia a ser interessado, curioso e um pouco travesso. Mas em um período de um pequeno estresse na casa, viu-se tumultuada diante do novo grupo de amiguinhos do irmão mais velho e deixada vagando sem rumo, enquanto a mãe se concentrava em resolver a nova situação dele. Harriet não protestava, embora geralmente fosse bastante capaz de protestar em casa. No entanto, nesse momento, ela parecia bastante perdida e inexpressiva. Então, percebeu a observadora, sustentou seu olhar em inúmeras ocasiões e, literalmente, pareceu firmar-se em seus pés e aquietar seu corpo cada vez que isso acontecia. Segundo a observadora, esse olhar de sustentação era muito diferente do habitual, muito mais animado. Penso que a pressa e a falta momentânea da habitual continência materna "desestabilizou sua alma" e deixou-a em um estado de maior subintegração do que o habitual. Conforme mencionei no Capítulo 3, o filme *Além das nuvens*, de Antonioni, conta a história de mexicanos advertindo alguns viajantes a não subirem depressa demais uma montanha por temor de deixarem suas almas para trás. Nesse momento, a mãe poderia pegar a criança nos braços e, assim, a criança poderia se reencontrar. De maneira semelhante, os terapeutas, às vezes, relembram à criança, que parece perdida, que ela tem dificuldade de se lembrar desta sala mais do que interpretar a perturbação ou a raiva pela interrupção. Esses sentimentos podem surgir quando a criança tiver reencontrado a si mesma e sua terapeuta.

Continência e transformação em termos de Bion

Durante o mesmo período dos anos 1960, contudo, a ideia de Bick teve um paralelo no reconhecimento cada vez maior de outro tipo de continência, às vezes muito diferente, esboçado na descrição de Bion (1962b), com suas implicações para a mente pensante e para a saúde. A noção de Bick de resposta adequada para um estado de não integração por desamparo tem muito a ver com *holding* (sustentação) e, às vezes, com tranquilização (S. Miller, 1984). A ideia de Bion é de um continente receptivo e que processa as projeções potentes e ativas. Essa ideia de continência envolve muito mais que tranquilizar um bebê angustiado (ou um paciente). Envolve ser preenchido por sentimentos muito perturbadores, e a tentativa de transformá-los e comunicá-los de volta ao paciente de forma tolerável é feita com um custo considerável pela mãe (ou analista) – isto é, após muito trabalho sobre seus próprios sentimentos.

A questão técnica é como e quando devolver a projeção ao paciente (ver o exemplo da menina na cadeira de rodas do Capítulo 1).

Função alfa, *holding* ao longo do tempo e regulação em relação à plenitude e à durabilidade da experiência

Tanto os conceitos de Bick como os de Bion, apesar de diferentes, usam metáforas espaciais, como as envolvidas na disponibilidade de colo e braços e receptividade da mente. Contudo, como Winnicott (1954) ressaltou, as integrações temporais também importam. Ele acentuou que o *holding* ao longo do tempo facilita o senso de continuidade do ser [*going-on-being*]. Pode facilitar também a continuidade do ser do objeto. Interessei-me por essa questão da duração do tempo dado aos mecanismos introjetivos ao trabalhar com meu paciente autista Samuel. Como *adquirimos* o senso interno de durabilidade, de sustentabilidade e de condição de retorno de nossos objetos, bem como de tempo ordinal, de ordinalidade e sequencialidade?

Um artigo de Mendes de Almeida (2002) tem coisas interessantes a dizer sobre questões técnicas com crianças com transtornos graves. Ela escreve sobre a importância de integrar diferentes níveis e registros de experiências. Contudo, descreve também um estágio anterior de identificação da experiência, que denomina "relacionar-se com uma mente a vir a ser". Ela argumenta:

> Com essas crianças, muitas vezes "pensamos alto" como se estivéssemos "irradiando" para nós e para elas o que estamos observando e notando, o que está nos surpreendendo ou nos intrigando, bem como o que parece, por meio do nosso olhar observador, estar surpreendendo e intrigando as crianças. Compartilhamos com

elas, no próprio núcleo da nossa relação, a emergência e a construção de pensamentos, a partir das descargas impulsivas de desconforto até possíveis experiências mais elaboradas de continência e transformação de necessidades e intenções a serem comunicadas.

[...]

Como se estivéssemos dialogando com um ouvinte interno, dentro de nós, demonstramos à criança que há um espaço/mente, onde conteúdos mentais – sentimentos, sensações, percepções –, mesmo que em um estado fragmentado, podem ser registrados, processados e possivelmente adquirir algum valor compartilhado de experiência integrada. Nosso "pensar alto" investigativo, similar à fala exploratória da mãe para si mesma e para seu bebê sobre as necessidades dele, demonstra flexibilidade e fluência de pensamento: dentro de um espaço mental, uma situação pode ser vista e explorada em seus vários aspectos e possibilidades. (p. 3)

Isso liga afeto e experiência e ambos se ligam ao pensamento. Sublinho a questão de Mendes de Almeida a respeito de ecoar ou ampliar as "descargas impulsivas de desconforto", especialmente com crianças com mecanismos projetivos muito fracos ou inibidos. Ela ilustra também, penso, como dar conta do problema ulterior de facilitar novas introjeções e novos vínculos no cérebro e na mente.

Note-se também as sugestões de Schore (2003), que esbocei no Capítulo 1, sobre a importância de reconhecer e identificar afetos inconscientes que jamais foram regulados de forma evolutiva interativa ou representados internamente. Dissanayake (2009, p. 23) refere-se à natureza digna de nota dos sinais apresentados pela mãe ao bebê:

> Os elementos visuais, vocais e cinésicos usados de forma multimodal em "pacotes" pelas mães são versões simplificadas, repetidas, exageradas e elaboradas de sinais comunicativos do adulto que, curiosamente, são todos semelhantes e, possivelmente, derivados de expressões de afiliação que os adultos usam entre si em interações sociais normais positivas: boca aberta, levantar de sobrancelhas, sorriso, olhos fixos, cabeça balançando para trás, corpo inclinado para a frente, cabeça balançando, vocalizações agudas ondulantes suaves, toques, pancadinhas, beijos. (p. 23)

Dissanayake ressalta, contudo, que não devemos diminuir o papel que o bebê desempenha em provocar exatamente esses sinais. O trabalho de Fonagy e Target (1998) sobre mentalização tem certa ligação, embora eu ache que trabalham em níveis mais elevados que o trabalho dos autores citados antes indicaria. Fonagy e Target esperam desenvolver uma "teoria da mente" em seus pacientes, enquanto Dissanayake (2009) trabalha em nível mais primário – isto é, desenvolver o "senso de uma pessoa com emoções relacionando-se com outra pessoa com emoções" (p. 23).

Por exemplo, no Capítulo 1, dei uma ilustração de função alfa proporcionando algo semelhante à autorressonância para ajudar um menino de 5 anos, David, a processar algumas falhas respiratórias iniciais muito perigosas. Ele fazia sua terapeuta tossir e engasgar em uníssono com ele, em repetições exatas, até que, com o passar do tempo, os sons de engasgo tornaram-se parte do repertório lúdico deles. Sugeri que pacientes que estão profundamente na posição esquizoparanoide talvez precisem de muita ajuda para obter a função alfa em torno de diversos elementos dentro de cada lado da cisão, seja do bom, seja do mau, muito antes de estarem prontos para integrar os dois. No caso de David, até então, era uma experiência aterrorizadora impensável.

Alguns anos atrás, eu lutava para tratar um menino excessivamente fragmentado e, às vezes, impulsivamente frenético: Samuel, com autismo grave. Aparentemente, ele sofria tanto de não integração quanto de desintegração (ver a dificuldade dele com o vínculo "e" no Capítulo 4). Embora, às vezes, ele resistisse a experiências que poderiam ter proporcionado certo grau de integração, em outros momentos eu tinha a forte impressão de que simplesmente não era capaz de integrar. Apesar de a falta de integração de Samuel ser muito menos frouxa que a do meu paciente Robbie, as duas situações pareciam ter certa proporção de desamparo em comum: nas duas crianças parecia faltar um "sol" interno que firmasse sua alma. (Posteriormente, atendi muitos casos semelhantes e nem todos eram autistas: alguns sofreram grave negligência e privação emocional, com considerável atraso cognitivo; outros tinham diagnóstico de transtorno global de desenvolvimento.)

Samuel estava sempre em movimento na sala. Seu olhar nunca se fixava em nada mais que um segundo ou dois. Nem pessoas nem brinquedos – na verdade, nada fora da sua mão crispada de forma ritualística ou do fluxo de água corrente ou do giro de uma roda – conseguiam atrair e prender sua atenção. No entanto, ele ficava movimentando seu corpo e seus olhos como se estivesse procurando algo que nunca conseguia encontrar. Esse tipo de fragmentação tinha uma qualidade muito compulsiva e a velocidade em si certamente levava a algo que poderia ser chamado desintegração, em vez de não integração. Após muitos meses de trabalho, Samuel começou a se interessar muito brevemente por objetos simples da sua caixa, como um tijolinho, e explorá-lo, mas apenas um de cada vez.

Finalmente, após mais alguns meses, começou a pegar dois desses tijolinhos azuis. Primeiro, olhava para eles rapidamente, como se por um segundo fugaz examinasse e avaliasse sua semelhança, sua simetria e o fato de poder juntá-los. Não consigo ressaltar suficientemente como era fugaz o instante desse olhar, pois, em um segundo momento, ele parecia estar dominado por algo evidentemente intolerável, que parecia agitação, confusão e excitação. De repente, em um terceiro momento, ele subitamente pressionava os dois tijolos e os arremessava para o alto. Eu sentia que o segundo momento envolvia uma espécie de estado desesperado de não integração, na medida em que não parecia capaz de saber como observar dois objetos de uma só vez. O terceiro momento, a explosão, parecia mais uma atividade de desintegração ativa. Se fosse um ataque enraivecido à dualidade, como Bion aponta em "Ataques aos vínculos" (1959), eu sentia que em parte era um ataque à *incompreensibilidade da dualidade*.

Seis meses depois, Samuel reduziu um pouco a velocidade. (Penso que essa redução é crucial para o exercício da função alfa, o conceito de Bion (1962b) sobre a função da mente que torna os pensamentos pensáveis e a experiência significativa.) Ele foi capaz de estudar com atenção os formatos dos tijolos, construir torres com eles, acrescentar outros e colocar outros nos furos adequados do brinquedo com diferentes formas. No entanto, durante o período inicial, eu tinha a clara impressão de que Samuel tinha uma dificuldade real de olhar duas coisas ao mesmo tempo: cheguei a pensar que tivesse dificuldade de dar conta da profunda excitação e incompreensão. Como poderia haver duas de cada coisa? Como poderia observar as duas de uma só vez? Penso que ele tinha dificuldade de compreender que a dualidade poderia estar disponível para ele no tempo apropriado – isso o capacitaria a olhar para ambas, não necessariamente de imediato. Na verdade, a partir da maneira como ele começou a olhar para o meu rosto e encontrar meus olhos, tive a impressão que nunca aprendera a fazer um escaneamento, que é como as pessoas observam olhos e rostos. Talvez não percebesse que a primeira coisa ainda estaria ali presente, se ele olhasse outra. Seu olhar parecia fixo demais e, a partir disso, precisaria desligar seus olhos, um pouco como os bebês fazem nos primeiros dias de vida até aprenderem a fazer o escaneamento. Eles começam a fazer o escaneamento por volta de seis semanas, o que se estabelece com firmeza por volta dos três e quatro meses (Stern, 1983). Samuel necessitava de um "continente" – um termo menos espacial, mas igualmente limitado, é "regulador", dos estudiosos do desenvolvimento – que pudesse ajudá-lo a descobrir como se virar com um objeto ou pensamento e como ter dois, em *sequência*, um de cada vez. Na verdade, ao começar a usar mais seus olhos e encontrar o olhar de outras pessoas em maiores distâncias, sua grande miopia melhorou e a prescrição das lentes dos seus óculos se aproximou do normal. Supus que, finalmente, ele usava os músculos dos seus olhos.

Penso que isso deve ter sido facilitado por minhas tentativas de consolá-lo e tranquilizá-lo na medida em que primeiro examinou os tijolos e também por minhas tentativas de manter seu interesse neles. Eu precisava entrar rapidamente antes que o momento se perdesse, para garantir-lhe algo como sua durabilidade dos tijolos e os tijolos continuarem a ser interessantes. Também tentei encontrar palavras e frases – que acalmassem, mas fossem afirmativas – para acompanhar seu óbvio interesse e fascinação pelos tijolos: "Sim, veja como eles são azuis. E se encaixam tão bem juntos, não é mesmo? E que forma legal. E eles são iguais, não são?" – como se faria com uma criança de seis meses que começasse a explorar o mundo material. Contudo, até mesmo uma criança de seis meses teria um período de atenção mais longo, obteria mais prazer no fato de olhar e, de qualquer modo, não necessariamente ficaria tão frustrada e furiosa com o problema da estranha alteridade das coisas.

A importância do repouso e das pausas para a digestão e a recuperação da experiência

É interessante que, enquanto Bion (1962b) se refere à importância da digestão da experiência, Brazelton, Koslowski e Main (1974) vão além e falam da necessidade de digerir e de *se recuperar da* experiência interpessoal. Em que consistiria essa recuperação? Deve ter algo a ver com questões como tempo para processar, pensar e refletir, bem como tempo para esquecer e esvaziar a mente. Os estudiosos do desenvolvimento, como Stern (1974) e Beebe, Jaffe, Lachmann *et al.* (2000), que estudam os diálogos vocais entre mães e bebês, prestam atenção nas pausas e no tipo de pausa, bem como nas vocalizações em si. (Toda pessoa que tratou pacientes asmáticos tem notado sua dificuldade de respirar ou, pensando bem, de tomar fôlego.) Dreyer (2002), em sua dissertação que liga as ideias de Montessori à psicanálise, ressalta a importância de desligamento, não integração e movimento pré-simbólico – a importância de repousos e de pausas no tempo e vazios no espaço, para que o cérebro, a mente e o corpo desenvolvam coesão. Penso que isso acrescenta uma nova dimensão importante às teorias das relações de objeto e de desenvolvimento de bebês. A ênfase de ambas está na importância do "objeto" e no engajamento com ele, considerando que somos levados a pensar sobre a importância de o objeto ficar *fora do caminho* – em certos momentos cruciais – dos esforços de integração do *self*.

Durante a observação de bebês, não é difícil verificar a diferença entre um bebê que sente (por ansiedade ou preocupação com o objeto) que é obrigado a se engajar, a qualquer custo, e o bebê que se engaja quando está pronto e porque quer. Excesso de estimulação tem alto custo, e a ele podem seguir-se certas formas de hiperatividade. Na verdade, a escala de avaliação do comportamento neonatal (NBAS) mede o estresse autônomo, a exaustão e a sobrecarga após um período de engajamento: denomina-se essa medida como custo da atenção [*cost of attention*] (Brazelton e Nugent, 1995). Com certas crianças distantes e evasivas com autismo, é importante que o terapeuta mantenha sua voz calma e determine cuidadosamente o tempo de suas intervenções para não bombardear a criança (Alvarez e Reid, 1999). Com outro paciente adolescente meu, até mesmo minha pergunta "Em que você está pensando?" podia ser sentida como algo tão exigente que precisava preparar antecipadamente seus pensamentos para mim. Nós dois tivemos muito trabalho para me colocar para fora da sua mente de maneira que pudesse pensar seus próprios pensamentos, em seu próprio ritmo. E, então, em seu tempo próprio, talvez relatá-los a mim.

Companhia viva: capacidade de atrair e manter a atenção do bebê

Ao escrever sobre o objeto que mantém a atenção do bebê, Bick (1968) apontou: "O objeto ótimo é o mamilo na boca com a mãe que segura nos braços, conversa e tem cheiro familiar" (p. 56). A atenção, contudo, antes de poder ser mantida, às vezes, precisa ser capturada e provocada. Quando o bebê não está procurando ou quando desistiu de procurar em razão da dissociação ou da depressão, uma resposta mais animada pode ser necessária. Para que a função alfa funcione, primeiro, é preciso considerar que vale a pena prestar atenção no objeto. Com frequência, vemos certas crianças que sofreram negligência e têm lentidão mental sofrendo de um tipo de depressão duradoura, ainda que não especialmente ativa. Elas parecem estar repletas de objetos não valorizados, e não de objetos desvalorizados. Um dos grupos da conferência anteriormente mencionada, de fevereiro de 2005, ressaltou que a não integração pode ser usada como defesa contra o trauma. Mas, aqui, estou pensando mais nas consequências da negligência, não em trauma, bem como em depressão mais que em terror. Penso que atendemos algumas crianças cuja apatia resulta de nunca terem se sentido coesas. O'Shaughnessy (2006) sugere que a não integração é uma condição-padrão, uma condição patológica, e eu tenderia a concordar com a ressalva de que compreendemos que alguns bebês *começam* exatamente aí e podem ter precisado de um puxão mais forte na vida que tenham tido. Stern (1974) e outros demonstraram que, na primeira infância, o olhar materno e a constelação de comportamentos faciais e vocais que o acompanham exercem intenso efeito em provocar e em manter o olhar do bebê. A atenção, como dizem Meltzer *et al.* (1975), precisa ser "prestada" e, como Klaus e Kennell (1982, p. 77) afirmam, o rosto, a voz e o seio da mãe agem como o ímã que alinha a limalha de ferro.

Brazelton foi o grande pioneiro da pesquisa sobre as origens da reciprocidade. Mas a reciprocidade entre mãe e bebê, que descobriu, não é sobre a continência no sentido de Bick nem de Bion. Quando o bebê está acomodado e contido, lemos a respeito de improvisações, alertas, ampliações, alternâncias deliberadas, movimento, troca, variações sobre o tema da mãe – atividades que, por definição, são emitidas apenas por um objeto psicológico vivo pleno de alteridade. Brazelton, Koslowski e Main (1974) descrevem como a mãe, muitas vezes, *troca* uma atividade por outra, algumas vezes tranquilizando quando o alertar contribuiu para perturbar a criança, outras alertando quando o interesse dela enfraquece. Mais tarde, após essas experiências serem internalizadas, a atração do ímã é representada interiormente, de tal forma que a criança normal é atraída a buscar contato com um objeto vivo que pode produzir novidades e que agora espera encontrar. Nosso trabalho com certas crianças vazias ou subintegradas é oferecer algo semelhante a esse ímã. Apresento ilustrações disso na Parte III, sobre o trabalho no nível intensificado.

Conclusão

Este capítulo propôs que o conceito de estados de subintegração, de certa forma, pode resolver a controvérsia entre os que adotam o ponto de vista de Bick e os que adotam a linha de Klein sobre o fato de os bebês nascerem não integrados ou integrados e de os sinais de não integração resultarem realmente de processos defensivos ou de desintegração destrutiva. Tentei abrir caminho por meio dessas controvérsias, realçando que um estado de não integração (ou, como prefiro, de subintegração) não necessariamente implica um retorno a algum tipo de estado primário de não integração, mas que a distinção de Bick entre estado de não integração e desintegração pode nos levar a observar que é necessário *algum grau* de integração para que possa haver condição para relações de objeto. Um bebê faminto ou que não seja sustentado pode estar fragmentado e desesperado demais para poder se relacionar.

Também tentei identificar certos tipos de integração e de integradores que ocorrem antes das integrações de sentimentos conflituosos na posição depressiva. Algumas dessas integrações pré-depressivas e pré-edipianas podem envolver tornar pensáveis pensamentos negativos, mas também podem englobar integrações de momentos positivos com pensamentos positivos – isto é, tornar pensamentos positivos pensáveis e duráveis. O integrador final na lista envolve o elemento da "companhia viva" – o objeto que alerta, amplia ou desperta, discutido na seção final deste livro.

Parte III
Nível de vitalização intensificado

11. Brincar e imaginação: quando o brincar patológico pode exigir uma resposta mais intensa do terapeuta

Introdução

Na Parte II, dei exemplos e argumentos a favor de o terapeuta tentar ampliar o significado sem se sentir compelido a propor significados alternativos – ou "mais profundos". Nesta seção, defendo a existência de momentos em que o terapeuta precisa proporcionar algo mais vitalizante e intensificado – a insistência no significado. No Capítulo 1, discuti os processos de reclamação (Alvarez, 1992), geração e demonstração (Reid, 1988), bem como a necessidade de uma resposta firme ao comportamento viciante ou perverso. Aqui, quero discutir a questão do grau de comprometimento do terapeuta com o brincar da criança. Terapeutas de base psicanalítica são ensinados a explicar ou a refletir e descrever o brincar da criança, no entanto, em alguns momentos, muitos vão além e brincam *com* a criança. Às vezes, isso implica desempenhar um papel, o que envolve brincar *em nome* (possivelmente, apenas em nome de um aspecto) da criança. Por vezes, é um convite ou pedido da criança; porém, em alguns casos, com crianças muito negligenciadas, o terapeuta pode *iniciar* essa dramatização, o que leva a diferenças entre psicanalistas sobre o nível de atividade que essas contribuições devem ter por parte do terapeuta (Joseph, 1998). Do meu ponto de vista, essas controvérsias podem ser resolvidas se levarmos em conta o estado mental – e, portanto, as necessidades – da criança (e de seus objetos internos) em qualquer momento. Isso implica estar atento ao funcionamento simbólico e às questões de déficit, defesa e vício. Os exemplos de reclamação dados nos Capítulos 1 e 12 referem-se a situações em que chamamos a criança para o contato com o objeto e também a trazemos de volta para si mesma quando há déficit grave do *self* e do objeto interno. Eu chamava Robbie pelo nome, colocava meu rosto em seu campo de visão e – finalmente quando ele vinha à tona – recebia uma resposta muito comovente. Para algumas crianças que sofrem de dissociação, essa abordagem interpessoal direta é ineficaz – ou, pior, persecutória –, ao passo que um chamado encenado [*enacted*] por meio de um personagem da brincadeira da criança pode chegar a ela de uma distância mais segura. Uma interpretação para a criança que sofreu abuso, em que, por assim dizer, a boneca bebê poderia protestar, mas não protesta, pode não ser registrada: talvez precisemos ir mais longe e concretizar de fato algo que ainda é apenas uma preconcepção (Bion, 1962b). Isto é, talvez, por meio da situação do brincar, precisemos dramatizar com emoção que a boneca bebê abandonada pode chamar, pedir ajuda e até se queixar. Para a maior parte dessas crianças, isso não deve ser feito de modo prematuro, antes de investigar totalmente a situação anterior de desamparo. Tampouco deve ser feito por um tempo, enquanto o paciente ainda investiga a ideia de estar identificado com alguém que o abandonou e, portanto, consegue projetar seu *self* vitimado em outra pessoa. Todavia, com a criança perdida e inexpressiva, em determinado momento isso pode ajudar a concentrar e reanimar. Em outros momentos (talvez com a mesma criança com estado de espírito mais calejado), esse comportamento pode envolver conluio com sadismo e exige uma resposta mais tranquila. Às vezes, para a criança desesperançada e desesperada, precisamos introduzir a ideia de uma figura benigna que possa ou *deva* resgatá-la do abuso. Outras vezes, isso é prematuro, pois ela precisa de muito mais tempo para processar suas experiências desoladoras de ter sido abandonada ao seu destino por seus, assim chamados, cuidadores. A situação pode mudar de momento a momento, em uma única sessão.

Reexamino os três pontos do contínuo do simbolismo – um identificado por Winnicott (1953) e os outros dois apontados por Segal (1957) – e sugiro outros dois no nível patológico, a saber: o brincar vazio, sem sentido e desconexo e o brincar perverso e viciante. Pretendo discutir também algumas implicações técnicas do trabalho com esses tipos de brincar patológico.

A questão da importância do brincar e a imaginação

Há algum tempo, ouvi o romancista canadense Ted Chamberlain dizer que sonhos e imaginação são fundamentais para nossa vida. Para defender seu argumento, contou a história de uma comunidade de nativos canadenses do norte da Colúmbia Britânica. Durante um inverno especialmente rigoroso, todos os 170 cavalos morreram. Forasteiros disseram que não precisavam deles na reserva agora que tinham caminhões e carros. De qualquer forma, era evidente que não conseguiriam arcar com o custo de substituí-los. No inverno seguinte, eles tinham 120 cavalos! Por que precisavam deles? John Grady, o herói do primeiro volume de *The border trilogy* (1992), de McCarthy, dá uma resposta:

> *O que ele amava nos cavalos era o que amava nos homens, o sangue e o calor do sangue que corria neles. Toda a sua reverência e toda a sua afeição e todas as predisposições da sua vida eram para os de coração ardente, e assim sempre seriam e nunca seria diferente. (p. 6)*

Para os canadenses nativos e para Grady, os cavalos impregnavam a imaginação. Para alguns canadenses nativos, isso é mais do que a simples imaginação individual e pessoal, tem a ver também com sua muito amada herança cultural e valores (Brody, 1982). Essa visão talvez pareça romântica ou até sentimental e, certamente, há grandes diferenças entre românticos e classicistas em seus pontos de vista a respeito da importância da vida imaginativa. Por exemplo, mesmo Charlotte Brontë, que escreveu o extremamente romântico *Jane Eyre*, de 1847, ficou incomodada com a aparente imoralidade de *O morro dos ventos uivantes* (1965), de sua irmã Emily (e talvez até tenha destruído a prosa da infância de Emily, como fez com sua própria). Charlotte desconfiava da atração da fantasia e de suas "implicações idólatras" e viciantes. Sentia que ela própria acabara adorando as criaturas da sua imaginação, permitindo que rivalizassem com Deus (L. Miller, 2001).

Há ecos dessa questão, penso, em diversas atitudes psicanalíticas em relação a sonhos, imaginação e brincar (Bion, 1962b; Freud, 1920; Klein, 1952; Meltzer, 1983; Winnicott, 1953). Quando *devemos* dizer aos nossos amigos e aos nossos filhos para "pararem de sonhar", "pararem de brincar", quando devemos respeitar o sonho mais louco de alguém? Quando nossos sonhos são profundamente criativos e até mesmo visionários? Quando são, pelo menos, curativos? Quando obstruem o desenvolvimento? E quando, decididamente, distorcem o desenvolvimento? Quando nós, como clínicos, devemos interromper a brincadeira de uma criança (ou a fala de um adulto) para "fazer uma interpretação"? E quando isso equivaleria a acordar alguém no meio do sonho? Quando objetos ideais ou até idealizados são simplesmente defensivos e quando envolvem aquisições do desenvolvimento emocional e até cognitivo? Será que às vezes consideramos defensivos estados ideais que expressam um tipo de realidade? No livro *Who is the dreamer who dreams the dream?*, Grotstein (2000) insiste que nos atenhamos à sensação de assombro e mistério envolvida no próprio ato de sonhar. Alguém poderia defender o mesmo em relação à imaginação. E vejam os pontos de vista de Rocha-Barros (2002) em relação a certos sonhos como passos para a pensabilidade e o funcionamento simbólico verdadeiro.

De início, o pensamento psicanalítico colocava a fantasia como exercício de satisfação de desejo em oposição ao princípio de realidade. Isaacs e outros kleinianos (Klein, 1952) questionavam essa oposição. Isaacs (1991) ampliou muito a zona em que se pensava o funcionamento da fantasia inconsciente. Zona ampliada para acompanhar muitas outras atividades, foi aprofundada até os primeiros estágios da infância, mas a expansão mais radical foi ampliá-la adiante, das profundezas do *self* egocêntrico, para ir ao encontro da "realidade". Escreveu: "O pensar da realidade não pode funcionar sem fantasias inconscientes concomitantes e que lhe dão sustentação" (p. 109). Como ressaltei no Capítulo 3, Riviere (1952) aproximou mais ainda a união da realidade com o inconsciente e deu ao inconsciente um *status* com os mesmos direitos.

Mais tarde, a teoria sobre a formação de símbolos de Segal (1957) tornou-se, para muitos, o critério vital para avaliar a proximidade da união entre inconsciente e pensamento realista – quanto mais elevado o processo simbólico, mais próxima seria essa união. Pensava-se que a verdadeira formação de símbolos resultasse do processo de luto pela perda dos objetos primários e de sua ligação com a posição depressiva, com o reconhecimento da perda e da condição de separação.

Contudo, é interessante notar que Riviere, diferentemente de Segal, não parecia enfatizar tanto a condição de separação, mas a harmonia do casal. Ela ressaltava a natureza bicameral da mente, o processamento paralelo do pensamento consciente da realidade e a atividade mental inconsciente, duas séries de pensamento que ocorrem em paralelo. Como sugeri no Capítulo 3, as duas séries não precisam necessariamente estar em desarmonia, podem funcionar de maneira harmônica. No Capítulo 5, também tentei abordar a questão de saber se a condição de estar separado e a perda são realmente os elementos mais importantes no trajeto para a formação do símbolo, ou se esperança e confiança em formas alternativas de bondade (e possivelmente a "preparação" para elas) também desempenham seu papel. Tanto Klein (1952) como Segal (1964) enfatizaram que a força do objeto bom e do *self* bom permitiu o desenvolvimento da posição depressiva, mas a importância do senso de bondade pode ser subestimada ou dada como certa ao pressionarmos nossos pacientes a encarar seu ódio e sentimentos de persecutoriedade e de perda. Os bebês são desmamados do seio *para* uma forma alternativa de alimentação com copos e comidas sólidas. Não são desmamados para passar a uma situação de fome. Concordo profundamente com Grotstein (2000) de que não tem havido tentativas suficientes de se diferenciar entre posição depressiva e melancolia infantil – ou, como disse, entre posição depressiva e desespero (Alvarez, 2010b). Por mais negativo que seja o conteúdo das brincadeiras e da imaginação, a simples capacidade de brincar e de usar a imaginação para criar formas implica certo nível de esperança.

Teorias psicanalíticas da fantasia e do brincar

Nos primeiros anos de trabalho psicanalítico com crianças, o brincar tendia a ser visto, principalmente, como fonte de informação a respeito das preocupações passadas ou presentes da criança – algo como um teste projetivo dramatizado. Freud (1920) sugeriu que, ao brincar com o carretel, seu neto compensava a ausência da mãe, encenando o desaparecimento e o retorno dos objetos ao seu alcance. Isaacs (1948) acrescentou que o brincar do menino o "consolava" pela ausência da mãe. No entanto, faltou em sua avaliação a distinção kleiniana (então, ainda recente) entre processos defensivos contra dor e depressão e processos destinados a superá-las e fomentar crescimento (Klein, 1940). Com as teorias posteriores de Segal sobre a formação de símbolo e a área transicional de Winnicott, agora podemos ver que muito dependeria do estado interno das relações de objeto do menino enquanto brincava com o carretel. Brincava, principalmente, para negar a ausência da mãe e, mais importante, sua importância (brincando em nível de equação simbólica)? Ou brincava para ter certo controle e tornar mais tolerável a ausência dela (brincando em nível de objeto transicional)? Ou não tinha dúvida a respeito da sua importância nem da sua ausência, mas investigava e tentava aprender mais a respeito das propriedades de objetos que se ausentam por conta própria (brincando em nível de verdadeira formação do símbolo)? Depois, acrescento uma quarta possibilidade (que diz respeito à falta de sentido, um brincar incoerente) e uma quinta (sobre brincar perverso e viciante).

Muitos teóricos psicanalistas – e, pensando bem, estudiosos do desenvolvimento – observaram posteriormente as implicações de aprender sobre a realidade da perda, da dor e da frustração (Bower, 1974; Bruner e Sherwood, 1976; Murray, 1991) com o estudo das variações do jogo de esconde-esconde. No entanto, para voltar um instante à formulação inicial e mais geral sobre o significado do brincar, em uma série de artigos dos anos 1920, Klein descreveu um modo de chegar ao inconsciente das crianças usando um método similar ao da associação livre usado por Freud com seus pacientes adultos. Ela analisou a fala e a conversa da criança, assim como Freud havia feito com a fala e os sonhos de seus pacientes, mas também observou e tentou entender o sentido do brincar da criança. Era evidente que Klein considerava o brincar como ato profundamente significativo, mas, para ela, o importante era a fantasia inconsciente por trás da brincadeira: tornar consciente a importância do conteúdo do brincar aliviaria as ansiedades da criança. Surgiu um novo desenvolvimento do trabalho de Joseph sobre as formas pelas quais o paciente influencia sutilmente o analista e o empurra para certo tipo de *enactment* no comportamento. Joseph (1998) ressalta que isso é ainda mais provável no trabalho com crianças. Em sua opinião, para o analista de crianças, assim como os que trabalham com adultos, no *setting*, o elemento crucial é o estado mental do analista. Prossegue sugerindo que assim que um trecho da brincadeira é compreendido e interpretado, o terapeuta provavelmente para de participar. Eu concordaria com isso em relação às crianças que estão em nível mais neurótico, capazes de brincar de maneira mais comunicativa. Mas o que dizer daquelas que não conseguem brincar, ou seja, das crianças com déficits importantes de ego, *self* e objetos internos? Ou das crianças cujo brincar é patológico por envolver equações simbólicas concretas ou é viciante ou perverso? Algumas crianças que raramente ou nunca foram compreendidas não sabem o que significa compreensão. As mais evoluídas, ao perceber pela primeira vez a compreensão do terapeuta, com frequência perguntam: "Como você sabia isso? Você lê pensamentos?". O tratamento de crianças *borderline* e psicóticas e os estudos da infância sobre as etapas do desenvolvimento da capacidade de brincar sugere que o conteúdo é apenas metade da história. Suas qualidades formais e seus níveis importam enormemente. Há muito mais no brincar do que seu significado simbólico subjacente, por mais importante que seja. Slade (1987) destaca o fato de tendermos a pensar que nosso trabalho seria desvelar o significado, mas que, ao ajudarmos as crianças a aprender a brincar, nós as ajudamos a criar significado.

A importância do brincar e da imaginação para a introjeção e o pensar

A característica opressora do brincar de Ruth, que descrevo adiante, tinha muito em comum com as mentiras contadas por crianças que sofreram privações excessivas e traumas, descritas no capítulo "Sonhos extravagantes", de *Companhia viva* (Alvarez, 1992). No caso delas, contudo, eu sentia que seria primordial, como necessidade do desenvolvimento, que o objeto acreditasse em um futuro melhor do que aquele que o *self* podia conceber. Concordo com Caper (1996) que brincar envolve a sondagem do objeto (e o experimento no objeto e com o objeto), mas não tenho tanta certeza de que isso dependa de distinção muito clara entre realidade interna e externa que ele – e Fonagy – parecem atribuir a isso. As crianças podem trazer fantasias ou mentiras onipotentes e loucas como forma de experimentar a fantasia de uma necessidade legítima – não no sentido de *desejarem* o jeito de as coisas terem ocorrido, mas de como consideram que as coisas *deveriam ter sido* ou *deveriam ser*. Em minha opinião, isso não necessariamente é negar a realidade; pode ser explorar a ideia de uma realidade diferente (ver Capítulo 6 para a discussão mais completa da questão de imperativos morais).

Se a sondagem obtiver a resposta correta, isso pode sinalizar um início de superação, mais que de negação, injustiça persecutória e desespero. Seres humanos nascem com necessidades biológicas e sociais profundas, mas também, se não estiverem muito prejudicados, com certo senso de uma ordem legítima das coisas. Nesses termos, brincar pode refletir um arranjo diferente da realidade. Hesito chamá-la simplesmente de realidade "interna". Fonagy faz parecer pouco real para o que acho possível acontecer por meio dessas fantasias. Que tal uma realidade *potencial* ou uma realidade *antecipada*? Melhor ainda, uma realidade *legítima*, baseada no sentimento do que deveria estar presente (ou deveria ter estado), ou seja, da legitimidade das coisas. Será que as demandas por justiça e compaixão, digamos, em um estado policialesco, se baseariam em negação ou em uma visão de mundo melhor? Stern (1985) descreve um menino pequeno brincando com uma família de bonecos e duas casas durante o divórcio dos pais. Nenhuma combinação para dormir funciona até, finalmente, ele colocar os pais juntos na cama deles e o menino de volta para sua cama. Por fim, ele diz: "Assim, bem melhor". Na realidade interna – ou deveríamos chamar realidade potencial? –, os casais podem se reunir e a história interna pode ser reescrita de maneira cicatrizante, em nível simbólico, sem ser simplesmente realização onipotente de desejo. Acredito que isso possa produzir crescimento não só emocional como também cognitivo. A frase de Trevarthen (1993) "brincando na realidade" é útil aqui.

Estudos de bebês: a importância de brincar "com"

A pesquisa sobre desenvolvimento infantil tem destacado a importância do brincar para o desenvolvimento cognitivo (Bruner e Sherwood, 1976; Vygotsky, 1978), e outros realizaram estudos sobre que tipo de brincar é útil para o processo de aprendizagem. Sylva e Bruner (1974) escrevem que é necessário um parceiro sensível para o brincar ser útil na resolução de problemas – direcionar sem dominar e também ter prazer na atividade. No mesmo livro – que investiga o papel do brincar no desenvolvimento e evolução –, Bruner e Sherwood (1976) citam a descoberta comum em que jovens chimpanzés parecem brincar de maneira mais livre quando a mãe está por perto. (Também encontrado em pesquisa sobre a teoria do apego com crianças pequenas.) Hutt (1972) salienta:

> *brincar... só acontece em ambiente conhecido e quando o animal ou a criança sente ter conhecimento das propriedades do objeto naquele ambiente; isso fica evidente no relaxamento gradual de humor, evidenciado não só por mudanças de expressão facial como na diversidade e variabilidade maior de atividades. (p. 211)*

No brincar, a ênfase muda da pergunta "O que este objeto faz?" para "O que posso fazer com esse objeto?". Os vídeos de Murray de bebês de mães com depressão pós-parto proporcionam uma ilustração poderosa disso quando, aos doze meses, são solicitados a encontrar um objeto (que havia sido escondido na frente deles) sob um copo invertido. O bebê da mãe deprimida dificilmente se incomoda – objetos escondidos não exercem mágica sobre eles. O bebê da mãe normal não só encontra o objeto de imediato como brinca com ele de maneira extremamente irreverente durante diversos minutos. Evidentemente, está descobrindo tudo o que pode fazer com o objeto. Sua curiosidade está viva e bem (Murray e Cooper, 1997). Algumas crianças negligenciadas que, de repente, começam a nos perguntar coisas aparentemente intrusivas a respeito de morarmos na clínica ou de dormirmos naquele divã talvez estejam começando a desenvolver um pouco de curiosidade saudável. Talvez possamos atiçar isso sem excitar demais nem privar uma criança que já sofreu extrema privação – não recusando nem respondendo à pergunta, mas imaginando com elas.

O continuum *de níveis de formação de símbolos*

Atenho-me, por enquanto, ao contínuo clássico de três pontos de Winnicott/Segal, mas, conforme disse, no final examino também um quarto e um quinto pontos do contínuo. Nesse meio-tempo, é importante registrar que desenvolvimentos na teoria psicanalítica sobre formação de símbolos adicionaram uma nova dimensão vital à teoria do brincar, além da questão do mero conteúdo.

Primeiro, Winnicott (1953) sugeriu nossa necessidade de estudar o período de crescimento rumo ao simbolismo que considerou como uma jornada da subjetividade para a objetividade, da fantasia para a realidade, da ilusão para a desilusão. Nessa jornada, ele identificou uma área intermediária, uma zona transicional que fica entre as duas maneiras de se relacionar com um objeto. Essa zona transicional seria uma área de experiência intermediária entre a simples ilusão narcísica na qual tudo pertence à pessoa e a conscientização madura da condição de separação e gratidão, em que seria possível o funcionamento simbólico verdadeiro. Assim, se a criança usa seu ursinho de pelúcia como objeto transicional, em parte, reconhece que o bichinho é diferente do objeto primário (seio ou mãe) e, em parte, não reconhece – nem, de acordo com Winnicott, deveria ser obrigada a reconhecer cedo demais. Winnicott diz que essa área deve permanecer inquestionada e existir como lugar de descanso, paradoxo necessário e que deve ser respeitado em sua jornada em direção ao funcionamento simbólico verdadeiro. Acho que ele quer dizer que o terapeuta não deve ficar lembrando continuamente o paciente que o bichinho não é mamãe, mas uma defesa contra a perda, a separação e a dependência. Ele parece preocupar-se que isso possa descurar a outra parte do significado – ou seja, que o objeto transicional é a primeira grande experiência de posse independente da criança –, e descuidar disso pode interferir na criatividade e no desenvolvimento da criança. O ursinho, afinal, é da própria criança.

Posteriormente, Segal (1957) continuou a enfatizar e a desenvolver a distinção entre formação de símbolo verdadeira e equação simbólica. Não parece ter mencionado uma área intermediária. Nota a diferença de dificuldade de um paciente neurótico em tocar violino e a dificuldade de seu paciente esquizofrênico que explicou não poder mais tocar violino porque não seria adequado que se masturbasse em público. No segundo caso – o da equação simbólica –, ela assinala o fato de que as qualidades do substituto, seus atributos de violino, não são reconhecidas nem admitidas. A equação simbólica era usada para negar a ausência do objeto ideal ou para controlar um objeto persecutório, e isso pertencia aos estágios mais iniciais do desenvolvimento. O conceito de objeto autístico, sem significado simbólico, de Tustin (1980) acrescentou muito à compreensão do funcionamento nesse nível. Nesse caso, gostaria de reiterar minha posição de que há outros estados patológicos na infância, além dos que envolvem equações simbólicas (Alvarez, 1992). Há situações em que se considera que o objeto não está fusionado à pessoa, mas, ao contrário, insuportavelmente remoto e inatingível. Segal (1957) escreve:

> *O símbolo propriamente dito, por outro lado, é sentido como representante do objeto... Suas características próprias são reconhecidas, respeitadas e usadas. Ele*

surge quando os sentimentos depressivos predominam aos esquizoparanoides, quando a separação do objeto, perda e culpa ambivalentes podem ser vividas e toleradas. (p. 57)

Prossegue dizendo que, no caso símbolo verdadeiro, não é usado (em nível neurótico ou normal) para negar, mas, sim, para *superar* a perda.

Infelizmente, dei muitas interpretações psicanalíticas que supunham essa capacidade de funcionamento simbólico no paciente – suposição nem sempre justificada. Acho que ainda temos muito a aprender sobre *os passos no desenvolvimento das capacidades simbólicas*. Talvez precisemos compreender que essa "superação" da perda, além de enfrentá-la, envolve certa fé de que algo mais ainda importa, de que a vida ainda tem sentido e que nem tudo está perdido.

Voltando, por um momento, para a área intermediária – quando, pela primeira vez, li o artigo de Winnicott, li a afirmação de que o objeto transicional é a primeira posse *não eu* da criança. Muito depois, percebi que ele também queria dizer que o objeto transicional é a primeira *posse* não eu da criança. Acho que algumas crianças desesperançadas – para quem rostos, vozes, brinquedos e objetos para brincar podem nunca ter sido iluminados por vivências compartilhadas com um progenitor amistoso – podem chegar à fase transicional de um lugar muito diferente daquele dominado por equações simbólicas ou ilusões. Essa é a possibilidade da quarta posição no contínuo. Talvez tenham começado de um lugar não marcado por ilusão nem por equações simbólicas, mas pelo *vazio simbólico* e pela desolação, em que os objetos estavam longe demais, e não perto demais. As interpretações talvez precisem dar conta dessa alegria nova da criança de posse e de apropriação do seu objeto, de sua capacidade de voltar, de ser confiável. Com pacientes neuróticos que estão bem, mais maníacos, cuja onipotência é defensiva contra a impotência comum, talvez precisemos permanecer alertas para questões sobre a condição de estar separado e de desmame. Mas quando o que parece "onipotência" na verdade é expressão de necessidade de potência, talvez seja preciso entender a necessidade de o paciente ter uma visão diferente, uma visão clinicamente menos deprimida de si mesmo, ou seja, como alguém capaz de atrair simpatia, atenção ou interesse de alguém (Alvarez, 1992; Reddy, 2008). Muito disso pode ser abordado pelo terapeuta no nível descritivo do trabalho, mas em alguns exemplos algo mais intensificado talvez seja necessário, como tento mostrar.

Talvez valha a pena enfatizar que considero essa dimensão ou contínuo expandido de Winnicott/Segal importante com todo tipo de paciente, não apenas com pacientes muito deprimidos e que sofreram privação excessiva. Uma criança pode se agachar em um armário algumas sessões antes de sua terapia terminar por causa da óbvia gravidez da terapeuta. O conteúdo – de que, em sua fantasia, ela está dentro da terapeuta, assim como o bebê – pode estar muito evidente. Mas será que está se afastando, no nível da equação simbólica, ao encontrar um lugar melhor para si mesma? Ou estará comunicando que "ao menos" isso vai ter de servir, porque ela meio que sabe que a terapeuta está indo embora e não será a ocupante daquele lugar aconchegante, e ela meio que precisa negar o fato e encontrar e criar seu próprio lugar: ou seja, reconhece um pouco sua importância e a importância do evento iminente e, em parte, afirma sua independência (em um nível transicional)? Ou será totalmente conhecedora do significado para si do que está acontecendo e está investigando cuidadosamente como seria ser o bebê dentro da terapeuta, ao mesmo tempo que dolorosamente sabe que não é o bebê (nível simbólico)? Nesse caso, a mesma brincadeira pode estar cheia de significado, perda, pungência e importância simbólica e totalmente em contato com a realidade externa (a gravidez) e sua realidade interna (sua perda). Nesse momento, é possível dar mais interpretações explicativas simbólicas. Não são escolhas técnicas fáceis, mas o tom, o ânimo e a atmosfera oferecem pistas essenciais para nos ajudar a evitar erros. Dar a entender a uma criança desesperada, que se agarra de forma frenética a uma equação simbólica (insistindo, por exemplo, que não estamos indo embora ou que ela vai conosco), que ela "deseja ser nosso bebê, mas não é possível" pode aumentar o desespero e o desamparo. A criança talvez saiba realmente de que precisa – um objeto permanente e confiável –, e a terapeuta pode reconhecer que a criança sente que a terapeuta *deveria* ficar e deixá-la ser seu bebê. Talvez a criança também precise ser lembrada que a terapeuta encontrou outro terapeuta que tentará ajudá-la, assim como ela a ajudou.

Esse trabalho ainda está em nível descritivo, mas no próximo exemplo – com uma criança em um estado de desesperança crônica –, a terapeuta talvez precise fazer o trabalho avançar para outro nível, mais fundamental, em que a terapeuta não elabore simplesmente o significado como também insista nele.

Exemplo clínico de paciente na quarta posição abaixo ou além da equação simbólica: decorrências técnicas para o trabalho com brincadeira sem sentido

Gostaria de examinar a questão do brincar incoerente, vazio. Penso que seja uma quarta posição que de nenhum modo se iguala ao nível da equação simbólica. Tem a ver com a distância impossível do objeto, não de proximidade excessiva. Até aqui, tenho escrito sobre o brincar com sentido, mas precisamos ser honestos conosco e com o paciente, quando começamos a perceber que o brincar é sem sentido. Esse fenômeno é familiar no trabalho com pacientes autistas. Em outro lugar (Alvarez, 1992), descrevi minha tardia descoberta de que Robbie, paciente autista, repetia uma questão urgente na origem – será que ele está um "pouco adiantado"? – de maneira completamente morta e estagnada e como levei muito tempo para perceber que não tinha nenhum significado. Mesmo pacientes menos enfermos podem ficar emperrados em atos sem sentido, como descrevi no Capítulo 8, em relação ao que *parece* um tipo de narcisismo. Poucos anos atrás, um paciente meu (Jacob) muito desesperado e perseguido, mas não psicótico – que na ocasião estava um pouco melhor, mais feliz e mais capaz de aprender –, estava jogando fora alguns desenhos seus. Questionei-me por que eu nunca me importara quando ele jogava fora seus desenhos, ao passo que, quando outros pacientes faziam algo semelhante, interpretava como ataque, rejeição ou ato de profundo desespero em relação ao seu talento. Evidentemente, às vezes é apropriado: lixo precisa ser jogado fora. Todavia, por muito tempo e com muita frequência, com Jacob, eu não sentia quase nada – apenas um sentimento factual, como se ele jogasse fora um lenço de papel usado. De repente, percebi que os desenhos realmente *não tinham importância* – nem para ele, nem para mim – e que muitos tinham sido feitos de maneira muito incoerente: "Sou criança. Crianças desenham. Vou desenhar para que ela largue do meu pé". Com certeza, essa era sua atitude em relação às demandas escolares – submissão zelosa, sem nenhum aprendizado real –, mas, como crianças desenham, eu insensatamente procurava significado em seus desenhos. Ele desenhava obedientemente para mim, mas seu coração não estava nisso. O significado estava ausente. Foi importante mostrar para essa criança a falta de esperança e de fé e, portanto, de sentido que existia em cada uma de suas comunicações. (Ferro (1999) e Ogden (1997, p. 4) escreveram de forma sugestiva sobre esse fenômeno.) Precisei tomar coragem para abordar essa questão na primeira vez que me dei conta da situação. Isso exige um manejo delicado, para não ferir a criança nem transmitir que *ela* é desinteressante: a questão é transmitir que nós entendemos que ela sente que tanto ela como eu, e o encontro de nós dois, somos desinteressantes. Talvez precisemos até interromper a criança brincalhona (na aparência, mas divertida de maneira falsa) ou o adolescente tagarela demais para comunicar nosso pedido e insistência em um sentido mais verdadeiro. Uma vez, quando meu paciente autista Robbie já era adulto, perguntei-lhe o que estava pensando. Ele respondeu de maneira enfadonha: "Ajudei a mamãe a varrer as folhas hoje". Isso não foi dito da maneira autística antiga, com excitação descontrolada, mas, apesar de sadia, mesmo assim era burocrática e desvitalizada. Interrompi dizendo: "Não, não, diga-me o que está *realmente* na sua mente. Olhe um pouco mais!". Ele pensou um instante e começou a cantar, com ternura, um verso da música *The last waltz with you*. Quando ele olhava nos meus olhos procurando respostas para perguntas que de algum modo ele já sabia (por exemplo, as datas das nossas férias de Natal) ou tentava ler meus pensamentos para me dizer o que gostaria de escutar, eu sempre interpretava que ele procurava na minha cabeça em vez de procurar na dele. Mas, nessa ocasião, parecia mais eficaz fazer uma sugestão ativa. Penso que se tratava de abordar o déficit, e não apenas o uso inadequado, defensivo ou manipulador do déficit, mas esses maus hábitos mentais com certeza também precisavam ser abordados em outros momentos.

Exemplo clínico de brincar aparentemente transicional que, na verdade, em alguns momentos, estava mais próximo da equação simbólica, em outros, era mais viciante e frenético

Uma paciente minha, Ruth, de 7 anos, foi encaminhada por sofrer *bullying* na escola e também por não aprender conforme prognosticava seu elevado nível de inteligência. Sua imaginação era das mais férteis e desenvolvidas que eu já vira no consultório. Seu vocabulário era amplo e, de forma encantadora, sempre adequado. Certo dia, em nossa brincadeira compartilhada, eu devia fingir perplexidade diante do fato de que ela, prisioneira fugitiva, montava um unicórnio voador vestida com "majestosa elegância" (palavras dela). Suas histórias eram dramáticas, excitantes, cheias de suspense e variedade – certamente muito boas candidatas para a formação de símbolos ou em algum local entre o funcionamento transicional e o simbólico. No entanto, de outro ponto de vista, não eram assim tão variadas. Ela era sempre uma figura surpreendentemente todo-poderosa, heroica, triunfante, que invariavelmente produzia admiração e temor nas figuras materna e fraterna na brincadeira. (Raramente o pai estava presente.) No começo, sua heroína frequentemente também era cruel. Eu era sempre a mãe gentil, mas extremamente ingênua, dormindo pacificamente após amamentar meu bebê, sendo acordada de repente por estranhos sons rascantes, depois por choros terríveis do bebê. Ruth tinha libertado uma horda de ratos que estavam comendo o meu bebê! Durante algum tempo, desempenhei meu papel nessa brincadeira, por razões que explico depois. (Ruth sempre mantinha seu nome nas histórias e isso me intrigava. Atualmente, acho que talvez fosse uma pista do nível relativamente baixo do funcionamento simbólico da brincadeira. Era um pouco real demais para ser de natureza simbólica legítima: aproximava-se mais da equação simbólica.)

Após algum tempo, comecei a perceber que, apesar de todo seu encanto e vitalidade, Ruth sempre lançava olhares dardejantes e seus olhos nunca encontravam os meus por mais de uma fração de segundo. Ela simplesmente não escutava ou não conseguia escutar, algo talvez resultante de uma vida de maus hábitos mentais. Qualquer comentário meu sobre a brincadeira, que não fizesse parte dela, ainda que fosse curto e simples, evocava um suspiro frustrado e um "Sim, sim, ok. Agora podemos continuar o jogo!". Eu me sentia cronometrada. Desnecessário dizer que ela não escutava na escola, e os colegas estavam desistindo dela, e ela estava atrasada em inglês, pois não se dava ao trabalho de observar como soletrar as palavras.

Era importante tratar do desprezo intimidante de Ruth pela idiotice de todas as figuras maternas: sua vontade era de ferro, e aprendi a ser bem firme na insistência de que ocasionalmente eu devia ser escutada. Aos poucos, o conteúdo das histórias começou a mudar: Ruth não era mais a anti-heroína, e sim a heroína. Havia menos crueldade, apenas saltos do tipo Tarzan, feitos para evocar meu orgulho atônito. Um dia, quando ela desempenhava o papel de uma estudante poderosa e feroz que resgatara todas as outras garotas de assassinos perigosos, Ruth se transformou em falcão-peregrino e, depois, em fênix, que voltava para visitar e trazer alegria para sua querida e triste diretora uma vez por ano. Comecei a sentir que ela passava a absorver um pouco do que eu dizia, mas o ritmo da sua brincadeira devido a toda vivacidade era frenético, compulsivo e fechado demais para ser considerado realmente transicional. Mas, claro, Ruth não era psicótica. Ela era *capaz* de sair das histórias e ser muito coerente e eficiente em relação a mudanças temporais e assim por diante. Também era capaz de ser muito amorosa e de fazer reparação (fisicamente) em relação aos pais e a mim. No entanto, por uma série de razões, ela ainda não queria sair das histórias. E a natureza habitual dessa falta de vontade quase levava à incapacidade. (A cronicidade das condições pode se estabelecer muito cedo na vida, e, como mostraram Perry *et al.* (1995), estados podem tornar-se traços duradouros.)

Precisei também me ocupar do fato de que, em parte, a motivação da hiperatividade de Ruth era dar vida à figura materna deprimida, produzir um objeto reativo interessado. (Seus pais me disseram que ambos estavam deprimidos durante o primeiro ano de vida dela, mas naquela fase eu não sabia o porquê.) De qualquer forma, aprendera que era importante eu reagir às projeções com certa emoção – às vezes positiva, outras vezes negativa. Em geral, ela ficara um pouco mais calma, mas um dia começou a brincar de forma violenta e muito excitada. Senti que ela quase passava dos limites (o que com frequência a levava a colapso e exaustão total e, em geral, ela adoecia fisicamente no dia seguinte), assim, disse que eu não desempenharia meu papel na brincadeira de hoje. Expliquei que ela me parecia excitada demais para seu próprio bem (ou seja, excitada por seu poder e crueldade) e não compactuaria com aquilo. Ela desacelerou, por um momento, pareceu absolutamente desolada e, então, tentou sentar no meu colo de costas para mim. Era seu jeito habitual de ficar em contato e fazer as pazes novamente e, até esse momento, eu aceitara isso. Mas ela já tinha 8 anos e pensei no contato visual inadequado – os olhares dardejantes com os quais eu ficara preocupada nos últimos tempos. Então, fiz uma espécie de sugestão: apontei que não lhe ocorrera tentar olhar para mim em vez de se aninhar, que olhar também é um jeito de fazer as pazes e ficar de bem de novo. Ruth, com seu espírito corajoso, sentou-se no divã e me olhou durante alguns minutos. Eu ia escrever "olhou firme", mas, na verdade, ainda era instável, pois evidentemente ela não estava acostumada a fazer isso. Mas acredito que ela *praticava* me olhar nos olhos. (Lembrem-se de que bebês normais aprendem esse tipo de convergência visual e essa varredura sem pressa aos três ou quatro meses de idade (Stern, 1974).) Momentos depois, ela cometeu um lapso que me confundiu até ela dizer, muito solenemente, algo que explicava porque seus pais tinham ficado deprimidos há muito tempo. (Eu não tinha mencionado seus pais até aquele momento.)

Como indiquei, por algum tempo em minha resposta a Ruth, era suficiente ficar no nível descritivo ao concordar em desempenhar meu papel como o bebê patético parte dela ou como o objeto mãe não muito inteligente. Senti que algo importante relativo ao seu primeiro ano de vida estava sendo processado. (Na verdade, sua mãe era muito inteligente e cheia de vida agora, mas, para um bebê muito pequeno, sua depressão do passado talvez possa ter parecido simplesmente como alguém que não estava entendendo nada.) Contudo, quando a brincadeira começou a ficar frenética e sem sentido, foi importante não compactuar com algo sadomasoquista e, em última instância, perturbador para ela. Mas também era importante não a abandonar simplesmente em um estado de depressão vazia. Eu precisava ser bastante firme, para não incentivar nem oferecer outra coisa no lugar. Tanto o incentivo como a sugestão de uma alternativa (contato visual ou outras maneiras divertidas de passarmos um tempo estimulante juntas) envolviam técnicas intensificadas mais ativas que as de nível meramente descritivo. O desencorajamento de excitações perversas precisa ser acompanhado da afirmação confiante de que há outras maneiras de se sentir vivo e em contato com um objeto vivo. Senão, o paciente acredita que tem apenas duas opções: excesso de excitação ou vazio incomensurável.

O problema da brincadeira perversa: quinta posição no contínuo do simbolismo

Talvez valha a pena diferenciar a concretude da equação simbólica do vazio descrito acima e um degrau abaixo na escala simbólica: o desenvolvimento de relações de objeto viciantes ou perversas por meio do brincar ou da fantasia. Nesse caso, podemos concordar com Charlotte Brontë em relação aos riscos do brincar idólatra e do brincar viciante (ver Joseph (1982) sobre a conversa lamurienta viciante de um adulto masoquista e Freud (1930, pp. 149-158) sobre fetichismo). Algumas "brincadeiras" violentas, aparentemente simbólicas, na verdade, podem ser mais como um ensaio para assassinato verdadeiro. No entanto, até os atributos de comportamento ou preocupação mais perversos e bizarros podem começar a mudar durante o tratamento. *Qualquer* objeto físico ou comportamento pode movimentar-se para cima ou para baixo do contínuo, *sem qualquer mudança de conteúdo*. Por exemplo, é fascinante observar que rituais bastante frenéticos e perversos de crianças autistas começam a ficar menos viciantes, ainda incoerentes e vazios, mas depois passam a ter a intenção provocadora de frustrar e irritar o terapeuta. Ainda que o ritual possa parecer tão psicótico e autocentrado quanto no passado, sua qualidade expressiva e comunicativa pode revelar um nível mais transicional. O fato de a criança pressionar pessoas em vez de objetos físicos pode sinalizar a entrada em um mundo mais interpessoal, menos autístico (ver exemplos em Alvarez e Reid (1999)).

Nossas respostas enquanto terapeutas, portanto, devem variar também e vão depender do monitoramento simultâneo de nossa contratransferência e percepções: é possível observar progressos similares no contínuo em direção ao brincar transicional em algumas crianças e adolescentes que sofreram perversão e abusos e nossa técnica pode dar conta disso. Às vezes, é muito fácil ficarmos chocados com o nível de atraso de desenvolvimento de infratores sexuais mais velhos. Um menino de 15 anos, que sofreu abuso anal durante sua infância, sempre escolhia, de forma franca ou mais disfarçada, exibir as nádegas (com roupa) para sua terapeuta. Ele parecia convencido de que essa seria a única maneira de um adulto se interessar por ele. Certo dia, ao contrário, começou a brincar de uma espécie simples de esconde-esconde, em que surgia de um pulo de trás da cortina com um grito de triunfo. Era importante *não* interpretar sedução ou excitação sexual, mas comentar o fato de ele precisar ter certeza de que a terapeuta estava surpresa e encantada de reencontrá-lo após o intervalo entre sessões. Esses jovens têm a convicção profunda e realista, dada a sua experiência, de que ninguém se interessa por eles por direito próprio – a não ser apenas como objetos sexuais. Brincadeiras comuns de tipo provocador – quer dizer, comuns para uma criança de 3 anos – podem começar a surgir em um jovem de 15 anos. Mas qualquer que seja a acusação sexual correspondente, nessa população de pacientes, essas brincadeiras devem ser consideradas sob *outra* óptica, não sexual, apesar de estimulante. Também é difícil, mas muito importante, o terapeuta ser capaz de encontrar e ampliar vislumbres da capacidade de gostar, ter prazer, diversão e até excitação (que esses pacientes podem dissimular sob formas muito mais estranhas e aparentemente muito mais perversas – ver Cottis (2008) e Woods (2003)).

Mas o que acontece caso a terapeuta não consiga encontrar esses vislumbres no paciente nem em si mesma – quando, por exemplo, Billy (descrito no Capítulo 7) enfiou a agulha no olho do urso de pelúcia de maneira infinitamente lenta? Até aquele momento, sua crueldade com o urso parecera alimentada por fantasias persecutórias, desesperadas, de desejos de vingança – carregadas de afetos que necessitavam outra pessoa para fazer o papel de vítima.

Mas, naquela sessão, havia algo diferente – uma dureza e um prazer frios (e, em dado momento, um traço inicial de excitação sexual) – em relação a que eu senti que não deveria ser receptiva demais, do ponto de vista masoquista. Evidentemente, interpretei o prazer que ele desfrutava com sua crueldade, mas recusei-me também a desempenhar meu papel habitual como o ursinho que chorava e implorava. Tentei diminuir o nível de excitação falando de forma calma, sem condenação. Com outra criança parecida, para a qual a brincadeira em muitas ocasiões se tornara absolutamente excitante de forma perversa, mas, com frequência, simplesmente corriqueira, tentei mostrar sua convicção de que eu, assim como ela, achava sua crueldade muito excitante. Porém, comecei também a lhe dar a entender, assim como os pais, que isso tinha ficado enfadonho. Teria sido um erro fazer isso precocemente, antes de a criança ter tido suficientes oportunidades de processar e projetar a dor, mas seria igualmente um erro permitir que a crueldade continuasse por muito tempo. Quando Ruth ficava excessivamente excitada com a brincadeira cruel comigo e meu bebê, eu fazia algo parecido. De fato, quando ela se acalmava, eu sugeria um jeito menos sensual de mostrar sua cordialidade agora bastante ansiosa.

Nos casos em que o sadismo nas sessões é extremamente repetitivo, certamente não é suficiente interpretar que o vício é defensivo (mesmo que, anos antes, tenha começado dessa maneira). No entanto, passar do nível explicativo para o nível descritivo, seja qual for a coragem emocional exigida do terapeuta (como no Capítulo 6), nem sempre é suficiente. Se a criança ou adolescente excita-se com sua agressão, precisamos nos precaver do conluio ou da condenação de modo exageradamente emotivo e começar a manifestar algo próximo ao tédio indiferente. No Capítulo 6, disse que precisamos ter a coragem de olhar o mal nos olhos, mas também exige coragem olhar a excitação viciante nos olhos e enfrentar o horror que estamos destinados a ver. Mas, caso tenha se tornado crônico de modo viciante, precisamos ter liberdade de comunicar nosso aborrecimento e relutância com brincadeiras sadomasoquistas, procurando ao mesmo tempo mostrar que o paciente pode estar igualmente entediado, mas talvez não saiba como parar e, certamente, pode não saber como seguir adiante para algo igualmente interessante, mas diferente. O mesmo é verdadeiro para situações repetitivas de brutalidade corriqueira e, nesse caso também, penso que nosso tom de voz é muito importante. Algumas vezes, podemos até mesmo desencorajar a brincadeira de forma ativa e insistir em algo com mais significado. (Eu só faria isso se a brincadeira for claramente desvitalizada e viciante, não se ainda houver significado paranoico persecutório.) Com crianças que sofreram abuso e tortura, ainda não totalmente psicopatas endurecidas, mas que estão identificadas com o torturador, algumas vezes é melhor mostrar-lhes que sabemos que não são elas e perguntar quem estão sendo hoje.

Discussão: podemos ainda ter orientação psicanalítica e brincar com a criança ou até inovar e despertar o desejo de brincar?

Evidentemente, Ruth tinha ao menos a concepção de uma figura interessada. Outras crianças podem ter traços tênues do que Bion (1962b) chama "preconcepção" desse tipo de figura, mas a vida não lhes proporcionou "realizações" suficientes para produzir uma concepção real de que as pessoas e o mundo, e o que se pode fazer com eles, têm importância e podem ser interessantes. Para essas crianças, é muito relevante a ideia de Winnicott de que transformações psicológicas importantes podem ocorrer *por meio do próprio processo do brincar*. Winnicott e os estudiosos do desenvolvimento acentuavam a importância dos elementos mais criativos e despreocupados da atividade de brincar, do uso livre da imaginação. Mas também acreditavam, como Sanville (1991, p. xi) descreve, que "brincar é coisa séria". Winnicott (1971) escreveu: "quando o brincar não é possível, o trabalho do terapeuta deve orientar-se para trazer o paciente do estado de não ser capaz de brincar para o estado de ser capaz de brincar" (p. 38). Antes, neste livro, mencionei o menino pequeno que sofreu abusos terríveis e que, a princípio, não tinha ideia de como brincar, mas que um dia ficou encantado de "ter uma ideia" sobre o que ele e sua terapeuta poderiam brincar. É importante notar que essas crianças com frequência não sofreram apenas abusos como também negligências e foram privadas de oportunidades comuns de estimular a imaginação. Alguns dias depois, ao voltar para sua mãe adotiva depois da sessão, essa criança disse orgulhosamente: "Eu inventei uma história". Descobrir que dentro de sua mente há coisas chamadas "pensamentos" – ideias que surgem sob demanda ou, às vezes, até mesmo sem convite – e que a pessoa tem poder de *inventar histórias* não apenas fortalece o emocional como também expande o cognitivo. Com certas crianças que têm muita dificuldade de saber como brincar, em razão do autismo ou de excesso de privação, o terapeuta pode ampliar ou enriquecer o brincar e até introduzir inovações. Recentemente, uma terapeuta observou seu paciente (Johnny) ficar aprisionado na pia, em uma brincadeira com a água que se tornava autística e morta. Ela adicionou algumas bonecas na borda da pia e as fez pular para dentro com medo e excitação, e Johnny aderiu à ideia e entrou na brincadeira usando as bonecas com muito prazer. Como Reid (1988) enfatizou, esse seria um erro com uma criança autista que evita contato e poderia sentir-se facilmente invadida nesse tipo de atividade, mas está de acordo com os conceitos dela de geração de interesse e demonstração de potencialidade no brincar para certo tipo de criança passiva com autismo. A introdução de material novo por parte do terapeuta para essa criança com autismo moderado envolveu muito mais do que reflexão e descrição, e foi muito eficaz.

Jesse, um paciente meu, autista, tinha contato melhor comigo nos últimos meses. Era também mais capaz de brincar de histórias com sequências dramáticas mais longas e até, ocasionalmente, me contar o que acontecia em suas narrativas. Um dia, Indiana Jones estava salvando uma boneca-menina de uma jaula, mas ele não me dizia nada e eu era mais ignorada do que tinha sido no passado. Após vinte minutos de comentários meus e demonstração de interesse, comentei que hoje aparentemente eu estava bem invisível. Esse comentário um pouco reflexivo que, frequentemente, o alcançava não provocou qualquer resposta. Então comentei que eu estava como a menina na jaula, mas isso também não pareceu ter chegado até o meu paciente. Finalmente, comecei a dizer que eu queria que o Indiana Jones viesse me resgatar, pois eu estava muito sozinha e sem ninguém com quem brincar. A resposta de Jesse foi imediata e calorosa e ele ficou muito menos ausente no restante da sessão. Parece que foi minha expressão de emoção em nome de uma parte aprisionada dele ou do seu objeto interno que conseguiu chegar até ele. Acho que ainda temos muito a aprender sobre como alcançar pacientes dissociados ou autistas – sem nos tornarmos chatos, claro.

Jesse era autista, mas a iniciativa emocional do terapeuta também pode ser uma estratégia necessária com crianças não autistas que foram rígidas ou negligenciadas demais para aprender como brincar. Talvez seja preciso brincar de *peekaboo* (a brincadeira de esconder o rosto com as mãos e, então, tirar as mãos dizendo "Achou!") com a criança de 8 anos e expressar um "Uau!" cheio de tato diante da tentativa de revelações mágicas mesmo com a criança que, do ponto de vista cronológico, já ultrapassou a idade para esse tipo de brincadeira. Há algo no lúdico em questão passível de salvar a dignidade de todos: isto é, evita que a criança conclua que somos tolos a ponto de sermos enganados de fato pelo truque mágico, no entanto, permite-lhe desfrutar o poder de ter um impacto possivelmente muito necessário sobre alguém.

Nesses níveis de trabalho, podemos voltar à teoria do pensar de Bion. Como ressaltei (possivelmente com demasiada frequência), Bion (1962b) formulou a hipótese de "função alfa", função da mente que torna os pensamentos "pensáveis". Ele notou que os pensamentos precedem o pensar – que é preciso pensar cada pensamento e deter-se em cada um deles (podemos acrescentar "brincar com eles") de modo a digerir, processar e torná-los úteis para pensamentos futuros e para se relacionarem com outros pensamentos. Grotstein (2000, p. 299), não obstante, apontou a importância da função alfa *na mãe*, isto é, a mãe (ou o pai) do bebê normal também necessita ser capaz de brincar para a criança aprender a ter liberdade de brincar. Às vezes, talvez necessitemos despertar o desejo de brincar primeiro com pessoas e, depois, com brinquedos e, por fim, com ideias.

Conclusão

Tentei demonstrar a importância do brincar e da imaginação para o crescimento mental e descrever algumas formas de como o terapeuta pode facilitar isso. Ampliei as teorias de Winnicott e Segal sobre formação de símbolos para incluir o brincar simbolicamente vazio e o brincar viciante ou perverso: nestas últimas situações, o terapeuta pode abordar diferentes tipos de brincar patológico com diferentes níveis de engajamento. Isto é, em boa parte do tempo, podemos simplesmente interpretar ou descrever o brincar, mas, outras vezes, talvez seja necessário brincar com a criança ou em seu nome. Finalmente, em alguns casos, talvez necessitemos ir além e iniciar, inovar e estimular o desejo de brincar. Nestes últimos modelos de técnicas intensificadas, o terapeuta já não apenas procura simplesmente como *insiste* no significado. Como Slade (1987) escreveu, para certas crianças, talvez necessitemos atribuir significado.

12. Descobrir o comprimento de onda: instrumentos na comunicação de crianças com autismo

Introdução

Neste capítulo, descrevo a intensificação do uso de certas contratransferências infantis, maternas e paternas, surgidas em meu trabalho com um menino de 9 anos com autismo e virtualmente sem linguagem. Além dos comentários psicanalíticos explicativos e reflexivos mais habituais, passei a usar um tipo de "manhês" [*motherese*] ao implorar que prestasse atenção em mim, em vez de prestar atenção em suas figuras autísticas. (Para uma discussão mais completa do uso clínico anterior desse termo, tomado de empréstimo de pesquisa de desenvolvimento (Trevarthen e Marwick, 1986), ver Alvarez (1996).) No entanto, vim a compreender que eu também usava uma espécie de "paiês" [*fatherese*] ao amplificar e convidá-lo a observar a força e a assertividade sepultadas em alguns movimentos autísticos repetitivos dele. Essa minha maneira mais emocional de falar envolvia o tipo de trabalho que antes descrevi (Alvarez, 1996, 1999) e afirmei basear-se no ponto de vista do desenvolvimento. Além do mais, usei um segundo tipo de tonalidade de "paiês" ao rejeitar com firmeza suas atividades onipotentes mais complacentes. Ele era uma criança que, às vezes, ficava à vontade demais em seu autismo e com seu autismo e tinha pouco interesse em outros seres humanos, principalmente quando conversavam com ele.

Todavia, escutar é uma arte complexa. Alguns anos atrás, houve uma série de cartas no *The Times* sobre o tema dos melros e seu canto. Eis uma de 14 de junho de 2000:

> Senhor – Em maio, os melros estão alegres e cantam em Lá maior. Em julho, estão satisfeitos e cantam em Fá maior. Esperei 68 anos para dizer isto, a Sétima e a Sexta Sinfonia de Beethoven dão sustentação à minha teoria.
>
> Sinceramente, D. F. Clarke

Evidentemente, esse escritor é um bom ouvinte e parece gostar de escutar. O poeta português Fernando Pessoa (1981) tem uma atitude bastante diferente diante da escuta: ele insiste que precisa de *silêncio* – e não música – para poder escutar. Notoriamente, crianças com autismo são ouvintes medíocres; na verdade, com frequência, são consideradas surdas. A tríade consagrada de sintomas inclui, além de déficits nas relações sociais e no uso da imaginação, déficits na comunicação e no desenvolvimento da linguagem. É vital identificar sintomas e verificar sua ocorrência em uma tríade; no entanto, uma nosologia baseada de forma exclusiva demais na psicologia unipessoal – isto é, que se atenha à descrição de atributos do *self* da criança – pode nos contar apenas parte da história. Muito provavelmente, descobriremos que a psicologia bipessoal (e, mais adiante, a tripessoal) proporciona uma psicologia descritiva mais completa do autismo. Esse tipo de abordagem implica em estudo das relações intrapessoais: no modelo mental que envolve a psicologia bipessoal, a mente não contém apenas o *self* com qualidades e orientações particulares e possíveis déficits como também a relação com o que se denomina "objetos internos" (Klein, 1959) ou "modelos representacionais" (Bowlby, 1988), que também podem conter déficits. Um ponto de vista mais pessoal, intrapessoal do autismo implica que o *self* tem uma relação dinâmica emocional com suas representações, figuras, objetos internos – não importa quão distorcidas, deficientes ou bizarras possam ser. (Nesse caso, não há implicação etiológica: o que está em questão é o mundo interno de figuras e representações da criança. Muitos psicanalistas usam o termo "objeto interno" em lugar de "representação", pois, às vezes, compreende-se este último termo como cópia exata de figuras externas, enquanto o primeiro não tem essa implicação. Considera-se que objetos internos são amálgamas de fatores internos e externos.) Se a criança nos trata como peça de mobília, pode estar nos *vendo* como algo semelhante a uma peça de mobília e também pode *nos sentir como* peça de mobília. Se ela não nos escuta, pode ser em parte porque não tem o hábito de escutar, mas também pode ser porque considera nossa conversa desinteressante ou intrusiva, com poucos dos silêncios de Pessoa. Então, como devemos interromper nossa canção e, ainda assim, sermos ouvidos? Também, se a criança não conversa conosco, em parte, pode ser por achar que não merecemos seu esforço de falar conosco ou por sentir que nossa capacidade de escutar é limitada. Ou, ainda, ela pode sentir que queremos arrancar suas palavras de dentro dela de tal forma que, de certa maneira terrível, as palavras passam a ser nossas, não mais dela. A "teoria da mente" (Leslie, 1987) pode assegurar que basicamente as mentes são desatentas. Algo que pode causar danos importantes aos processos de introjetar e aprender com outras pessoas e à internalização subsequente que leva ao desenvolvimento cognitivo.

Ainda assim, a sintomatologia e a patologia não são tudo: geralmente, é possível descobrir que toda pessoa com autismo tem uma parte da personalidade não autística, intacta, entremeada ao seu autismo. Bion (1957a) descreve a importância de fazer contato, no trabalho psicanalítico com pacientes psicóticos, com a "parte não psicótica da personalidade". Também existe hoje um corpo de pesquisa cada vez maior sobre a "função preservada" [*spared function*] no autismo (Hobson e Lee, 1999). Apesar de toda sua paralisia aparente, a condição autística é menos estática e mais mutável que às vezes parece. Ao olhar interessado da criança, por um microssegundo, a uma pessoa ou a um brinquedo novo, pode seguir-se o retorno instantâneo aos antigos rituais; contudo, a qualidade desse olhar pode dar uma pista, um débil sinal a ser ampliado ou a base de uma construção com muito tato. É importante avaliar em que nível de desenvolvimento essa parte aparentemente mais normal do *self* pode estar funcionando. A idade cronológica da criança pode ser cinco ou dez anos, mas, em razão da interferência habitual de longa data do autismo, a parte saudável, que busca relações de objeto, pode estar funcionando no nível de dez meses ou até de três semanas de idade. Ainda podem ser detectáveis traços de preconcepções iniciais (Bion, 1962b) – ou nem tanto de uma "teoria da mente" (Leslie, 1987) ou de pessoa (Hobson, 1993), mas uma prototeoria da mente ou um protossenso de pessoa. Sobre esses alicerces, é possível construir um tratamento – calibrado com precisão para o nível de comunicação emocional de que a criança é capaz (Alvarez e Reid, 1999).

Desenvolvimento normal do bebê e protolinguagem

William, treze meses de idade, ouviu seu pai se levantar às cinco horas da madrugada do lado de fora de seu quarto. William chamou: "Ei!". O pai disse que soou como: "Ei! O que você está fazendo? Onde *diabos* você está indo?". Ele abriu a porta do quarto do bebê e foi saudado com outro exigente "Ei!". Para não acordar sua esposa, o pai sussurrou: "Estou indo trabalhar, William. Volte a dormir agora". William disse "Aaah" e voltou a dormir.

Desde o nascimento – como Klein afirmou e a pesquisa de psicologia do desenvolvimento demonstrou depois –, os bebês normais são extremamente precoces do ponto de vista social (Klein, 1959, p. 249; Newson, 1977, p. 49). Eles têm todo o equipamento básico necessário para começar a entabular a comunicação interpessoal, face a face – de início não verbal. Preferem olhar para padrões semelhantes ao rosto e escutar o som da voz humana e têm uma capacidade extraordinária para intercâmbios pessoais sintonizados com fina acuidade (Beebe, Jaffe, Feldstein *et al.*, 1985; Stern, 1985, p. 40; Trevarthen e Aitken, 2001). Evidentemente, a comunicação emocional envolve toda uma orquestra de "instrumentos" em que olhar (Fogel, 1977; Koulomzin *et al.*, 2002), engajamento emocional (Demos, 1986), nível de atenção e interesse, gestos corporais expressivos (Hobson, 1993) e vocalizações (Trevarthen e Aitken, 2001) desempenham seu papel. A maior parte desses instrumentos é usada de forma expressiva e comunicativa; ou, colocado em termos psicanalíticos, por meio de diferentes tipos de identificação projetiva. São também usados, entretanto, para propósitos de objetivo de introjeção e internalização.

Linguagem e competências triádicas envolvendo observação visual

Por volta do final do primeiro ano de vida, os bebês começam a ampliar o uso de uma competência anterior: a capacidade de monitorar com o olhar. Scaife e Bruner (1975) demonstraram que até os bebês muito novos viram suas cabeças para seguir a linha de observação do olhar da mãe. No último quarto do primeiro ano, seguir a trajetória do olhar de outro e observar o objeto desse olhar se intensificam, na medida em que o bebê está motivado a acompanhar a mãe e suas idas e vindas. A isso se segue, entre nove e quatorze meses, o surgimento da atividade mais proativa do apontar protodeclarativo (Scaife e Bruner, 1975). O apontar protoimperativo implica algo como: "Dê-me essa banana", mas o apontar protodeclarativo ressalta como o objeto é *interessante* – algo como: "Uau, olhe o tamanho desse caminhão!".

Bruner (1983) foi dos primeiros a ressaltar que a linguagem surge no contexto de interações entre bebê e cuidador (ver Urwin (2002) para a discussão do desenvolvimento da linguagem como processo emocional). Burhouse (2001) fez sugestões a respeito das pré-condições emocionais que podem explicar por que monitorar com o olhar parece preceder o apontar protodeclarativo. Ressalta que o bebê aprendeu a valorizar a retribuição do olhar da mãe durante os meses iniciais do olhar recíproco face a face do par, e esse interesse e valorização da atenção da mãe levam o bebê a seguir o olhar dela quando vai para alguém, como uma irmã mais velha. Finalmente, o bebê encontra formas ativas de recuperar essa atenção, por meio do apontar comunicativo e de sons expressivos. São eventos de intensa carga emocional, e a gramática de eventos emocionais estrutura a linguagem. Há enormes diferenças em intenção comunicativa entre: "Ei, você aí!", "Me dá um sorriso, vai", "Oh, olhe esse lindo sol brilhante!", um provocador "Vou pegar *você*", "Você é um menino muito desobediente", "Oh, você gosta muito de purê de banana, não é? Oh, sim, hum-hum" ou o imperativo "Não mexa nessa tomada – é *muito* perigoso".

Como Bruner (1983) ensinou, a linguagem sempre surge *em contextos* e, como demonstraram os estudiosos do desenvolvimento, é acompanhada de emoção (Demos, 1986). Burhouse (2001) descreve o momento em que o bebê parece perceber e pensar no fato de que sua mãe fala e olha para sua irmã, e não para ele. Os teóricos da psicanálise e do desenvolvimento de maneira semelhante sugeriram que as relações bipessoais iniciais assentam os alicerces para as capacidades sociais tripessoais posteriores (Klein, 1945; Trevarthen e Hubley, 1978). Mais recentemente, Striano e Rochat (1999) demonstraram de forma empírica que o vínculo entre a competência social triádica e a competência diádica anterior no primeiro ano de vida realmente faz parte do desenvolvimento. Ninguém segue a trajetória do olhar de outra pessoa a não ser que considere, *antes de mais nada, que seu olhar vale a pena*. Mas também é verdade que ninguém perde tempo para observar se uma pessoa conversa com outra e sente curiosidade sobre o que dizem, a não ser que tenha interesse nas comunicações vocais delas com você. É interessante verificar que grande parte desse trabalho sobre o apontar protodeclarativo se refere à observação visual do bebê. Suponho que seja mais fácil medir a direção do olhar de uma criança do que avaliar o que ela escuta quando se cala de repente. Uma criança mais velha pode dizer: "O que é isso [um barulho]?". Uma criança pré-verbal só pode acompanhar e se indagar. Pode ser por isso que grande parte da pesquisa sobre vocalizações do bebê diz respeito a *diálogos* vocais entre mãe e bebê, muito mais fáceis de gravar do que uma postura de escuta silenciosa. De maneira alguma se trata de subestimar o brilhantismo dos métodos usados por Stern, Trevarthen, Beebe e Tronick e suas descobertas sobre a natureza profundamente interpessoal do diálogo pré-verbal inicial nem o trabalho de Beebe e Tronick sobre a importância adicional do elemento intrapessoal – a tendência de o bebê regular a si e a sua relação (Beebe, Jaffe, Feldstein *et al.*, 1985; Stern, 1985; Trevarthen, 2001; Tronick, 2007).

Decorrências terapêuticas dos déficits de comunicação: estar no comprimento adequado de onda do desenvolvimento

A questão do tratamento psicanalítico de crianças com autismo é cercada de controvérsias. Alguns psicanalistas e psicoterapeutas descreveram a necessidade de mudanças de técnica com essas crianças (Alvarez, 1992; Alvarez e Reid, 1999; Meltzer *et al.*, 1975; Tustin, 1992). Os déficits de capacidade simbólica, brincar e linguagem dificultam muito, para eles, a compreensão das interpretações explicativas mais comuns. Em casos de sintomatologia autística especialmente grave, em que não só o senso da existência de outras pessoas como também o senso de *self* da criança são frágeis, os conceitos de transferência e contratransferência podem *parecer* avançados demais: a transferência pode parecer não existente e a contratransferência de frustração ou de desespero do terapeuta pode conduzir à indiferença. Contudo, a observação atenta pode começar a revelar sinais fracos ou desordenados de capacidade de relacionamento que, assim, podem ser ampliados.

Independentemente da etiologia, no entanto, um distúrbio da capacidade de interação social pode exigir e beneficiar-se com um tratamento que funcione por meio do próprio processo de interação social em si. Esse tipo de relação precisa levar em conta a natureza e a gravidade da psicopatologia e o nível de desenvolvimento particular em que está funcionando a parte não autística da criança. A abordagem terapêutica tem três vertentes: aborda a personalidade da criança, a sintomatologia autística (distúrbio e, às vezes, desvio) e a parte não autística intacta ou livre da criança, ainda que possa haver atraso de desenvolvimento (Alvarez e Reid, 1999). Dessa forma, a psicoterapia tem orientação psicanalítica, da psicopatologia e do desenvolvimento.

O ponto de vista psicanalítico proporciona a observação atenta da transferência e da contratransferência. Isso pode alertar o terapeuta para características de personalidade da criança que acompanham e podem agir para exacerbar ou reduzir seu autismo. (Algumas crianças com autismo desenvolvem personalidades bastante desviantes que de forma alguma são características essenciais do autismo em si.) A teoria psicanalítica da necessidade e da capacidade que toda criança comum tem de relacionar-se primeiro de modo intenso e, aos poucos, identificar-se com ambos os genitores contribui muito para a compreensão do desenvolvimento normal da criança. Também a teoria do complexo de Édipo, a compreensão da perturbação da criança comum e seu enorme interesse e excitação naqueles aspectos da relação do casal parental existentes independentemente dela (Houzel, 2001; Rhode, 2001).

O ponto de vista psicopatológico, descrito em vários capítulos anteriores, ajuda o terapeuta a compreender o poder e a influência de comportamentos autísticos repetitivos, bem como as maneiras pelas quais (como psicanalistas também sugeriram) comportamentos aditivos e concretos não simbólicos diferem profundamente de simples defesas e mecanismos neuróticos (Joseph, 1982; Kanner, 1944; Tustin, 1992).

Vislumbres clínicos intuitivos a respeito do interesse fugaz e até mesmo do desejo de contato da criança podem ser confirmados e complementados por estudos de bebês muito pequenos, tanto por métodos de observação naturalista (L. Miller *et al.*, 1989) como de pesquisa do desenvolvimento. Podemos tentar identificar e promover os precursores da capacidade de relacionamento social: a técnica se baseia em descobertas acerca das formas pelas quais as mães se comunicam com seus bebês e em como isso promove a capacidade do bebê para comunicação e relacionamento. A pesquisa do desenvolvimento ressalta diversos fatores: a necessidade de que o nível de estimulação e excitação do bebê normal seja cuidadosamente modulado (Brazelton, Koslowski e Main, 1974; Dawson e Lewy, 1989) e sua atenção canalizada; o poder do "manhês" (modulações mais suaves e mais altas com ritmos específicos de adágio durante diálogos pré-fala/pré-música; Trevarthen, 2001) e das gramáticas específicas (mais persuasivas do que imperativas (Murray, 1991); as proximidades diferentes dos rostos em diversas idades para suscitar contato visual (Papousek e Papousek, 1975); e, dependendo do nível de desenvolvimento, a prontidão da criança para a intersubjetividade primária (comunicação face a face e brincar em situação a dois) *versus* intersubjetividade secundária (brincar compartilhado com objetos, em que o bebê olha para o cuidador em busca de momentos de "atenção conjunta" a um brinquedo, por exemplo – uma situação triádica (Trevarthen e Hubley, 1978). Descobriu-se que uma criança com autismo grave e atraso de desenvolvimento que tratei tinha um funcionamento em uma parte da escala de desenvolvimento equivalente a um mês de idade (Alvarez e Lee, 2004, 2010).

Muitas crianças com autismo grave nunca brincaram nem desenvolveram capacidade de atenção conjunta (Baron-Cohen, Allen e Gillberg, 1992). Podem não ter linguagem absolutamente e, pior, podem jamais ter balbuciado alegremente. É uma verdadeira aquisição em terapia quando a criança não falante começa a brincar com sons e a emitir sons mais nítidos do que antes. As questões técnicas para o psicoterapeuta são difíceis: como entrar em contato com uma criança com pouca ou nenhuma linguagem? Como devemos conversar com esse tipo de criança? Quero descrever a seguir o trabalho com uma criança em que os usos de "manhês" e de algo que se pode chamar de "paiês" foram combinados para facilitar a comunicação entre nós e ajudar a desenvolver suas capacidades comunicativas. Nas duas situações, descobri que com frequência eu precisava conter e dramatizar sentimentos poucos familiares ou pouco tratáveis para Joseph. Contudo, ele demonstrava interesse cada vez maior em minhas reações.

Joseph

Joseph me foi encaminhado aos 8 anos pela musicoterapeuta. Seu parto aconteceu com duas semanas de pós-maturidade e induzido. Seus irmãos mais velhos eram normais. Joseph era um bebê plácido – feliz ao ser segurado por qualquer pessoa – e fez contato visual até os 3 anos. Os pais só suspeitaram de algo errado ao tentarem controle esfincteriano, aos 2 anos, e ele parecia não compreender. Quando começaram a tentar pressioná-lo para se comunicar, ele se "fechou" e o contato visual se reduziu. Ele estava sempre satisfeito, mas se isolava e não brincava com outras crianças. Ele sempre foi táctil, fofinho e adorava que cantassem para ele. Ele conseguia cantar inúmeras canções, mas sua linguagem falada era muito limitada. A mãe de Joseph escreveu que seu brincar de faz de conta inicial era bom: a partir dos 2 anos ele segurava duas bonecas frente a frente e as fazia "conversar" e dançar uma com a outra. Joseph fazia isso nas sessões comigo, mas, durante a maior parte do tempo, a qualidade era muito fechada e isolada, e penso que nessa época já não havia mais um verdadeiro brincar de faz de conta. Era *real* demais para ele: parecia acreditar que era realmente essas pessoas conversando e brincando juntas. A maior parte da linguagem que ouvi nas sessões iniciais era desse tipo particular – conversas entre personagens dos seus DVDs favoritos, vivas, interessadas, ainda que muito repetitivas e, na maior parte do tempo, impossíveis de compreender. Ocasionalmente, era possível ouvir uma pergunta ou exclamação. Mas, para seus pais e para mim, a única palavra verdadeira que se ouvia dirigida a eles ou a mim era quando perguntávamos se Joseph queria usar o banheiro e ele respondia com um "Não" excessivamente brando, quase desencarnado. Era tão brando e impessoal, sem objetivo e não localizável, que facilmente seria possível imaginar que não ouvíramos.

Eu atendi Joseph com os pais em três consultas. Ele ocasionalmente respondia às canções da mãe, no sentido de se juntar a ela na última palavra, mas a maior parte da sua ligação positiva com ela era por meio de abraços. Ele era um menino de 8 anos grande, e comecei a perceber como era fácil considerá-lo mais novo e querer protegê-lo: era um menino atraente, com um rosto doce ainda não bem definido, e um corpo com membros frouxos que, na sala, na maior parte do tempo, ficava horizontalmente no divã, meio no colo da mãe. Ele examinou um pouco os brinquedos, mas evitou a maior parte das sugestões ou instruções dela e minhas relativas a quaisquer atividades de brincar. Ao andar, parecia arrastar braços e pernas, especialmente os pés, atrás dele, como se não lhe pertencessem. Fiquei animada com mais sinais de prontidão e vivacidade em uma brincadeira provocadora que ele começou, em que disse, de repente, "Boa noite", e gostou quando fiz um gesto exagerado de surpresa e expressei minha decepção por ele desaparecer embaixo do cobertor *novamente*. Ele fez um contato visual fugaz após esses momentos.

Era evidente que Joseph era uma criança muito amada, mas também havia um sentimento de que ele nunca acordara realmente para o mundo. Aparentemente, ele precisava descobrir seus ossos e músculos, sua posição vertical (seu prazer de ficar de pé e se esticar no mundo, pular e sua capacidade de ir adiante e de explorar). Havia excesso de passividade em sua vida e, no entanto, como desmoronava facilmente em uma espécie de ataque de choro e gritos de medo quando desafiado ou esticado, era fácil supor que seu autismo o tornara sensível demais para a vida e as exigências da vida comum. Por outro lado, era evidente que seus pais e a escola conseguiam ser firmes acerca de determinadas coisas, na medida em que Joseph, em muitos aspectos, era uma criança razoável e fácil.

Aproximadamente após dois meses de psicoterapia, tive a impressão de que a conversa entre seus personagens de DVD favoritos ou entre os animais de brinquedo nem sempre absorvia Joseph de forma tão total quanto parecia – que ele com frequência tinha realmente certa consciência da minha atenção nele enquanto executava essas atividades repetitivas. Também comecei a pensar que ele se divertia com meus sentimentos de exclusão, portanto, comecei a dramatizar minha contratransferência: "Oh, Joseph não vai falar comigo. Não é justo. Ninguém vai falar comigo, e eles estão se divertindo tanto enquanto conversam entre si". Às vezes, eu também acrescentava: "Oh, por favor, converse *comigo* Joseph. Não com eles!". Isso era sempre bastante emotivo – seduzir/implorar/protestar, usando definitivamente minha contratransferência infantil ou materna de maneira intensificada. Eu começava a suspeitar que ele pensava que conversar era algo que as pessoas faziam juntas, com uma terceira sempre excluída, mas que não tinha ideia do verdadeiro prazer que é conversar em par de forma direta e pessoal. Senti que precisava dar voz a esse terceiro e, além do mais, atraí-lo novamente para as relações reais. Certo dia, após minha persuasão, ele me olhou diretamente, levantou e reposicionou sua cabeça, começou a sacudi-la como uma criança que começa a andar e disse "Não! Nananinanão!" – saboreando de fato seu poder de me provocar e frustrar. Mas isso ao menos tinha algo de toma lá dá cá, afinal, ele me encarava e era um "não" de boca cheia. Como seu "boa-noite", era cheio de malícia e me fez rir.

Depois disso, durante muitos anos, a principal maneira de Joseph me cumprimentar – às vezes, no início, outras mais tarde na sessão – era um musical "na-na-na-na". Era espirituoso e infinitamente terno, e ele sempre preferia que o imitasse de volta em lugar de dizer "Oi" ou "Olá", ou que tentasse tirar dele um "Oi" ou "Olá". Na verdade, ocasionalmente ele dizia um "Oi, Anne", mas sempre de má vontade, como se eu estivesse arrancando de dentro dele, e eu lhe disse isso. O "na-na-na-na" era muito mais articulado, generoso e cordial, mas ainda era uma linguagem muito privada e restrita, apenas entre nós dois, e se desenvolveu muito pouco ao longo dos anos.

Nem toda minha contratransferência era positiva. Muitas vezes, eu me percebia muito irritada com a suposição complacente de Joseph de que apenas ele e sua sombra eram interessantes, ou de que ele não ficava extremamente entediado com suas conversas intermináveis, ou de que ele sabia o que havia atrás de uma parede específica da sala. Finalmente, senti que nossa relação estava suficientemente firme para eu começar a contestar essas suposições. Comecei dizendo coisas como: "Oh, não, você *não* sabe o que está atrás daquela parede. Você adoraria saber, mas não sabe". Falei com firmeza, mas de forma animada, divertida e rítmica, de forma a acompanhar ou a responder ao seu estilo cantado. Apesar de sua voz ser mais alta e expressiva, eu, com minha voz, trazia-o mais para um lugar mais terreno, mas que, segundo esperava, fosse mais interessante. Minha voz era menos nuançada e mais baixa do que a dele, mas, ainda assim, bastante bem-humorada. Muitas vezes combinava a insistência de que nada interessante estava acontecendo ali – atrás da parede – com persuasão exasperada.

(Três intensidades em dois níveis eram usadas de uma vez.) Também persisti na ideia de que a conversa dele *não* era real e que eu sabia do seu anseio para conversar de modo verdadeiro. Em suas conversas de faz de conta, as pessoas pareciam sempre se divertir – ou estar ao menos em um momento dramático e interessante. Ressaltava que, para se tornar *parecido com* alguém, ele precisava compreender que não poderia *ser* aquela pessoa. Joseph tinha certeza demais de que ele *era* aquele casal animado.

Para se desenvolver, é preciso sentir que os outros lhe dão permissão de ser como eles. Quando ele ficava muito feroz e excitado, eu repetia o elemento excitado/agressivo da sua fala. Caso surgissem rosnados repentinos ou bater de pés, eu imitava e ampliava ambos, o que o deliciava. Eu sentia que ele precisava descobrir sua musculatura e sua voz própria de menino. Eu também incentivava os animais de brinquedo a fazer jornadas mais longas. Com frequência, eles estavam sentados por ali se beijando ternamente, mas nunca saíam nem para um simples passeio. Como disse no Capítulo 9, tenho certeza de que até mesmo Antônio e Cleópatra saíam de vez em quando para tomar ar fresco! Muitas vezes, eu acompanhava os passos largos e bem vigorosos dos animais (eles sempre permaneciam no mesmo lugar ou se movimentavam em pequenos círculos) com passadas ainda mais pesadas e fortes dos meus pés, mas finalmente comecei a ficar mais dura com a falta de vontade deles de se aventurar. Comecei a insistir que eles não tinham medo, que queriam ir mais longe e que Joseph os detinha. Ele começou a fazê-los escalar pelo encosto do sofá e, ao contrário dos dias em que tudo que eu conseguia ver eram as costas deles, colocou-os de frente para mim no alto, como a criança pequena que começa a subir degraus pela primeira vez.

Com o progredir do primeiro ano, Joseph teve cada vez mais prazer em descobrir sua voz mais profunda e um *self* um pouco mais potente e muscular. Os pais relataram que ele fazia mais contato visual e, ocasionalmente, usava linguagem espontânea em casa. Pouco após o final do segundo ano, ele começou a se envolver no que considero ser um verdadeiro brincar de faz de conta. Ele deitava no sofá e gritava "Opa! Socorro, me salve!", ao mesmo tempo que "caía" no tapete. Apesar da cena poder ter vindo de um dos seus vídeos, não se realizava em isolamento, como no caso das conversas dos bonecos em que geralmente ficava de costas para mim. Nesse caso, caía do sofá bem na minha frente e olhando para mim muitas vezes. E, se eu demorasse muito para gritar "Socorro, esse pobre menino está caindo do penhasco. Precisamos resgatá-lo. Depressa, depressa!", ele puxava meu braço para alcançar o dele. A sequência se repetia, mas nunca era tediosa, talvez devido ao encanto de Joseph com a enorme dramaticidade. Certamente, meu envolvimento na brincadeira era bastante intenso também: a falta de capacidade para brincar de faz de conta e para atenção conjunta são indícios precoces de autismo, por isso, é muito tocante e animador quando um brincar de faz de conta e atenção conjunta começam, por mais imaturas que possam ser quando comparadas com a idade cronológica da criança. A brincadeira parecia ter muito significado. Às vezes, eu lhe dizia que concordava – ele realmente precisava ser resgatado do seu isolamento autístico autoimposto e ser trazido para um terreno mais firme em que havia pessoas de verdade.

Muitos anos atrás, assisti à apresentação de um trabalho de Frances Salo em que ela exclamou "Uau!" ao ver o desenho de um menininho que sofreu grande privação com uma mãe rejeitadora. (Por favor, observem que Joseph não era filho de mãe rejeitadora, mas, com certeza, seu autismo o deixava em estado de privação.) O menino de Salo tinha desenhado sua primeira imagem vigorosa. Na época, achei que a resposta dela não fora nada psicanalítica. Hoje, penso que ela estava reparando o déficit do objeto interno da criança. Trevarthen (2001) escreveu sobre a necessidade de o bebê se sentir orgulhoso – isto é, "muito satisfeito consigo próprio", como um pássaro que estufa o peito para cantar –, quando a mãe se delicia com sua esperteza. Certa vez, Joseph bateu as mãos na água da pia e disse "*Werh*". Eu repeti de forma aprovadora, e o felicitei pelas grandes salpicadas. Mas, então, lembrei que algumas semanas antes eu exclamara "Uau!" a cada vez que ele batia com força. Assim, comecei a exclamar "Uau!" novamente e percebi, primeiro, que ele estava muito feliz por eu finalmente ter compreendido e, depois, que se esforçava para fazer o som da palavra ficar cada vez mais parecido com o meu. Percebi que ele observava meus lábios e realmente tentava imitar. Eu me vi dizendo "adorável" e "esperto", pois nesses momentos sentia verdadeiro afeto por ele e por sua generosidade de finalmente se atrever a fazer algo. Ele se aproximou cada vez mais do som "*Uau*" que não é fácil de reproduzir.

Discussão e conclusão

As questões técnicas a respeito de conversar com uma criança como Joseph são difíceis. É desnecessário dizer que citei apenas as partes das sessões em que consegui encontrar um jeito de ser ouvida e de incentivar a protolinguagem entre nós. Nunca é fácil trabalhar com essas crianças, e a força do seu autismo é impressionante, especialmente quando o tratamento tem início tardio. No entanto, é interessante pensar em como conversar com elas e em por que determinados métodos podem ser mais úteis do que outros. Penso que havia muitos motivos diferentes para a conversa repetitiva de Joseph. Às vezes, ele parecia totalmente absorvido nela, mas, como disse, comecei a pensar que por vezes ele definitivamente monitorava minha resposta a ela. E tornava-se menos autístico quando eu imprimia um tom de voz de urgência a esse terceiro excluído. Isso sugere que, nesses momentos, havia um elemento comunicativo na projeção. Ou deveríamos chamar de protocomunicação? É possível que ele não esperasse uma resposta, mas a reconhecia e parecia deliciado quando a recebia. Em outros momentos, quando eu sentia que sua "conversa" era mais arrogantemente autocomplacente, eu a contestava. Penso que ele necessitava de mim *tanto* o "manhês" mais receptivo e persuasivo *quanto* o "paiês" mais desafiador. Aparentemente, havia dois aspectos da voz paterna na sala: primeiro, um pai que se recusa a ceder à onipotência, faz exigências de que seu filho aprenda e cresça e deixa claro que a criança não é igual aos adultos; segundo, o pai que convida e permite a identificação (com voz forte e potência das batidas de pés). Ambos só funcionavam quando eu conseguia o tom certo. Suspeito que, quando o desafiava de forma estrita demais, isso não permitia o tipo de identificação necessária com um pai potente. O que parecia funcionar melhor era um tom firme, um pouco entediado ou de provocação bem-humorada. Alguns processos de identificação pareciam estar começando com seus rosnados mais profundos, batidas fortes e se colocar de pé. Uma identificação com o pai certamente ajuda a tolerar as rivalidades edípicas e permite que os métodos onipotentes sejam substituídos por um senso mais realista de capacidade de ação e de potência.

Descrevi em outro lugar a necessidade de abordar a criança com autismo na faixa correta de intensidade (Alvarez, 1999), mas é interessante que Barrows (2002) foi ainda mais específico ao introduzir o brincar agressivo para a criança com autismo.

Voltando à função mais receptiva ou maternal, como disse, Bion (1962b) descreveu isso em termos de "continência" materna da angústia do bebê que foi projetada para dentro dela e, então, transformada por sua capacidade de pensar a respeito e processar sentimentos. Mas nos fazem lembrar os estudiosos do desenvolvimento, como Stern (1985) e Trevarthen e Aitken (2001), que esses processos não dizem respeito apenas a momentos de sofrimento. Os bebês precisam impressionar, encantar, fazer brilhar os olhos dos pais, surpreendê-los e embasbacá-los, fazê-los rir; e Joseph adorava quando eu ria dele (ou com ele). Porém, é preciso também dar-lhes espaço e tempo para fazer tudo isso. Precisamos todos aprender a manter distância, saber nosso lugar, esperar nossa vez e aguardar o momento propício – e, especialmente importante, respeitar o tempo e o espaço da criança. Penso que era importante para Joseph que eu sentisse intensamente, mas contivesse a experiência de ser excluída, indesejada, desamparada e especialmente impotente e lhe desse espaço e tempo para ele sentir que tinha o poder de me manter esperando. Com certeza, esse tipo de técnica corre o risco de ser vivenciada como conluio masoquista com a onipotência: necessitava de meu monitoramento vigilante, de maneira que, quando parecesse complacente demais da parte dele, eu pudesse ser mais firme.

Em outro lugar (Alvarez, 2010b), descrevi uma adolescente na agonia de um episódio depressivo que incluía as características de qualidade aditiva descritos por Freud e Abraham, em seus casos de melancolia, que diferenciavam do luto verdadeiro. Descobri que alcançar um equilíbrio entre minha compaixão ao pesar verdadeiro da minha paciente e o aumento da minha impaciência diante da sua tendência de chafurdar no sofrimento era muito difícil, mas necessário. Era importante não ficar excitada nem preocupada demais com seu sofrimento como também, afinal, transmitir por vezes um tipo de cansaço seco acerca da tenacidade com que ela se agarrava a seus sintomas.

Gostaria de mencionar outro ponto a respeito da energia da minha voz ao persuadir Joseph a conversar comigo, e não com seus amigos imaginários (ou delirantes). Nesses momentos, havia um processo de "reclamação", possivelmente, por Joseph não acreditar de verdade que seus objetos se importassem quando desaparecia (Alvarez, 1992). Até mesmo os mais amorosos e dedicados pais, professores e terapeutas podem ficar muito desanimados e acabar desistindo um pouco nessas condições. Joseph parecia gostar de verdade da minha energia, mas apenas quando eu a mantinha como uma zombaria de mentirinha ou necessitada brincalhona. Assim que houvesse o menor sinal de frustração não processada ou incitação diretiva da minha parte, ele se retirava. (De forma independente, seus professores desenvolveram com ele métodos não controladores semelhantes.) Penso também que a dramaticidade na minha voz penetrou até seu nível protofalante com atraso de desenvolvimento. (Esses elementos intensificados da técnica se baseavam nas ideias sobre desenvolvimento e também na conscientização do domínio potente das preocupações repetitivas. De modo algum a técnica era psicanalítica do ponto de vista estrito e clássico.) Precisamos encontrar formas de ajudar essas crianças a nos acompanhar e precisamos manter sua atenção; o interesse emocional elevado é essencial a esse processo (ver Beebe e Lachmann (1994) sobre seu terceiro princípio de importância – momentos afetivos elevados).

Em conclusão, é importante dizer que Joseph tinha pais, professores, fonoaudiólogos e musicoterapeutas dedicados com quem eu conversava regularmente, de tal forma que o esforço era cooperativo. Tentei simplesmente esboçar algumas técnicas e conceitos que me foram úteis na parte que me cabia do trabalho.

13. Outras reflexões: contratransferência, posições paranoide e esquizoide e especulações sobre paralelos com a neurociência

Introdução: o nível de transtorno e de doença mental em crianças e adolescentes

Este capítulo final é uma tentativa de integrar as ideias esboçadas neste livro com minhas reflexões mais recentes. Eu esperava contribuir para a literatura sobre psicoterapia relevante de crianças e adolescentes para os casos que atendemos neste novo milênio. Muitos desses pacientes são extremamente perigosos para os outros, bem como para si próprios. Sem tratamento ou com tratamento que termine prematuramente, alguns correm sério risco de doença mental grave. Uma adolescente que começava a sair de um colapso e tinha uma relação muito intensa com a mãe psicótica precisou encerrar sua terapia quando o serviço social cortou a verba. Ela tinha 15 anos e, após um ano de tratamento, tinha amadurecido um pouco – talvez para algo semelhante a três ou quatro anos de idade – em seu desenvolvimento emocional. Seu desespero era agudo e, para ela, o encerramento poderia ter sido fatal. As crianças em tratamento hoje não são apenas mais perturbadas e prejudicadas do que as encaminhadas há meio século; muitas vezes, têm maior atraso emocional e cognitivo como resultado tanto de abuso quanto de negligência. Neste livro, tentei sistematizar algumas reflexões clínicas após escutar o empenho de gerações de terapeutas para alcançar e ajudar esses pacientes, às vezes, usando métodos tradicionais demais. Embora muitos casos tenham sido ajudados pela abordagem mais tradicional descrita no nível explicativo, alguns não foram. Assim, em minha opinião, é hora de começar um estudo mais aprofundado de como nós – pacientes e terapeutas – conseguimos pensar novas ideias. Penso que, em psicanálise, ainda precisamos aprender muito sobre a natureza de introjeções, internalização e identificação.

Reexaminando a posição esquizoparanoide

Primeiro, uma palavra sobre o conceito de posição esquizoparanoide de Klein: é bem conhecido que Klein decidiu acrescentar a seu conceito de posição paranoide (1946) as ideias de Fairbairn (1952) e de Winnicott (1945) sobre a posição esquizoide. Ela viu que o retraimento esquizoide do sentir, com estados de fragmentação e de não integração, era característico de estados mentais mais graves em adultos e, também, de modo um pouco diferente, em bebês muito pequenos (Klein, 1946; Likierman, 2001). O leitor vai notar que na Figura A2, em que o senso de maldade sobrepuja o senso de bondade, denominei a seção inferior de "posição paranoide", e não de "posição esquizoparanoide". Na Figura A3, em que tanto o sentimento de bondade quanto o de maldade são fracos, denominei a seção inferior de "posição esquizoide". Isso é exageradamente simplificado, pois tanto crianças com autismo como crianças negligenciadas são diferentes de crianças esquizoides ou dissociadas. No entanto, penso que alguns subtipos dessas condições têm algo em comum em termos dos seus déficits. Esses estados mais patológicos sem afeto, descritos no Capítulo 1 e na Parte III, realmente diferem dos estados mentais até mais persecutórios. Assim, dividi os estados mais persecutórios ou paranoides dos caracterizados por déficit e por uma dissociação tão crônica que resulta em déficit. Evidentemente, elementos esquizoides e paranoides podem se misturar no mesmo paciente, mas os próprios manuais de diagnóstico distinguem tipos paranoides de esquizofrenia caracterizados por desorganização de fala, de comportamento e de afeto dos tipos paranoides mais organizados (APA, 1994, p. 149).

No entanto, psicoterapeutas de crianças enfrentam mais problemas do que ansiedade persecutória, fragmentação e falta de integração. Depressão clínica e, às vezes, desespero crônico também são questões muito importantes. Em 2005, o Serviço Nacional de Saúde inglês instruiu os clínicos gerais a não dar mais antidepressivos a crianças com menos de 18 anos. Aparentemente, houve um aumento do risco de suicídio entre as 40 mil crianças com depressão, ansiedade e outros problemas que tomavam esse tipo de medicamento. Recomendava-se três meses de aconselhamento para os que tinham depressão moderada – mas, naturalmente, não havia profissionais suficientes (*The Guardian*, 28 de setembro de 2005, p. 3). A pesquisa de Trowell *et al.* (2003) sobre depressão em adolescentes jovens nos adverte a levar a sério o que significa não só ter objetos internos vividos como frágeis e deprimidos demais para serem criticados como provavelmente objetos reais externos. Alguns pacientes parecem não ter tido nada em quem pôr a culpa a não ser em si próprios. Na época em que foi escrito, um estudo em múltiplas localidades (dezoito clínicas de saúde mental de crianças e adolescentes na Inglaterra) examinava o impacto de três tratamentos diferentes – psicoterapia psicanalítica, terapia cognitiva comportamental e cuidado clínico especial – em 540 adolescentes deprimidos. Em especial, investigava o efeito de sono em termos de prevenção de recaída após um ano (Midgley, comunicação pessoal, 2011).

Em 2010, relatou-se que clínicos gerais solicitavam mais terapia para crianças com doença mental: na pesquisa, 78% dos médicos disseram que raramente conseguiam ajuda dentro dos dois meses de espera prescritos. Uma jovem de 16 anos, vítima de estupro, começou a se automutilar após ajuda lhe ser recusada, enquanto foi oferecida a outra jovem, que vira a irmã morrer queimada dentro de um carro, uma consulta no serviço de saúde mental no prazo de seis meses (*The Observer*, 21 de março de 2010, p. 21). Para qualquer pessoa que trabalhe com crianças, também não é surpresa que 80% dos crimes no Reino Unido sejam causados por pessoas que tiveram problemas de comportamento na infância e na adolescência. O Centro Sainsbury de Saúde Mental publicou um relatório argumentando que programas de intervenção precoce poderiam diminuir significativamente o nível de crimes. E não só de crimes – problemas de saúde mental na infância podem resultar em desempenho educacional fraco, desemprego, ganhos baixos, gravidez na adolescência e problemas conjugais (*The Guardian*, 23 de novembro de 2009, p. 7). Um grupo de pesquisadores sugeriu que comportamento pré-escolar perturbador necessita de estudo cuidadoso e diferenciações acuradas entre tipos mais normais de agressividade reativa e os que parecem mais deliberados e calculistas. Psicanalistas clínicos cuidadosos fazem essas diferenciações todo o tempo, e é animador observar esses pesquisadores insistirem que as classificações psiquiátricas vigentes para crianças são rudimentares demais e, portanto, ainda inadequadas para a tarefa de avaliar bem as necessidades e o sofrimento da criança e os riscos que ela apresenta (Wakschlag *et al.*, 2010). DeJong (2010) sugeriu que o sistema classificatório vigente, o *DSM-IV* (APA, 1994), abrange de forma inadequada a gama e o tipo de psicopatologia vistos na população de crianças "sob cuidados". Como mencionado no Capítulo 5, Van der Kolk (2009), especialista em abuso de crianças, sugeriu que o *DSM-V* incluísse uma nova entidade diagnóstica que denomina "transtorno traumático evolutivo". Ver também a proposta de Reid (1999a) de que crianças com "transtorno de desenvolvimento autístico pós-traumático" podem compor um importante subgrupo de jovens com autismo.

A intervenção precoce para todas essas condições é vital, mas extremamente rara, e a verba para os Centros Sure Start[1] foi radicalmente reduzida em 2011. Na maior parte das vezes, o auxílio só chega muito mais tarde na infância ou na adolescência, quando os hábitos mentais deprimidos ou cínicos já podem estar muito arraigados e o desenvolvimento, distorcido. Proporciona-se ajuda a pais ou cuidadores a respeito de questões de parentalidade, mas a criança ou o adolescente também pode precisar de psicoterapia para si. Embora haja pouco mais de oitocentos psicoterapeutas de crianças e adolescentes no Reino Unido, as crianças que tratamos, como disse, têm distúrbios ou atraso de desenvolvimento cada vez mais graves. No entanto, a psicoterapia psicanalítica tradicional na grande maioria funciona bem. Uma meta-análise recente acerca da eficácia da terapia psicodinâmica em longo prazo demonstrou que esse tratamento é mais eficaz para transtornos complexos do que outras formas mais curtas de tratamento (Leichsenring e Rabung, 2008). Outro autor ressaltou que as terapias não psicodinâmicas podem ser eficazes, em parte, porque profissionais mais habilitados utilizam técnicas que há muito tempo têm sido essenciais na teoria e na clínica psicodinâmicas (Shedler, 2010). Meu ponto de vista é que, se esperarmos tempo suficiente

---

1 Sure Start Centres (em tradução livre, "Centros de um começo seguro") pretendem dar às crianças o melhor começo de vida possível, pela melhoria do cuidado precoce à infância, pela educação nos primeiros anos e pelo aconselhamento familiar, entre outros temas relevantes [N.T.].

– e se os profissionais de todos os diferentes tratamentos tiverem suficiente integridade, honestidade e, acima de tudo, humildade –, começaremos a observar mais sobreposições em que os profissionais estão aprendendo de verdade com sua matéria de estudo: os pacientes. É interessante, por exemplo, ver que alguns terapeutas cognitivo-comportamentais atualmente prestam atenção à relação paciente-terapeuta, como Freud fez no longínquo ano 1905. A pesquisa de Chiu *et al.* (2009) sugere que a qualidade da aliança criança-terapeuta, avaliada no início do tratamento, foi associada de modo diferencial com a redução de sintomas no meio e após o tratamento.

Mas penso também ser verdade que os psicanalistas precisam aprender a conhecer quando os sintomas têm significado simbólico profundo – no caso de certas preocupações psicóticas, certos comportamentos viciados e certos comportamentos autísticos repetitivos – e quando não têm (Alvarez, 1992; Joseph, 1982; Segal, 1957; Tustin, 1980). Esses processos se tornaram habituais e mais semelhantes a "maus hábitos", com o paciente tornando-se, como Reid denominou, "imobilizado". Como disse na Parte III, isso pode exigir técnicas analíticas diferentes. Está bem documentado que a terapia cognitivo-comportamental auxiliou inúmeros pacientes com transtorno obsessivo-compulsivo, depressão e ansiedade, e meu palpite é que isso ocorre quando o sintoma ultrapassou sua utilidade motivacional. Se isso não ocorreu, acredito que o paciente precise de psicoterapia psicanalítica. Também é verdade que musicoterapeutas e outros arteterapeutas, inclusive terapeutas do movimento, têm muito a oferecer a essas pessoas prejudicadas, e esses terapeutas usam muito o nível descritivo e amplificador que descrevi no trabalho psicanalítico (Bloom, 2006; Robarts, 2009).

O risco da psicoterapia "de manual"

Apesar de algumas generalizações relativas a subtipos de condições, este livro não é um manual. Sugeri ser possível observar que o contínuo de formas de atribuir significado ao brincar ou às palavras de nossos pacientes tem três níveis discerníveis, o que talvez seja possível considerar como recomendação de que a vasta complexidade de trabalho terapêutico possa ser reduzida a algo semelhante a um manual ou livro de receitas. Mas isso não pode ser feito: nosso trabalho como clínicos jamais deve ser condensado dessa maneira. A psicoterapia, como prática clínica, é uma arte e um artesanato (não obstante, seus efeitos podem ser medidos de maneira científica). Cada paciente é diferente de todos os outros e diferente de si próprio poucos minutos – ou até mesmo segundos – antes. Além do mais, a interação paciente e terapeuta é diferente a cada momento. No entanto, há padrões e recorrências de padrões; estados mentais, por mais fugazes que sejam a princípio, com o tempo, se unem e até se enrijecem em traços duradouros de personalidade. Isso pode incluir regularmente o retorno de sentimentos de amor e de ódio, dificuldades de continência e de regulação de excitação, defesas, comportamentos viciantes e habituais ou tendências a excitação perversa. Isso também pode incluir estados de desespero ou dissociação. Outros resultados possíveis são o embotamento mental e de sentimentos e o atraso do crescimento do cérebro com retardamento emocional e cognitivo concomitante que pode resultar de negligência emocional (Music, 2009; Perry, 2002). Strathearn *et al.* (2001) descobriram também que a negligência é o indicador mais significativo de déficit cognitivo, e seus dados mostram uma queda importante do funcionamento cognitivo nos três primeiros anos de vida em crianças que sofreram negligência.

Crianças e adolescentes com essa história não conseguem prestar atenção e isso não ocorre porque estejam se defendendo de pensar nem por suspeitarem dos professores ou os odiarem, mas simplesmente por não esperarem que nada de interessante surja do encontro com outra pessoa. É possível ver algo semelhante em um tipo de autismo, em que o autismo afastou a criança, bem no começo do primeiro ano de vida, do mundo dos outros seres humanos para suas próprias preocupações repetitivas com objetos inanimados.

Contratransferência

Estou ciente de que minha tentativa de agrupar algumas dessas condições em níveis diferentes de patologia pode parecer rudimentar. No entanto, acredito que a ideia de um contínuo de níveis de funcionamento do ego, do *self* e dos objetos internos, até certo ponto, pode proporcionar estrutura à nossa reflexão sobre a melhor maneira de alcançar essas crianças. E não se trata apenas de encontrar as palavras certas. De modo geral, em nossa contratransferência, os sentimentos precisam vir em primeiro lugar (ainda que, muito ocasionalmente, possa ocorrer o contrário, como depois ilustro em reconsideração do trabalho com Robbie). Os encontros emocionais transferenciais e contratransferenciais, especialmente com pacientes mais graves, são intensos e, com frequência, opressivos. De modo inverso e mais preocupante, às vezes, minam nossa potência: nada parece importar e nosso encontro com determinado paciente parece destituído de significado para os dois participantes. Esses diversos estados mentais e de sentimentos – ou falta deles – são levados muito a sério por terapeutas que trabalham na técnica psicanalítica. Bion ensinou que, se estamos entediados, devemos estudar o tédio (ver Bergstein (2009) sobre a relação do tédio com partes encapsuladas da psique). A transferência e a contratransferência não interferem no trabalho – são seus instrumentos mais vitais. No entanto, embora a continência e o processamento de nossos sentimentos contratransferenciais, mesmo sem as palavras "certas", com frequência, possam ser suficientes para capacitar o paciente a se sentir compreendido e obter algo desse momento de encontro, nem sempre isso acontece. Às vezes, os elementos em algo que Bion denominou "transformação" – a etapa além da continência, em que o analista devolve o sentimento de maneira transformada ao paciente – são mais essenciais que em outros momentos. Isso ocorre porque uma experiência emocional é transformável de inúmeras maneiras. Sugeri que nos casos mais patológicos – estados de extrema dissociação crônica, de vazio ou de vínculos perversos a objetos desumanos, não humanos ou sadomasoquistas – podemos ter de usar a intensidade de nossos sentimentos – ou, então, nossa intensa preocupação pela nossa falta de sentimentos – de maneira intensificada.

Outros exemplos de trabalho intensificado

Nos Capítulos 1, 11 e 12, dei diversos exemplos de crianças ganhando vida nesses momentos, mas eis aqui outros três que podem servir para ilustrar – e, provavelmente, complicar a compreensão – desse fenômeno. No Capítulo 11, mencionei o período de adolescência em que muitas vezes Robbie chegava em estado de muita agitação, quase psicótico. Por volta dos seus 20 anos, ele era muito mais independente, menos ocupado com sua conversa ritualística e, de modo geral, mais saudável. Nesse momento, sua conversa fazia sentido, mas se tornara terrivelmente submissa e embotada. Por exemplo, ele começava a sessão me contando que ajudara o pai a varrer as folhas do jardim no dia anterior. (Na transferência, ele me contava o que ele imaginava que eu gostaria de ouvir e, embora eu tivesse interpretado isso inúmeras vezes, tivera pouco efeito.

Ele tendia a ouvir a interpretação como confirmação de que era o que ele deveria fazer.) No entanto, recentemente, eu começara a perceber que, no início da sessão, eu o cumprimentava de maneira muito diferente da que eu cumprimentava Samuel (um paciente autista muito mais grave que atendia na clínica também). Samuel era uma criança muito frustrada e amargurada e, no entanto, cheia de uma vitalidade concentrada e poderosa. Comecei a perceber que, quando eu o cumprimentava, muito provavelmente, meus olhos se iluminavam com uma espécie de antecipação energizada; enquanto ao cumprimentar Robbie, embora estivesse aliviada com os sinais da sua sanidade, possivelmente meus olhos estariam embotados. Isso me preocupava muito, e eu me perguntava o que poderia fazer com minha contratransferência. Um dia, Robbie entrou, olhou de relance para a maçaneta de latão da porta que tínhamos ultrapassado a caminho do consultório e disse, nostalgicamente: "Quero ser essa maçaneta". Meu coração afundou, pois essa observação era muito semelhante à sua repetição autística de uma década antes, em que ele costumava "querer ser o cata-vento". Realmente, na ocasião, nunca compreendi como creio compreender agora que ele queria ser *alguém* ou *alguma coisa* que as pessoas olham, seguem e admiram. No filme *Sindicato de ladrões* (1954), o personagem de Marlon Brando diz ao irmão: "Eu poderia ter sido um lutador". Robbie queria ser um lutador, mas, nos anos iniciais da análise de crianças, eu compreendera isso não só excessivamente em termos de objeto parcial, como identificação com um pênis ou um seio, mas também como algo a que a criança edípica precisa aprender a renunciar. Naquele tempo, eu não compreendia que em seu *self* pré-edipiano Robbie tinha a *necessidade legítima* de ser admirado, como todos os bebês.

De qualquer maneira, enquanto eu o seguia pelo corredor, com meu coração afundando, percebi que ele falara de modo bastante emotivo. Não havia nada de autístico naquilo. Assim, quando chegamos ao consultório, perguntei-lhe por que ele queria ser a maçaneta da porta. Ele respondeu devagar: "Porque... é tão brilhante". (Era de latão.) Comecei a pensar na pesquisa, citada por Schore (1994), de como as pupilas dos olhos das pessoas aumentam quando olham amorosamente para um bebê ou um ser amado, algo que permite a entrada de mais luz e, assim, alcançar a retina. Portanto, quando observadores de bebês – ou clínicos – afirmam que os olhos de alguém se iluminam, descrevem um fato fisiológico. Percebi-me pensando na necessidade e no direito que todo bebê tem de fazer os olhos da mãe ou do pai se iluminarem. Eu disse a Robbie (que, nessas alturas, vinha a Londres apenas uma vez por mês): "Já sei o que eu deveria ter dito à porta, Robbie. Eu deveria ter dito: 'Que bom ver você. Eu não o vi durante um mês inteiro!'". Logo que eu disse isso, meus sentimentos em relação a ele mudaram: fiquei muito comovida. E, enquanto eu falava, ele também se animou: seus olhos se iluminaram e sua face ganhou cor. Posteriormente, aprendi a ser muito vigilante com minha contratransferência e com a qualidade de contato visual que eu mantinha com ele, o que, acredito, ajudou-o a encontrar *outras formas* de se sentir vivo sem as antigas excitações autísticas perversas.

Vale a pena notar que, embora geralmente pensemos que a contratransferência vem antes e, portanto, dita as palavras que usamos – isto é, continência levando à transformação –, nessa ocasião foi justamente o oposto. Meu pensamento e minhas palavras me ajudaram a mudar meus sentimentos. Com pacientes psicopáticos muito perturbadores, percebi que com frequência minha voz se eleva quando tenho dificuldade de enfrentar certa crueldade ou brutalidade especialmente horrível no brincar da criança ou no modo como me trata. Se, então, eu faço um esforço para abaixar minha voz para algo mais em sintonia com o lugar sombrio em que a criança está, meu humor parece mais capaz de segui-la ao seu cemitério emocional. Ela então se sente um pouco mais compreendida e um pouco menos desdenhosa.

Um segundo exemplo: Jesse, menino autista de 8 anos que, em meses recentes, relacionava-se mais com pessoas, voltou para sua primeira sessão após as férias de Natal. Ele lançou-se para dentro da sala, olhou seus brinquedos e disse: "Há muitos... há muitos... brinquedos além da conta, quero outros. Quero entrar nesse armário!". No ano anterior, ao vir pela primeira vez, fantasiou que eu oferecera poucos – havia brinquedos muito melhores naquele armário. No passado, eu interpretara rivalidade fraterna e idealização do que estava escondido, mas algo na sua hesitação me fez pensar de outro modo. Ele então disse: "Sei de que eu preciso. Um machado. Você pode me arrumar um machado? Você tem um machado que eu possa usar em algum lugar desta casa?". Havia ânsia evidente e antecipação ávida, mas também perplexidade. Senti que ele sabia que queria *algo*, mas não sabia bem o que era. Dessa vez, eu disse: "Acho que você quer que eu lhe dê um instrumento que, com certeza, o ajude a encontrar um modo de passar um tempo agradável comigo hoje". Imediatamente ele parou com os pedidos e começou a brincar, fazendo bom contato na maior parte da sessão. Senti, acho, que ele estava feliz de voltar, até feliz de me ver, mas não sabia o que fazer com esse sentimento. Não acho que eu estivesse sendo evasiva simplesmente ou convidando Jesse a se afastar dos seus desejos ou da sua agressividade. Embora a fantasia dos conteúdos do armário possa ter certa dimensão de importância inconsciente com relação ao interior do corpo do seu objeto materno, sua relação com as qualidades mentais/emocionais do seu objeto exigia mais atenção. Uma criança já conectada, que funcione em nível simbólico e queira mais do que sua cota apresenta um problema diferente; nesse caso, podemos interpretar rivalidade inconsciente e desejos intrusivos. Mas isso, penso, estava mais próximo de uma equação simbólica (Segal, 1957) ou de um objeto autístico (Tustin, 1980), e Jesse precisava ser lembrado da existência de um mundo interpessoal de seres humanos e *do que se pode fazer com eles*. Quando o mundo interno de objetos humanos cuidadosos não acena – ou seja, quando existe uma insuficiência do objeto interno –, é preciso explicitar algo sobre o potencial, a possibilidade, as opções que existem adiante. Carbone (comunicação pessoal, 2011) perguntou por que eu não discuti a fantasia de Jesse sobre a necessidade de algo tão potente quanto um machado para poder superar as dificuldades. É uma questão importante, mas acho que (possivelmente por mera sorte) consegui transmitir que o instrumento estava à mão e não tinha de ser um machado. Talvez algo em sua ânsia desesperada alertou-me sobre a necessidade de oferecer o instrumento de interação interpessoal rapidamente, senão eu o perderia. Na maioria das situações com outros pacientes, no entanto, a disponibilidade de o terapeuta aceitar e reconhecer a transferência negativa (nesse caso, em que eu era uma espécie de objeto retentivo e impermeável) age como tábua de salvação para o paciente (ver diversos exemplos nos Capítulos 6 e 7).

No exemplo anterior com Jesse, embora obviamente eu ressaltasse a importância da sua relação transferencial comigo, parece que interpretei de acordo com linhas analíticas bastante clássicas: "Você pensa que quer *aquilo*, mas, na verdade, você quer *isto*". Porém, acho que fui mais longe ao oferecer uma concepção para ir ao encontro do que nele ainda era apenas uma preconcepção. No Capítulo 11, descrevi como, poucas semanas depois, houve necessidade de algo ainda mais intensificado. Quando minhas interpretações reflexivas não conseguiram chegar até ele e, no fim, gritei emocionada que meu desejo era de que Indiana Jones viesse e *me* resgatasse, Jesse se aqueceu e permaneceu em contato dali em diante.

Paralelos possíveis com a neurociência

Na introdução, chamei a atenção para o fato de que, em décadas recentes, tem havido muita discussão sobre a existência de dois níveis de trabalho analítico: isto é, de *insight versus* outros níveis mais primários de compreensão (continência, sintonia e empatia, por exemplo). Alguns autores sugeriram que esses dois métodos de trabalho envolvem áreas diferentes do cérebro (Schore, 2003; Siegel, 1999). Isso decorre do fato de que em neurociência começou a se dar atenção às funções diferentes dos hemisférios esquerdo e direito, com o esquerdo tendo mais a ver com linguagem gramatical linear sequencial e comum e o direito dominante para o processamento emocional e social e a linguagem expressiva e emotiva, inclusive metáfora e ênfase. O hemisfério direito tem uma aceleração de crescimento nos dezoito primeiros meses de vida, enquanto o esquerdo tem seu aumento após os dezoito meses. A ênfase a respeito do hemisfério direito agora não é no desenvolvimento emocional *e* social, mas no processamento socioemocional, porque cada vez mais se reconhece que a vida e o desenvolvimento emocional se confirmam por interações com outros seres humanos e que os efeitos da negligência e do abuso emocional são arrasadores para o cérebro dos bebês (Murray e Cooper, 1997; Perry, 2002; Perry *et al.*, 1995). Mas o cérebro da criança (e até dos adultos) continua a se caracterizar pela plasticidade e pela experiência ambiental que altera a mente, inclusive a experiência proporcionada pela psicoterapia pode alterar o cérebro também (ver Sonuga-Barke, 2010). Esses autores dão a entender que o nível de patologia e de desenvolvimento emocional determina a natureza do tratamento adequado.

Schore (2003) sugere a formulação de um modelo de tratamento compatível com o nível de desenvolvimento do paciente. Quando há dano e insuficiência de processamento do cérebro direito, ressalta a necessidade de sintonia vitalizante entre os cérebros direitos do terapeuta e do paciente, o que ele diz que Buck (1994, p. 266) chama de "conversa entre sistemas límbicos". Schore (2003, p. 281), entretanto – em conformidade com os objetivos psicanalíticos mais clássicos –, acrescenta que também são necessários:

> o direcionamento da técnica terapêutica para a elevação de emoções de um nível de experiência primitiva sensório-motora pré-simbólica para o nível representacional simbólico maduro e a criação de uma postura de autorreflexão capaz de avaliar a importância e o significado desses afetos.

Siegel (1999) descreve um tipo de paciente em quem, para manter o funcionamento, o processamento de informação do hemisfério direito pode ser desassociado do hemisfério esquerdo. Palavras e sentimentos não estão conectados. Nesse caso, afirma:

> podemos imaginar estratégias em que promover o crescimento e o desenvolvimento envolve, inicialmente, a comunicação de hemisfério direito com hemisfério direito de duas pessoas. Finalmente, é possível ocasionar maior mudança interna por um processo de facilitação da integração dos hemisférios direito e esquerdo no indivíduo. (p. 237)

Assim, como Schore, descreve duas etapas no trabalho com pacientes mais prejudicados. Divino e Moore (2010) sugeriram que a técnica psicanalítica ficou para trás em relação às novas descobertas a respeito da neurobiologia da experiência interpessoal: apontam formas de incorporá-las na formação, discutindo o efeito do trauma ao mesmo tempo que tomam cuidado de não traumatizar seus estudantes.

Será necessária mais pesquisa para estabelecer a veracidade dessas especulações sobre o vínculo entre desenvolvimento do cérebro e técnica. No entanto, neste livro, compliquei a questão ao acrescentar a noção de um terceiro nível de trabalho. Isso não envolve nem o pensamento sequencial do cérebro esquerdo sobre significados alternativos nem o nível descritivo e ampliador do cérebro direito a respeito da emotividade (natureza qualitativa) da experiência, mas, sim, a insistência do terapeuta no significado em si, em situações em que parece não haver afeto e em que nada importa. Fiz conjeturas a respeito do que a ciência do cérebro pode ter a oferecer na compreensão desses momentos.

Gerhardt, seguindo Schore, nos conta que, quando a mãe sorri, o sistema nervoso do bebê desperta de forma agradável e sua frequência cardíaca aumenta. Esses processos disparam uma resposta bioquímica: opiáceos "endógenos" ou de fabricação caseira. Como opiáceos naturais, também fazem a pessoa sentir-se bem. Ela acrescenta, contudo, que outro neurotransmissor chamado dopamina é liberado simultaneamente do tronco cerebral e, "assim como os opiáceos, abre caminho para o córtex pré-frontal. Ali, os dois neuroquímicos aumentam a absorção de glicose, ajudando o crescimento de tecido novo no cérebro pré-frontal" (Gerhardt, 2004, pp. 41-42).

Biven também indicou que há duas maneiras principais de se sentir bem, mas ressalta a diferença entre elas. Uma é evocada pelos opiáceos que proporcionam sentimentos de prazer e felicidade; outra é evocada pelo sistema de dopamina que gera curiosidade e entusiasmo antecipado – é energizante e estimulante. Sugere que as ideias de Panksepp sobre o que chama "sistema de busca" no cérebro são de grande interesse (Biven, comunicação pessoal,

2010). Panksepp diferencia esse sistema do apego, sexo e fome, embora ressalte que pode combinar e, de fato, combina com esses outros sistemas (Panksepp, 1998; Panksepp e Biven, 2011). Suas descrições correspondem em parte ao conceito de K de Bion – o desejo de conhecer alguém ou algo, e não de *ter* conhecimento (Bion, 1962b).

Penso que, nesse caso, a sensação de admiração desempenha um papel. Stern (2010) sugere que não é só o conteúdo da vida mental/emocional que importa; a qualidade das formas de expressão e de experiência também requer maiores estudos. Ele pensa que a neurociência que dá base a isso pode se situar no sistema de excitação que fornece a força por trás e subjacente a toda atividade mental/emocional – força que impulsiona o sexo, a fome, o apego e assim por diante, que dispara as emoções, aguça a atenção, começa a cognição e inicia o movimento. Solms (2000, pp. 618-619) sugeriu que isso parece muito próximo do que Freud denominou instinto de vida, ou força de vida, ou até pulsões!

O próprio Panksepp (1998, p. 144) escreve a respeito de Leonard, homem adulto cujo circuito de dopamina foi destruído na infância. Somente após Oliver Sacks introduzir a L-dopa,[2] pôde participar novamente dos prazeres do mundo. Panksepp diz que hoje sabemos como os circuitos de tratos ascendentes de dopamina se situam no cerne dos sistemas neuronais potentes e com valência afetiva que permitem às pessoas e aos animais o funcionamento suave e eficiente em todas as suas ocupações cotidianas. Ele sugere que "interesse intenso, curiosidade engajada e antecipação ávida" são os tipos de sentimento que refletem a estimulação desse sistema em humanos (p. 149).

---

2 L-dopa ou levodopa é um fármaco do grupo dos antiparkinsônicos [N.T.].

Paralelo técnico

Curiosamente, Panksepp (1998) prossegue dizendo:

> sem a energia sináptica da dopamina, esses potenciais permanecem congelados, por assim dizer, em um inverno interminável de insatisfação. As sinapses de dopamina mais se assemelham a guardiões do que a emissários que transmitem mensagens detalhadas. Quando não estão ativos em seus postos, muitos potenciais do cérebro não podem manifestar-se prontamente em pensamentos ou ações. Sem dopamina, apenas as mensagens emocionais mais fortes instigam o comportamento. (p. 144)

Esse é o sistema de busca. Panksepp sugere que está na base de todos os sistemas, faz a pessoa ir em busca de coisas. Engendra sentimentos de antecipação prazerosa, excitação e euforia extrema. Ressalta que, se a capacidade do sistema de dopamina for elevada demais, a pessoa supera o topo em termos de automotivação.

Biven (comunicação pessoal, 2010) sugeriu que a negligência emocional pode levar à atrofia dessas estruturas de busca que, consequentemente, não geram atividade suficiente de dopamina. Há diferenças entre o sentimento de querer algo e o sentimento que indica que posso também ir em busca e conseguir ou pelo menos tentar. Isso pode estar ligado ao senso de agência que falta nas crianças desesperadas (discutido nos Capítulos 2 e 5). Talvez esteja ligado à percepção de "companhia viva" – o "outro" está acessível e se deixa impressionar.

Sugeri que há certos estados mentais (e talvez estados cerebrais) em que se exige uma insistência mais intensa e vitalizante no significado, porque isso cria o que alguns estudiosos do desenvolvimento chamam de "momento afetivo elevado" [*heightened affective moment*] (Beebe e Lachmann, 1994). A pulsação e o tom das nossas vozes mudam nesses momentos de urgência, em que "reclamamos" nossos pacientes e os trazemos para o mundo do significado. Pesquisas descobriram que ritmos insistentes de música podem aumentar a síntese de dopamina em animais (Panksepp, 1998, p. 131). Gampel (2005, p. 17) ressaltou que esse trabalho de reclamação é questão de atividade não no sentido do fazer, mas no sentido de ser. Ela afirma que acrescentamos uma trilha sonora emocional para as crianças isoladas e aprisionadas na vida.

Lanyado e Horne (2006), ao escreverem sobre técnica do ponto de vista da tradição britânica independente, citam muitos exemplos em que jovialidade, humor, espontaneidade e intuição foram centrais para alcançar e manter contato com crianças e adolescentes muito graves, frequentemente inalcançáveis. De muitas maneiras, concordo com eles, porque preferiria usar o coração a imaginar que estamos sendo "psicanalíticos" simplesmente por sermos reservados e mantermos uma atitude neutra e/ou continente e reflexiva. Muitos autores, inclusive kleinianos, enfatizam a importância da reflexão que precisa surgir *do sentimento contratransferencial* (por exemplo, Feldman, 2004). Contudo, penso que são necessárias décadas para formar um psicanalista – isto é, alguém que consiga usar sua contratransferência de modo analítico e eficaz ao mesmo tempo. Se uma criança carenciada chega se queixando do joelho ralado e nos apressamos em dizer que ela se sente ferida pela interrupção do tratamento amanhã (ainda que assim seja), ela pode nos vivenciar como cruéis ou indiferentes a seu machucado físico real. Pode não conseguir dar conta do salto simbólico para o amanhã, contudo, pode ouvir a compaixão quando dizemos: "Oh, parece dolorido". Então podemos acrescentar: "E, ainda por cima, vou deixar você amanhã. Não é justo!".

Prefiro que perseveremos em nossos instintos naturais de compaixão humana e em respostas espontâneas intuitivas *à la* Winnicott do que colocarmos em prática uma pseudopsicanálise com crianças que, por enquanto, estão totalmente incapazes de formação de símbolos. Pequenos momentos de acréscimo de significado (função alfa) podem proporcionar os elementos para a formação de símbolos, e excesso de proibições contra conselhos e *enactments* de contratransferência materna ou paterna pode inibir a humanidade comum, que pode vir com uma "dose mínima" (Strachey, 1934) adicional de pensar – e, assim, levar finalmente ao aprimoramento das funções simbólicas.

Portanto, definitivamente, não estou argumentando contra as reações intuitivas espontâneas do terapeuta. Quero simplesmente ressaltar a importância de se estudar por que esse tipo de resposta intuitiva pode ter sido eficaz em dado momento, mas desnecessária – ou, pior, intrusiva ou prematura – em outro. Nosso *objetivo* deve ser sentir e pensar e, de preferência, ao mesmo tempo, mas quase sempre há demora (Pick, 1985). No entanto, não há substitutivo para o exame atento e honesto dos nossos sentimentos contratransferenciais e dos sentimentos transferenciais de nossos pacientes. Se achamos a criança desinteressante e desagradável e se temos aversão a atendê-la, precisamos examinar isso e descobrir o que se passa com suas expressões faciais, movimentação, comportamento ou jeito que evoca isso em nós. Só então podemos começar a alcançar seus sentimentos de não ser aceita nem de ser capaz de ser amada, prosseguir para as coisas que ela faz para provocar isso e, finalmente, encontrar indícios da criança simpática e amável que ela deveria – e poderia – vir a ser.

A *transferência*

Isso ilustra a importância vital de permanecer em contato com a transferência. Eu acredito que é na relação transferencial que se pode reescrever a história pessoal. Mas isso não quer dizer que não precisemos do apoio da rede de cuidadores e educadores nem que não necessitem de contato próximo conosco e de apoio nosso e de nossos colegas (ver Klauber (1999), Reid (1999b) e Rustin (1998) sobre a importância do trabalho com os pais da criança em tratamento. Rustin descreve quatro categorias diferentes desse tipo de trabalho, em que cada uma concretiza um objetivo diferente). Desse modo, ao mesmo tempo que não sugiro de modo algum que a criança possa ser tratada sem apoio paralelo ou até tratamento para os pais ou cuidadores, ressalto que o poder da relação paciente-terapeuta é a principal base para o tratamento do mundo interno. Esse ponto de vista pode ser difícil de manter caso saibamos que a criança teve, ou ainda tem, experiências terríveis no mundo externo. Muitos terapeutas sentem-se compelidos a mencionar esses fatores externos com frequência. Do meu ponto de vista, o *timing* é sobremaneira importante, porque, por um momento, a criança pode precisar de uma experiência totalmente diferente com o terapeuta, na terapia, e a referência aos horrores de fora (ou a más condutas externas recentes da criança) pode interferir de forma profunda nas introjeções novas e, provavelmente, saudáveis de um tipo diferente de objeto parental ou de um tipo diferente de *self*. A criança pode irromper na sessão, após uma interrupção inesperada de três semanas da terapia, dizendo de modo nostálgico: "Quero ver minha mãe de verdade!". (Mãe de quem ela há muito foi afastada, mulher extremamente abusiva e negligente.) Há maneiras, creio, de se respeitar a importância da mãe real e ao mesmo tempo, com tato, assinalar que a criança pode querer *também* estar comigo hoje (alguém com quem ela não se encontrou durante três semanas). Ou seja, é possível pegar uma carona para a transferência sem se colocar como a única pessoa importante na vida do paciente. Isso exige muito tato, delicadeza e humildade. Não se trata de interpretar tudo na transferência – por exemplo, quando um jovem adolescente encontra uma nova namorada de quem ele gosta – e supor que "ela nos representa". Ao contrário, é uma questão de escutar as implicações com base no que está ocorrendo na relação entre nós e, repetindo, responder de acordo com isso, com tato. Edwards me recordou recentemente as discussões que costumávamos ter a respeito do quanto deveríamos conversar sobre a transferência com pacientes adolescentes. Eu queria mais, ela queria menos. Ela lembrou que Marinella Lia, uma analista de Turim (Itália), sugeriu que poderíamos dizer: "Hoje, estou um pouco parecida com a Leonora em sua mente" – isto é, deixar a namorada ser o objeto principal e, você, o secundário (relatado em Edwards, 1994).

Winnicott nos ensinou a respeitar o paradoxo na área transicional, e acho que há paralelos com a atitude mais recente e mais continente para as identificações projetivas na pessoa do analista. Às vezes, a criança projeta aspectos do seu mundo interno nos materiais de brinquedo sobre a mesa, às vezes, na pessoa que está com ela na sala. A área transicional pode ser um continente muito adequado, especialmente para pacientes paranoides ou muito esquizoides que não conseguem lidar com a intensidade de uma relação humana; nesse caso, precisamos ser cuidadosos para não exagerar nas interpretações transferenciais, ao mesmo tempo que permanecemos conscientes da sua enorme importância para nós na sala.

O setting

Este livro não é uma introdução à psicoterapia de crianças, mas é preciso dizer algo que pode não ser óbvio para todos os leitores: toda modificação técnica defendida nele precisa efetuar-se no contexto de um *setting* constante confiável para a terapia. Psicanalistas e psicoterapeutas de criança ressaltam a importância da regularidade e da consistência das consultas, com sessões que sempre devem ocorrer na mesma sala e a necessidade de o trabalho terapêutico levar em conta o caos emocional sempre que há rupturas em relação a tempo e espaço (Rustin, 1997). A sala e o prédio são importantes. Ao voltar para a Clínica Tavistock no final dos anos 1980, tive a estranha experiência de que minha crença no poder da transferência para a pessoa do terapeuta (e na dificuldade que os pacientes tinham de mudar de terapeuta após uma consulta) precisou ser afinada. Como consultora de um caso na Tavistock e ao precisar repassar a criança para outro profissional, precisei levar em conta o fato de que não era tão difícil quanto tinha sido na clínica particular: havia a transferência para o prédio, a sala de espera, as recepcionistas e, ainda assim, eu permanecia como gestora do caso – uma espécie de figura de avó. Isso é muito diferente de repassar um caso na clínica particular para um terapeuta em uma localização geográfica diferente. Aprendi posteriormente que, muitas vezes, na clínica particular, é uma boa ideia acompanhar a família para a primeira reunião no novo *setting* para permitir que o vínculo se firme. O *timing* e espaço do *setting* são preciosos. Bucci (2001) sugeriu que há uma função subsimbólica (não pré-simbólica) que não é arcaica nem primitiva, mas que age com os processos simbólicos durante toda a vida racional normal. Isso me parece muito próximo da ideia kleiniana de que a fantasia inconsciente pode acompanhar e impregnar o pensar da realidade e parece relevante para essa questão da nossa sensação corporal da nossa relação com nosso ambiente físico.

Para concluir, tentei mostrar que há diversas precondições importantes necessárias para a aquisição das integrações finais da posição depressiva. Com certeza, na vida familiar, na sociedade, na cultura, na poesia e em outras artes devem existir forças de integração potentes em funcionamento – isto é, integrações não só entre uma parte e outra da mente, mas entre corpo e mente. Alfred Alvarez escreveu sobre o modo pelo qual o poeta John Donne conseguia fazer seus leitores prestarem atenção. Escreve:

> *Em um poema chamado "O botão", Donne falou de "meu coração nu pensante"... Isso parece descrever exatamente o que ele expressa em seus melhores poemas: você pode ouvir seu coração bater e você pode ouvi-lo pensar, como se fossem um e o mesmo processo.*
> (Alfred Alvarez, 2005, p. 55)

Bem, embora não sejamos poetas, quando prestamos atenção em nossos mais profundos sentimentos e conseguimos contê-los e transformá-los, podemos encontrar palavras plenas e acompanhadas de sentimentos e, ao menos, querer alcançar os nossos corações "nus e pensantes" e os de nossos pacientes.

Referências

Abello, N. e Perez-Sanchez, M. (1981) Concerning narcissism, homosexuality, and Oedipus: clinical observations, *Revue Française de Psychanalyse*, 45, 4:767-775.

Acquarone, S. (ed.) (2007) *Signs of Autism in Infants*, London: Karnac.

Alexander, P. F. (2008) *Les Murray: A Life in Progress*, Melbourne: Open University Press.

Alhanati, S. (2002) Current trends in molecular genetic research of affective states and psychiatric disorders. In S. Alhanati (ed.) *Primitive Mental States*. Vol. II, London: Karnac.

Alvarez, Alfred. (1995) *Night: An Exploration of Night Life, Night Language, Sleep and Dreams*, London: Jonathan Cape.

Alvarez, Alfred. (2005) *The Writer's Voice*, London: Bloomsbury.

Alvarez, Anne. (1980) Two regenerative situations in autism: reclamation and becoming vertebrate, *Journal of Child Psychotherapy*, 6, 1:69-80.

Alvarez, A. (1988) Beyond the unpleasure principle: some preconditions for thinking through play, *Journal of Child Psychotherapy*, l4, 2:1-14.

Alvarez, A. (1992) *Live company: Psychoanalytic psychotherapy with autistic, borderline, deprived and abused children*, London; New York: Routledge.

Alvarez, A. (1995) Motiveless malignity: problems in the psychotherapy of psychopathic patients, *Journal of Child Psychotherapy*, 21, 2:167-182.

Alvarez, A. (1996) Addressing the element of deficit in children with autism: psychotherapy which is both psychoanalytically and developmentally informed, *Clinical Child Psychology and Psychiatry*, 1, 4:525-537.

Alvarez, A. (1997) Projective identification as a communication: its grammar in borderline psychotic children, *Psychoanalytic Dialogues,* 7, 6:753-768.

Alvarez, A. (1998) Failures to link: attacks or defects? Some questions concerning the think ability of Oedipal and pre-Oedipal thoughts, *Journal of Child Psychotherapy*, 24, 2:213-231.

Alvarez, A. (1999) Addressing the deficit: developmentally informed psychotherapy with passive, "undrawn" children. In A. Alvarez e S. Reid (eds.) *Autism and personality: Findings from the Tavistock Autism Workshop*. London: Routledge.

Alvarez, A. (2004) lssues in assessment: Asperger's syndrome and personality. ln M. Rhode e T. Klauber (eds.) *The Many Faces of Asperger's Syndrome,* London: Karnac.

Alvarez, A. (2006a) Narzissmus und das dumme object-Entwertung oder Missachtung? Mit einer anmerkung zum Suchtigen und zum manifesten Narzissmus. In O. F. Kernberg e H. P.

Hartmann (eds.) *Narzismus: grundlagen – Storungsbilder-Therapie*, Stuttgart: Schattauer.

Alvarez, A. (2006b) Some questions concerning states of fragmentation: unintegration, underintegration, disintegration, and the nature of early integrations, *Journal of Child Psychotherapy*, 32, 2:158-180.

Alvarez, A. (2010a) Levels of analytic work and levels of pathology: the work of calibration, *International Journal of Psychoanalysis*, 91, 4:859-878.

Alvarez, A. (2010b) Mourning and melancholia in childhood and adolescence: some reflections on the role of the internal object. In E. McGinley e A. Varchevker (eds.). *Enduring Loss: Mourning, Depression and Narcissism Throughout the Life Cycle*, London: Karnac.

Alvarez, A. e Furgiuele, P. (1997) Speculations on components in the infant's sense of agency: the sense of abundance and the capacity to think in parentheses. In S. Reid (ed.) *Developments in Infant Observation: The Tavistock Model*, London: Routledge.

Alvarez, A. e Lee, A. (2004) Early forms of relatedness in autism, *Clinical Child Psychology and Psychiatry*, 9, 4:499-518.

Alvarez, A. e Lee, A. (2010) Interpersonal relatedness in children with autism: Clinical complexity *versus* scientific simplicity? In A. Midgley et al. *Child Psychotherapy and Research*, New York: Routledge.

Alvarez, A. e Reid, S. (eds.) (1999) *Autism and Personality: Findings from the Tavistock Autism Workshop*, London: Routledge.

American Psychiatric Association [APA] (1994) *Diagnostic and Statistical Manual of Mental Health Disorders* (4. ed.), Washington DC: American Psychiatric Association.

Anderson, J. (2003) The mythic significance of risk-taking, dangerous behaviour, *Journal of Child Psychotherapy*, 29, 1:75-91.

Balint, M. (1968) *The Basic Fault: Therapeutic Aspects of Regression*, London: Tavistock.

Baron-Cohen, S., Allen, J. e Gillberg, C. (1992) Can autism be detected at 18 months? The needle, the haystack, and the CHAT, *British Journal of Psychiatry*, 161:839-843.

Barrows, P. (2002) Becoming verbal: autism, trauma and playfulness, *Journal of Child Psychotherapy*, 28, 1:53-72.

Bartram, P. (1999) Sean: from solitary invulnerability to the beginnings of reciprocity at very early infantile levels. In A. Alvarez e S. Reid (eds.) *Autism and Personality: Findings from the Tavistock Autism Workshop*, London: Routledge.

Bateman, A. W. (1998) Thick- and thin-skinned organisations and enactment in borderline and narcissistic disorders, *International Journal of Psychoanalysis*, 79:13-25.

Beebe, B. e Lachmann, F. M. (1994) Representation and internalization in infancy: three principles of salience, *Psychoanalytic Psychology*, 11, 2:127-165.

Beebe, B. e Lachmann, F. M. (2002) *Infant Research and Adult Treatment: Co-constructing Interactions*, New York: Analytic Press.

Beebe, B., Jaffe, J., Feldstein, S., Mays, K. e Alson, D. (1985) Interpersonal timing: the application of an adult dialogue model to mother-infant vocal and kinesic interactions. In T. M. Field e N. A. Fox (eds.) *Social Perception in Infants*, Norwood, N. J.: Ablex.

Beebe, B., Jaffe, J., Lachmann, F., Feldstein, S., Crown, C., e Jasnow, M. (2000) Systems models in development and psychoanalysis:

the case of vocal rhythm coordination and attachment, *Infant Mental Health Journal*, 21: 99-122.

Beren, P. (ed.) (1998) *Narcissistic Disorders in Childhood and Adolescence*, Northvale, NJ: Aronson.

Bergstein, A. (2009) On boredom: a close encounter with encapsulated parts of the psyche, *International Journal of Psychoanalysis*, 90:613-631.

Bick, E. (1968) The experience of the skin in early object-relations. In A. Briggs (ed.) *Surviving Space: Papers on Infant Observation*, London: Karnac Tavistock Clinic Series; também em M. Harris Williams (ed.) (1987) *Collected Papers of Martha Harris and Esther Bick*, Strathtay: Clunie.

Bion, W. R. (1950) The imaginary twin. In W. R. Bion (1967) *Second Thoughts: Selected Papers on Psychoanalysis*, London, Heinemann.

Bion, W. R. (1955) Language and the schizophrenic. In M. Klein, P. Heimann e R. E. Money-Kyrle (eds.) *New Directions in Psycho--analysis: the Significance of Infant Conflict in the Pattern of Adult Behaviour*, London: Tavistock.

Bion, W. R. (1957a) Differentiation of the psychotic from the non--psychotic personalities, *International Journal of Psychoanalysis*, 38:266-275; também em W. R. Bion (1967) *Second Thoughts: Selected papers on Psychoanalysis*, London: Heinemann.

Bion, W. R. (1957b) On Arrogance. In W. R. Bion (1967) *Second Thoughts: Selected Papers on Psychoanalysis*, London: Heinemann.

Bion, W. R. (1959) Attacks on linking. In W. R. Bion (1967) *Second Thoughts: Selected Papers on Psychoanalysis*, London: Heinemann.

Bion, W. R. (1962a) A theory of thinking. In W. R. Bion (1967) *Second Thoughts: Selected Papers on Psychoanalysis*, London: Heinemann.

Bion, W. R. (1962b) *Learning from Experience*, London: Heinemann.

Bion, W. R. (1963) *Elements of Psycho-analysis*, London: Heinemann.

Bion, W. R. (1965) *Transformations: Change from Learning to Growth*, London: Heinemann.

Bion, W. R. (1967) *Second Thoughts: Selected Papers on Psychoanalysis,* London: Heinemann.

Bion, W. R. (1974) *Development in Infancy*, San Francisco: W. H. Freeman and Co.

Bion, W. R. (1992) *Cogitations*, London: Karnac.

Blake, P. (2008) *Child and Adolescent Psychotherapy,* Sydney: IP Communications.

Blomberg, B. (2005) Time, space and the mind: psychotherapy with children with autism. In D. Houzel e M. Rhode (eds.) *Invisible Boundaries: Psychosis and Autism in Children and Adolescents*, London: Karnac.

Bloom, K. (2006) *The Embodied self: Movement and Psychoanalysis*, London: Karnac.

Bonasia, R. (2001) The countertransference: erotic, erotised, and perverse, *International Journal of Psychoanalysis*, 82:249-262.

Botella, C. e Botella, S. (2005) *The Work of Psychic Figurability: Mental States without Representation*, Hove: Brunner-Routledge.

Bower, T. G. R. (1974) *Development in Infancy* (2. ed.), San Francisco: W. H. Freeman and Co.

Bowlby, J. (1988) *A Secure Base: Clinical Applications of Attachment Theory*, London: Routledge.

Boyers, L. B. (1989) Counter-transference and technique in working with the regressed patient: further remarks, *International Journal of Psychoanalysis*, 70:701-714.

Braten, S. (1987) Dialogic mind: the infant and the adult in proto-conversation. In M. Carvallo (ed.) *Nature, Cognition and Systems*, Dordrecht, Boston: D. Reidel.

Braten, S. (ed.) (2007) *On Being Moved: From Mirror Neurons to Empathy*, Philadelphia, PA: John Benjamins.

Brazelton, T. B. e Nugent, J. K. (1995) *Neonatal Behavioral Assessment Scale* (3. ed.), London: Mackeith Press.

Brazelton, T. B., Koslowski, B. e Main, M. (1974) The origins of reciprocity: the early mother-infant interaction. In M. Lewis e L. A. Rosenblum (eds.) *The Effect of the Infant on its Caregivers*, London: Wiley.

Brendel, A. (2001) *Alfred Brendel on Music: Collected Essays*, London: Robson Books.

Britton, R. (1989) The missing link: parental sexuality in the Oedipus complex. In J. Steiner (ed.) *The Oedipus Complex Today*, London: Karnac.

Britton, R. (1998) *Belief and Imagination: Explorations in Psychoanalysis*, London: Routledge.

Britton, R. (2003) *Sex, Death, and the Superego*, London: Karnac.

Brody, H. (1982) *Maps and Dreams*, London: Jill Norman and Hobhouse.

Brontë, E. (1965) *Wuthering Heights*, Harmondsworth: Penguin.

Broucek, F. J. (1979) Efficacy in infancy: a review of some experimental studies and their possible implications for clinical theory, *International Journal of Psychoanalysis*, 60:311-316.

Broucek, F. J. (1991) *Shame and the Self*, London: Guilford Press.

Bruner, J. (1968) *Processes of Cognitive Growth: Infancy*, Worcester, MA: Clark University Press.

Bruner, J. (1972) Nature and uses of immaturity. In J. S. Bruner, A. Jolly, e K. Sylva (eds.) (1976) *Play: Its Role in Development and Evolution*, Harmondsworth: Penguin.

Bruner, J. (1983) From communicating to talking. In *Child's Talk: Learning to use Language*, New York: Norton.

Bruner, J. (1986) *Actual Minds, Possible Worlds*, Cambridge, MA: Harvard University Press.

Bruner, J. S. e Sherwood, V. (1976) Peekaboo and the learning of rule structures. In J. S. Bruner, A. Jolly, e K. Sylva (eds.) *Play: Its Role in Evolution and Development*, Harmondsworth: Penguin.

Bucci, W. (2001) Pathways of emotional communication, *Psychoanalytic Inquiry*, 21:40-70.

Buck, R. (1994) The neuropsychology of communication: spontaneous and symbolic aspects, *Journal of Pragmatics*, 22:265-278.

Burhouse, A. (2001) Now we are two, going on three: triadic thinking and its link with development in the context of young child observations, *Infant Observation*, 4, 2:51-67.

Caper, R. (1996) Play, experimentation and creativity, *International Journal of Psychoanalysis*, 77, 5:859-870.

Chatwin, B. (1987) *The Songlines*, London: Jonathan Cape.

Chiu, A. W., McLeod, B. D., Har, K. e Wood, J. J. (2009) Child-therapist alliance and clinical outcomes in cognitive behavioural therapy for child anxiety disorders, *Journal of Child Psychology and Psychiatry*, 50, 6:751-758.

Cohen, M. (2003) *Sent Before My Time*, London: Karnac.

Collis, G. M. (1977) Visual co-orientation and maternal speech. In H. R. Schaffer (ed.) *Studies in Mother-Infant Interaction*, London: Academic Press.

Cottis, T. (ed.) (2008) *Intellectual Disability, Trauma, and Psychotherapy*, London: Routledge.

Crapanzano, V. (2004) *Imaginative Horizons: An Essay in Literary--Philosophical Anthropology*, Chicago: University of Chicago Press.

Davies, J. M. (1998) Between the disclosure and foreclosure of erotic transference-countertransference: can psychoanalysis find a place for adult sexuality? *Psychoanalytic Dialogues*, 8:747-766.

Dawson, G. e Lewy, A. (1989) Reciprocal subcortical-cortical influences in autism: the role of attentional mechanisms. In G. Dawson (ed.) *Autism, Nature, Diagnosis and Treatment*, New York: Guilford Press.

De Bellis, M. D., Keshavan, M. S., Clark, D. B., Casey, B. J., Giedd, J. N., Boring, A. M., Frustaci, K. e Ryan, N. D. (1999), Developmental traumatology part II: brain development, *Biological Psychiatry*, 45, 10:1271-1284.

DeJong, M. (2010) Some reflections on the use of psychiatric diagnosis in the looked after or "in care" population, *Clinical Child Psychology and Psychiatry*, 15, 4:589-599.

Demos, V. (1986) Crying in early infancy: an illustration of the motivational function of affect. In T. B. Brazelton e M. W. Yogman (eds.) *Affective development in Infancy*, Norwood, NJ: Ablex.

Director, L. (2009) The enlivening object, *Contemporary Psychoanalysis*, 45, 1:121-139.

Dissanayake, E. (2009) Root, leaf, blossom, or bole. In S. Malloch e C. Trevarthen (eds.) *Communicative Musicality: Exploring the Basis of Human Companionship*. Oxford: Oxford University Press.

Divino, C. e Moore M. S. (2010) Integrating neurobiological findings into psychodynamic psychotherapy training and practice, *Psychoanalytic Dialogues*, 20:1-19.

Docker-Drysdale, B. (1990) *The Provision of Primary Experience: Winnicottian Work with Children and Adolescents*, London: Free Association Books.

Dreyer, V. (2002) On some possible prerequisites of metal representation: a study of the child's pre-symbolic movement in relation to the development of an interpretative function. Unpublished MA dissertation for University of East London.

Dylan, B. (1987) Not Dark Yet. In *Time Out of Mind*. Columbia/Sony.

Edwards, J. (1994) On solid ground: the ongoing psychotherapeutic journey of an adolescent boy with autistic features, *Journal of Child Psychotherapy*, 20, 1:57-84.

Edwards, J. (2001) First love unfolding. In J. Edwards (ed.) *Being Alive: Building on the Work of Anne Alvarez*, Hove: Brunner-Routledge.

Fairbairn, W. R. D. (1952) Schizoid factors of the personality. In W. R. D. Fairbairn, *Psychoanalytic Studies of the Personality*, London: Tavistock/Routledge and Kegan Paul.

Fairbairn, W. R. D (1994) The nature of hysterical states. In D. E. Scharff e E. F. Birtles (eds.) *From Instinct to Self: Selected Papers of W. R. D. Fairbairn*, Northvale, NJ: Jason Aronson.

Feldman, M. (2004) Supporting psychic change: Betty Joseph. In E. Hargreaves e A. Varchevker (eds.) *In Pursuit of Psychic Change: The Betty Joseph Workshop*, London: Brunner-Routledge.

Ferris, S., McGauley, G. e Hughes, P. (2004) Attachment disorganization in infancy: relation to psychoanalytic understanding of development, *Psychoanalytic Psychotherapy*, 18, 2:151-166.

Ferro, A. (1999) *The Bi-Personal Field*, London: Routledge.

First, E. (2001) Liking *liking* doing. In J. Edwards (ed.) *Being Alive: Building on the Work of Anne Alvarez*, Hove: Brunner-Routledge.

Fitzgerald, A. (2009) A psychoanalytic concept illustrated: will, must, may, can – revisiting the survival function of primitive omnipotence, *Infant Observation*, 12, 1:43-61.

Fivaz-Depeursinge, E. e Corboz-Warnery, A. (1999) *The Primary Triangle: A Developmental Systems View of Mothers, Fathers, and Infants*, New York: Basic Books.

Fogel, A. (1977) Temporal organization in mother-infant face-to--face interaction. In H. R. Schaffer (ed.) *Studies in Mother-Infant Interaction*, London: Academic Press.

Fogel, A. (1993) Two principles of communication: co-regulation and framing. In J. Nadel e L. Camaioni (eds.) *New Perspectives in Early Communicative Development*, London: Routledge.

Fonagy, P. (1995) Playing with reality: the development of psychic reality and its malfunction in borderline personalities, *International Journal of Psychoanalysis*, 76:39-44.

Fonagy, P. e Target, M. (1996) Playing with reality: I: Theory of mind and the normal development of psychic reality, *International Journal of Psychoanalysis*, 77:217-233.

Fonagy, P. e Target, M. (1998) Mentalization and the changing aims of child psychoanalysis, *Psychoanalytic Dialogues*, 8, 1:87-114.

Fonagy, P., Steele, M., Steele, H., Moran, G. S. e Higgitt, A. C. (1991) The capacity for understanding mental states: the reflective self in parent and child and its significance for security of attachment, *Infant Mental Health Journal*, 12:201-218.

Fonseca, V. R. J. R. M. e Bussab, V. S. R. (2001) Trauma, deficit, defense: current trends in the psychoanalysis of children with Pervasive Developmental Disorder. Painel apresentado no 44º Congresso da IPA, Rio de Janeiro, julho 2005.

Fordham, M. (1985) *Explorations into the Self, The Library of Analytic Psychology*, Vol. VII, London: Academic Press.

Freud, S. (1893-1895) Studies on hysteria. In J. Strachey (ed.) (1966) *Standard Edition of the Complete Works of Sigmund Freud*, Vol. II, London: Hogarth.

Freud, S. (1905a) Fragment of an analysis of a case of hysteria. In J. Strachey (ed.) (1966) *Standard Edition of the Complete Works of Sigmund Freud*, Vol. VII, London: Hogarth.

Freud, S. (1905b) Three essays on sexuality. In J. Strachey (ed.) (1966) *Standard Edition of the Complete Works of Sigmund Freud*, Vol. VII, London: Hogarth.

Freud, S. (1909) Analysis of a phobia in a five-year-old boy. In J. Strachey (ed.) (1966) *Standard Edition of the Complete Works of Sigmund Freud*, Vol. X, London: Hogarth.

Freud, S. (1911) Formulations on the two principles of mental functioning. In J. Strachey (ed.) (1966) *Standard Edition of the Complete Works of Sigmund Freud*, Vol. XII, London: Hogarth.

Freud, S. (1916-1917) Introductory lectures on psycho-analysis. In J. Strachey (ed.) (1966) *Standard Edition of the Complete Works of Sigmund Freud*, Vols. XV e XVI, London: Hogarth.

Freud, S. (1917) Mourning and melancholia. In J. Strachey (ed.) (1966) *Standard Edition of the Complete Works of Sigmund Freud*, Vol. XIV, London: Hogarth.

Freud, S. (1920) Beyond the pleasure principle. In J. Strachey (ed.) (1966) *Standard Edition of the Complete Works of Sigmund Freud*, Vol. XVIII, London: Hogarth.

Freud, S. (1930) Fetishism. In J. Strachey (ed.) (1966) *Standard Edition of the Complete Works of Sigmund Freud*, Vol. XXI, London: Hogarth.

Freud, S. (1938) The theory of the instincts. In J. Strachey (ed.) (1966) *Standard Edition of the Complete Works of Sigmund Freud*, Vol. XXIII, London: Hogarth.

Frick, P. J. e White, S. F. (2008) Research review: the importance of callous-unemotional traits for developmental models of aggressive and antisocial behaviour, *Journal of Consulting and Clinical Psychology*, 49, 4:359-375.

Gabbard, G. O. (1989) Two subtypes of narcissistic personality disorder, *Bulletin of the Menninger Clinic*, 53, 6:527-532.

Gabbard, G. O. (1994) Sexual excitement and countertransference love in the analyst, *Journal of the American Psychoanalytic Association*, 42:1083-1106.

Gampel, G. (2005) Foreword. In A. Alvarez (2005) *Live Company* (Hebrew translation), Tel Aviv: Bookworm.

Gerhardt, S. (2004) *Why Love Matters: How Affection Shapes a Baby's Brain*, New York: Brunner-Routledge.

Gerrard, J. (2010) Seduction and betrayal, *British Journal of Psychotherapy*, 26, 1:65-80.

Gerrard, J. (2011) *The Impossible of Knowing*, London: Karnac.

Glover, E. (1928a) Lectures on technique in psycho-analysis, *International Journal of Psychoanalysis*, 9:7-46.

Glover, E. (1928b) Lectures on technique in psycho-analysis, *International Journal of Psychoanalysis*, 9:181-218.

Green, A. (1995) Has sexuality anything to do with psychoanalysis? *International Journal of Psychoanalysis*, 76:871-883.

Green, A. (1997) *On Private Madness*, London: Karnac.

Green, A. (2000) Science and science fiction in infant research. In J. Sandler, A. M. Sandler, e R. Davies (eds.) *Clinical and Observational Psychoanalytic Research: Roots of a Controversy*, London: Karnac.

Greenspan, S. I. (1997) *Developmentally Based Psychotherapy*, Madison, CT: International Universities Press.

Grotstein, J. (1981a) *Splitting and Projective Identification*, London: Aronson.

Grotstein, J. (1981b) Wilfred R. Bion: the man, the psychoanalyst, the mystic. A perspective on his life and work. In J. Grotstein (ed.) *Do I Dare Disturb the Universe? A Memorial to Wilfred R. Bion*, Beverly Hills: Caesura Press.

Grotstein, J. (1983) Review of Tustin's Autistic States in Children, *International Review of Psychoanalysis*, 10:491-498.

Grotstein, J. (2000) *Who is the Dreamer who Dreams the Dream: A Study of Psychic Presences*, Hillsdale, NJ: Analytic Press.

Haag, G. (1985) La mère et le bébé dans les deux moitiés du corps, *Neuropsychiatrie de L'enfance*, 33:107-114.

Hamilton, V. (1982) *Narcissus and Oedipus: The Children of Psycho--analysis*, London: Routledge and Kegan Paul.

Hamilton, V. E. (2001) Foreword. In J. Edwards (ed.) *Being Alive: Building on the Work of Anne Alvarez*. Hove: Brunner-Routledge.

Hand, H. (1997) The terrible surprise: the effect of trauma on a child's development. Artigo entregue à Psychoanalytic Section (Division 39) Spring Meeting of American Psychological Association, Denver.

Hartmann, E. (1984) *The Nightmare*, New York: Basic Books.

Hawthorne, J. (2004) Training health professionals in the Neonatal Behavioral Assessment Scale (NBAS) and its use as an intervention, *The Signal, WAIMH (World Association for Infant Mental Health) Newsletter*, 12, 3-4:1-5.

Herbert, Z. (1977) The envoy of Mr. Cogito. In *Selected Poems*. Oxford: Oxford University Press.

Herbert, Z. (1999). Chord. In *Elegy for the Departure*, Hopewell, NJ: The Ecco Press.

Hinshelwood, R. D. (1989) *A Dictionary of Kleinian Thought*, London: Free Associations Books.

Hobson, P. (1993) *Autism and the Development of Mind*, Hove: Lawrence Erlbaum.

Hobson, P. (2002) *The Cradle of Thought*, London: Macmillan.

Hobson, R. P. e Lee, A. (1999) Imitation and identification in autism, *Journal of Child Psychology and Psychiatry*, 40:649-659.

Hopkins, J. (1996) From baby games to let's pretend: the achievement of playing, *Journal of the British Association of Psychotherapy*, 31:20-27.

Houzel, D. (2001) Bisexual qualities of the psychic envelope. In J. Edwards (ed.) *Being Alive: Building on the Work of Anne Alvarez*, Hove: Brunner-Routledge.

Hughes, D. A. (1998) *Building the Bonds of Attachment: Awakening Love in Deeply Troubled Children*, Lanham, MD: Aronson.

Hughes, R. (2004) Lecture at the Royal Academy of Arts. Apresentado no *The Times*, London, 3 June.

Hurry, A. (ed.) (1998) *Psychoanalysis and Developmental Therapy*, London: Karnac.

Hutt, C. (1972) Exploration and play in children. In J. S. Bruner, A. Jolly e K. Sylva (eds.) (1976) *Play: Its Role in Development and Evolution*, Harmondsworth: Penguin.

Isaacs, S. (1948) The nature and function of phantasy, *International Journal of Psychoanalysis*, 29:73-97.

Isaacs, S. (1991) Fifth Discussion of Scientific Controversies. In P. King e R. Steiner (eds.) (1991) *The Freud-Klein Controversies 1941-45*, London: Tavistock/Routledge.

James, W. (1992) *Writings, 1878-1899*, New York: Library of America.

Jonas, H. (1974) *Philosophical Essays*, New York: Prentice-Hall.

Jones, E. (1967) *Sigmund Freud: Life and Work*, Vol. II: *Years of Maturity*, London: Hogarth.

Joseph, B. (1975) The patient who is difficult to reach. In E. B. Spillius e M. Feldman (eds.) (1989) *Psychic equilibrium and Psychic Change: Selected Papers of Betty Joseph*, London: Routledge.

Joseph, B. (1978) Different types of anxiety and their handling in the clinical situation. In E. B. Spillius e M. Feldman (eds.) (1989) *Psychic Equilibrium and Psychic Change: Selected Papers of Betty Joseph*, London: Routledge.

Joseph, B. (1981) Towards the experiencing of psychic pain. In E. B. Spillius e M. Feldman (eds.) (1989) *Psychic Equilibrium and Psychic Change: Selected Papers of Betty Joseph*, London: Routledge.

Joseph, B. (1982) Addiction to near death. In E. B. Spillius e M. Feldman (eds.) (1989) *Psychic Equilibrium and Psychic Change: Selected Papers of Betty Joseph*, London: Routledge.

Joseph, B. (1983) On understanding and not understanding: some technical issues. In E. B. Spillius e M. Feldman (eds.) (1989) *Psychic Equilibrium and Psychic Change: Selected Papers of Betty Joseph*, London: Routledge.

Joseph, B. (1998) Thinking about a playroom, *Journal of Child Psychotherapy*, 24, 3:359-366.

Kanner, L. (1944) Early infantile autism, *Journal of Paediatrics*, 25:211-217.

Kernberg, O. (1975) *Borderline Conditions and Pathological Narcissism*, Northvale, NJ: Jason Aronson.

Kernberg, P., Weiner, A. S. e Bardenstein, K. K. (eds.) (2000) *Personality Disorders in Children and Adolescents*, New York: Basic Books.

Klauber, T. (1999) The significance of trauma and other factors in work with the parents of children with autism. In A. Alvarez e S. Reid (eds.) *Autism and Personality: Findings from the Tavistock Autism Workshop*, London: Routledge.

Klaus, M. H. e Kennell, J. H. (1982) *Parent-Infant Bonding*, London: C. H. Mosby.

Klein, M. (1923) The role of the school in the libidinal development of the child. In M. Klein (1975) *The Writings of Melanie Klein*, Vol. I, London: Hogarth.

Klein, M. (1930) The importance of symbol-formation in the development of the ego. In M. Klein (1975) *The Writings of Melanie Klein*, Vol. I, London: Hogarth.

Klein, M. (1932a) The psychoanalysis of children. In M. Klein (1975) *The writings of Melanie Klein*, Vol. II, London: Hogarth.

Klein, M. (1932b) The significance of early anxiety-situations in the development of the ego. In M. Klein (1975) *The writings of Melanie Klein*, Vol. I, London: Hogarth.

Klein, M. (1935) A contribution to the psychogenesis of manicdepressive states. In M. Klein (1975) *The Writings of Melanie Klein*, Vol. III, London: Hogarth.

Klein, M. (1937) Love, Guilt and Reparation. In M. Klein (1975) *The Writings of Melanie Klein*, Vol. I, London: Hogarth.

Klein, M. (1940) Mourning and its relation to manicdepressive states. In M. Klein (1975) *The Writings of Melanie Klein*, Vol. III, London: Hogarth.

Klein, M. (1945) The Oedipus Complex in the light of early anxieties. In M. Klein (1975) *The Writings of Melanie Klein*, Vol. I, London: Hogarth; também em (1945) *International Journal of Psychoanalysis,* 26:11-33.

Klein, M. (1946) Notes on some schizoid mechanisms. In M. Klein (1975) *The Writings of Melanie Klein*, Vol. III, London: Hogarth; também em (1946) *International Journal of Psychoanalysis,* 27:99-110.

Klein, M. (1952) Some theoretical conclusions regarding the emotional life of the infant. In M. Klein (1975) *The Writings of Melanie Klein*, Vol. III, London: Hogarth.

Klein, M. (1955) On Identification. In M. Klein (1975) *The Writings of Melanie Klein*, Vol. III, London: Hogarth.

Klein, M. (1957) Envy and gratitude. In M. Klein (1975) *The Writings of Melanie Klein*, Vol. III, London: Hogarth.

Klein, M. (1958) On the development of mental functioning, *International Journal of Psychoanalysis*, 39:84-90.

Klein, M. (1959) Our adult world and its roots in infancy. In M. Klein (1975) *The Writings of Melanie Klein*, Vol. III, London: Hogarth.

Klein, M. (1961) *Narrative of a Child Analysis*, London: Hogarth.

Klein, M. (1963) On the sense of loneliness. In M. Klein (1975) *The Writings of Melanie Klein*, Vol. III, London: Hogarth.

Klein, M. Heimann, P., Isaacs, S. e Riviere, J. (1952) *Developments in Psychoanalysis*, London: Hogarth.

Kleitman, N. (1963) *Sleep and Wakefulness*, Chicago: University of Chicago Press.

Knoblauch, S. (2000) *The Musical Edge of Therapeutic Dialogue*, Hillsdale, NJ: Analytic Press.

Kohut, H. (1977) *The Restoration of the Self*, New York: International University Press.

Kohut, H. (1985) *The Analysis of the Self*, New York: International University Press.

Koulomzin, M., Beebe, B., Anderson, S., Jaffe, J., Feldstein, S. e Crown, C. (2002) Infant gaze, head, face and self-touch differentiate secure *vs.* avoidant attachment at 1 year: a microanalytic approach, *Attachment and Human Development.* 4, 1:3-24.

Kundera, M. (1982) *The Joke*, Harmonsdworth, Penguin.

Kut Rosenfeld, S. e Sprince, M. (1965) Some thoughts on the technical handling of borderline children, *Psychoanalytic Study of the Child,* 20:495-517.

Lahr, J. (1995) *The New Yorker,* 17 April.

Lanyado, M. e Horne, A. (2006) *A Question of Technique,* Hove: Routledge.

Laplanche, J. e Pontalis, B. (l973) *The Language of Psychoanalysis,* London: Hogarth.

Laznik, M. C. (2009) The Lacanian theory of the drive: an examination of possible gains for research in autism, *Journal of the Centre for Freudian Analysis and Research,* 19.

Leichsenring, F. e Rabung, S. (2008) Effectiveness of long-term psychodynamic psychotherapy: a meta-analysis, *Journal of the American Medical Association,* 300:1551-1565.

Leslie, A. M. (1987) Pretence and representation: the origins of theory of mind, *Psychological Review,* 94:412-426.

Levi, P. (2001) *The Search for Roots,* London: Penguin.

Likierman, M. (2001) *Melanie Klein: Her Work in Context,* London: Continuum.

Lubbe, T. (ed.) (2000) *The Borderline Psychotic Child: A Selective Integration,* London: Routledge.

Lupinacci, M. A. (1998) Reflections on the early stages of the Oedipus complex: the parental couple in relation to psychoanalytic work, *Journal of Child Psychotherapy,* 24, 3:409-422.

Lynd, H. M. (1958) *On Shame and the Search for Identity*, New York: Harcourt Brace and World.

Magagna, J., Bakalar, N., Cooper, H., Levy, J., Norman, C. e Shank C. (eds.) (2005) *Intimate Transformations: Babies with their Families*, London: Karnac.

Mahler, M. (1968) *On Human Symbiosis and the Vicissitudes of Individuation*, New York: International University Press.

Mahler, M., Pine, F. e Bergman, A. (1975) *The Psychological Birth of the Human Infant*, New York: Basic Books.

Maiello, S. (1995) La voce: il suono madre. In G. Buzzatti e A. Salvo (eds.) *Corpo a Corpo: Madre e Figlia nella Psicoanalisi*, Bari: Laterza.

Main, M. (1991) Metacognitive knowledge, metacognitive monitoring, and singular (coherent) *vs.* multiple (incoherent) models of attachment. In C. M. Parkes, J. Stevenson-Hinde e P. Marris (eds.) *Attachment across the Life Cycle*, London: Routledge.

Malloch, S. e Trevarthen, C. (eds.) (2009) *Communicative Musicality: Exploring the Basis of Human Companionship*. Oxford: Oxford University Press.

Maurer, D. e Salapatak, P. (1976) Developmental changes in the scanning of faces by young infants, *Child Development*, 47:523-527.

McCarthy, C. (1992) *All the Pretty Horses*, New York: Knopf.

Meloy, J. R. (1996) *The Psychopathic Mind: Origin, Dynamics, Treatment*, London: Jason Aronson.

Meltzer, D. (1983) *Dream-life: A Re-examination of the Psycho-analytical Theory and Technique*, Strathtay: Clunie.

Meltzer, D. e Harris Williams, M. (1988) *The Apprehension of Beauty: The Role of Aesthetic Conflict in Development, Art and Violence*, Strathtay: Clunie.

Meltzer, D., Bremner, J., Hoxter, S., Weddekk, D. e Wittenberg, I. (1975) *Explorations in Autism: A Psycho-analytical Study*, Strathtay: Clunie.

Mendes de Almeida, M. (2002) Infant observation and its developments: repercussion within the work with severely disturbed children. Artigo apresentado no VI International Conference on Infant Observation, Krakow.

Miller, L. (2001) *The Brontë Myth*, London: Jonathan Cape.

Miller, L., Rustin, M. E., Rustin, M. J. e Shuttleworth, J. (1989) *Closely Observed Infants*, London: Duckworth.

Miller, S. (1984) Some thoughts on once-weekly psychotherapy in the National Health Service, *Journal of Child Psychotherapy*, 10, 2:187-198.

Mitrani, J. L. (1998) Unbearable ecstasy, reverence and awe, and the perpetuation of an "aesthetic conflict", *Psychoanalytic Quarterly*, 67:102-107.

Money-Kyrle, R. (1947) On being a psychoanalyst. In D. Meltzer e E. O'Shaughnessy (eds.) (1978) *The Collected Papers of Roger Money-Kyrle*, Strathtay: Clunie.

Moore, M. (1968) *Marianne Moore: Complete Poems*, London: Faber and Faber.

Moore, M. S. (2004) Differences between representational drawings and re-presentations in traumatized children. Artigo apresentado para a Association of Child Psychotherapists' Annual Conference, London, June.

Murray, L. (1991) Intersubjectivity, object relations theory and empirical evidence from mother-infant interactions, *Infant Mental Health Journal*, 12:219-232.

Murray, L. (1992) The impact of postnatal depression on infant development, *Journal of Child Psychology and Psychiatry*, 33, 3:543-561.

Murray, L. e Cooper, P. J. (eds.) (1997) *Postpartum Depression and Child Development*, London: Guilford Press.

Music, G. (2009) Neglecting neglect: some thoughts on children who have lacked good input, and are "undrawn" and "unenjoyed", *Journal of Child Psychotherapy*, 35, 2:142-156.

Music, G. (2011) *Nurturing Natures: Attachment and Children's Sociocultural and Brain Development*, Hove: Psychology Press.

Negri, R. (1994) *The Newborn in the Intensive Care Unit. A Neuropsychoanalytic Prevention Model*, London: Karnac.

Newson, J. (1977) An intersubjective approach to the systematic description of mother-infant interaction. In H. R. Schaffer (ed.) *Studies in Mother-Infant Interaction*, London: Academic Press.

O'Shaughnessy, E. (1964) The absent object, *Journal of Child Psychotherapy*, 1, 2:34-43.

O'Shaughnessy, E. (2006) A conversation about early unintegration, disintegration and integration, *Journal of Child Psychotherapy*, 32, 2:153-157.

Ogden, T. H. (1997) *Reverie and Interpretation: Sensing Something Human*, Northvale, NJ: Jason Aronson.

Panksepp, J. (1998) *Affective Neuroscience: The Foundations of Human and Animal Emotions*, Oxford: Oxford University Press.

Panksepp, J. e Biven, L. (2011) *The Archaeology of the Mind: Neuroevolutionary Origins of Human Emotion*, New York: Norton.

Papousek H. e Papousek, M. (1975) Cognitive aspects of preverbal social interaction between human infants and adults. In *Parent Infant Interaction*, CIBA Foundation Symposium n. 33, Amsterdam: Elsevier.

Perry, B. D. (2002) Childhood experience and the expression of genetic potential: what childhood neglect tells us about nature and nurture, *Brain and Mind*, 3:79-100.

Perry, B. D., Pollard, R. A., Blakeley, T. L., Baker, W. L. e Vigilante, D. (1995) Childhood trauma, the neurobiology of adaptation and "use-dependent" development of the brain: how "states" become "traits", *Infant Mental Health Journal*, 16:271-291.

Pessoa, F. (1981) Cease Your Song. In *Selected Poems* (2. ed.). London: Penguin.

Phillips, A. (1993) *On Kissing, Tickling and Being Bored*, London: Karnac.

Pick, I. (1985) Working through in the counter-transference, *International Journal of Psychoanalysis*, 66:157-166.

Pine, F. (1985) *Developmental Theory and Clinical Process*, London: Yale University Press.

Racker, H. (1968) *Transference and Countertransference*, London: Maresfield Reprints.

Reddy, V. (2005) Feeling shy and showing off: self-conscious emotions must regulate self-awareness. In J. Nadel e D. Muir (eds.) *Emotional Development*, Oxford, Oxford University Press.

Reddy, V. (2008) *How Infants Know Minds*, London: Harvard University Press.

Reid, S. (1988) Interpretation: food for thought. Artigo apresentado na Annual Conference of Child Psychotherapists, London, June.

Reid, S. (ed.) (1997) *Developments in Infant Observation: The Tavistock Model*, London: Routledge.

Reid, S. (1999a) Autism and trauma: autistic post-traumatic developmental disorder. In A. Alvarez e S. Reid (eds.) *Autism and Personality: Findings from the Tavistock Autism Workshop*, London: Routledge.

Reid, S. (1999b) The assessment of the child with autism: a family perspective. In A. Alvarez e S. Reid (eds.) *Autism and Personality: Findings from the Tavistock Autism Workshop*, London: Routledge.

Resnik, S. (1995) *Mental Space*, London: Karnac.

Rey, H. (1988) That which patients bring to analysis, *International Journal of Psychoanalysis,* 69:457-470; também em J. Magagna (ed.) (1994) *Universals of Psychoanalysis in the Treatment of Psychotic and Borderline States: Henri Rey*, London: Free Association Books.

Rhode, M. (2001) The sense of abundance in relation to technique. In J. Edwards (ed.) *Being Alive: Building on the Work of Anne Alvarez*, Hove: Brunner-Routledge.

Riviere, J. (ed.) (1952) *Developments in Psycho-analysis*, London: Hogarth Press.

Rizzolatti, G., Craighero, L. e Fadiga, L. (2002) The mirror system in humans. In M. Stamenov e V. Gallese (eds.) *Mirror Neurons and the Evolution of Brain and Language*, Philadelphia, PA: John Benjamins.

Robarts, J. (2009) Supporting the development of mindfulness and meaning: clinical pathways in music therapy with a sexually abused child. In S. Malloch e C. Trevarthen (eds.) *Communicative Musicality: Exploring the Basis of Human Companionship.* Oxford: Oxford University Press.

Robertson, R. (2005) A psychoanalytic perspective on the work of a physiotherapist with infants at risk of neurological problems: Comparing the theoretical background of physiotherapy and psychoanalysis, *Infant Observation*, 8, 3:259-278.

Robson, K. (1967) The role of eye-to-eye contact in maternal-infant attachment, *Journal of Child Psychology and Psychiatry*, 8:13-25.

Rocha-Barros, E. M. (2002) An essay on dreaming, psychical working out and working through, *International Journal of Psychoanalysis*, 83, 5:1083-1093.

Rodrigué, E. (1955) The analysis of a three-year-old mute schizophrenic. In M. Klein, P. Heimann e R. E. Money-Kyrle (eds.) *New Directions in Psycho-analysis: The Significance of Infant Conflict in the Pattern of Adult Behaviour,* London: Tavistock.

Rosenfeld, H. (1964) On the psychopathology of narcissism, *International Journal of Psychoanalysis*, 45:332-337.

Rosenfeld, H. (1987) *Impasse and Interpretation: Therapeutic and Anti-therapeutic Factors in the Psychoanalytic Treatment of Psychotic, Borderline, and Neurotic Patients*, London: Tavistock.

Roth, P. (2001) Mapping the landscape: levels of transference interpretation, *International Journal of Psychoanalysis*, 82:533-543.

Rustin, M. (1997) Child psychotherapy within the Kleinian tradition. In B. Burgoyne e M. Sullivan (eds.) *The Klein-Lacan Dialogues*, London, Rebus.

Rustin, M. E. (1998) Dialogues with parents. In *Journal of Child Psychotherapy*. 24:233-252.

Salo, F. (1987) The analysis of a well-endowed boy from an emotionally impoverished background, *Journal of Child Psychotherapy*, 13, 2:15-32.

Sander, L. (1975) Infant and caretaking environment: investigation and conceptualization of adaptive behaviour in a system of increasing complexity. In E. J. Anthony (ed.) *Explorations in Child Psychiatry*, New York: Plenum.

Sander, L. (2000) Where are we going in the field of infant mental health? *Infant Mental Health Journal*, 21, 1-2:5-20.

Sander, L. (2002) Thinking differently: principles of process in living systems and the specificity of being known, *Psychoanalytic Dialogues*, 12, 1:11-42.

Sandler, A. M. (1996) The psychoanalytic legacy of Anna Freud, *Psychoanalytic Study of the Child*, 51:270-284.

Sandler, J. (1960) The background of safety, *International Journal of Psychoanalysis*, 41:352-356.

Sandler, J. (1988) *Projection, Identification, Projective Identification*, London: Karnac.

Sandler, J. e Freud, A. (1985) *The Analysis of Defence*, New York: International University Press.

Sandler, J. e Sandler, A. M. (1994a) Phantasy and its Transformations: a contemporary Freudian view, *International Journal of Psychoanalysis*, 75:387-394.

Sandler, J. e Sandler, A. M. (1994b) The past unconscious and the present unconscious: a contribution to a technical frame of reference, *Psychoanalytic Study of the Child*, 49:278-292.

Sanville, J. (1991) *The Playground of Psychoanalytic Therapy*, Hillsdale, NJ: Analytic Press.

Scaife, M. e Bruner, J. (1975) The capacity for joint visual attention in the infant, *Nature*, 253:265-266.

Schafer, R. (1976) *A New Language for Psychoanalysis*, New Haven, CT: Yale University Press.

Schafer, R. (1999) Recentering Psychoanalysis: from Heinz Hartmann to the Contemporary British Kleinians, *Psychoanalytic Psychology*, 16:339-354.

Schore, A. (1994) *Affect Regulation and the Origin of the Self: The Neurobiology of Emotional Development*, Hillsdale, NJ: Lawrence Erlbaum.

Schore, A. (1997) Interdisciplinary developmental research as a source of clinical models. In M. M. Moskowitz, C. Monk, C. Kaye e S. Ellman (eds.) *The Neurobiological and Developmental Basis for Psychotherapeutic Intervention*, London: Jason Aronson.

Schore, A. (2003) *Affect Regulation and the Repair of the Self*, London: Norton.

Searles, H. (1959) Oedipal love in the countertransference. In H. Searles (1986) *Collected Papers on Schizophrenia and Related Subjects*, New York: International University Press.

Searles, H. (1961) Sexual processes in schizophrenia. In H. Searles (1986) *Collected Papers on Schizophrenia and Related Subjects*, New York: International University Press.

Segal, H. (1957) Notes on symbol formation. In H. Segal (1981) *The Work of Hanna Segal*, 1981, Northvale, NJ: Jason Aronson.

Segal, H. (1964) *Introduction to the Work of Melanie Klein*, London: Heinemann.

Segal, H. (1983) Some implications of Melanie Klein's work, *International Journal of Psychoanalysis*, 64:269-276.

Shakespeare, W. (1969) *The Winter's Tale*, Harmondsworth: Penguin.

Shedler, J. (2010) The efficacy of psychodynamic psychotherapy, *American Psychologist*, 65, 2:98-109.

Shiner, R. e Caspi, A. (2003) Personality differences in childhood and adolescence: measurement, development and consequences, *Journal of Child Psychology and Psychiatry*, 44:2-32.

Siegel, D. J. (1999) *The Developing Mind: Toward a Neurobiology of Interpersonal Experience*, New York: Guilford Press.

Sinason, V. (1992) *Mental Handicap and the Human Condition*, London: Free Association Books.

Slade, A. (1987) Quality of attachment and early symbolic play, *Developmental Psychology*, 17:326-335.

Solms, M. (2000) Freudian dream theory today, *The Psychologist*, 12, 1:618-619.

Solms, M. e Turnbull, O. (2002) *The Brain and the Inner World: An Introduction to the Neuroscience of Subjective Experience*, London: Karnac.

Sonuga-Barke, E. J. S. (2010) It's the environment, stupid!, *Journal of Child Psychology and Psychiatry*, 51, 2:113-115.

Sorenson, P. B. (2000) Observations of transition facilitating behaviour: developmental and theoretical implications, *Infant Observation*, 3, 2:46-54.

Spillius, E. B. (1983) Some developments from the work of Melanie Klein, *International Journal of Psychoanalysis*, 64:321-332.

Spillius, E. B. e Feldman, M. (eds.) (1989) *Psychic Equilibrium and Psychic Change: Selected Papers of Betty Joseph*, London: Routledge.

Stein, D. (l985) *The Interpersonal World of the Infant*, New York: Basic Books.

Steiner, J. (1993) Problems of psychoanalytic technique: patient-centred and analyst-centred interpretations. In J. Steiner, *Psychic Retreats: Pathological Organizations in Psychotic, Neurotic and Borderline Patients*, London: Routledge.

Steiner, J. (1994) Patient-centered and analyst-centered interpretations: some implications of containment and counter-transference, *Psychoanalytic Inquiry*, 14, 3:406-422.

Steiner, J. (2004) Containment, enactment, and communication. In E. Hargreaves e A. Varchevker (eds.) *In Pursuit of Psychic Change: The Betty Joseph Workshop*, London: Brunner-Routledge.

Stern, D. N. (1974) Mother and infant at play: the dyadic interaction involving facial, vocal and gaze behaviours. In M. Lewis e L. A. Rosenblum (eds.) *The effect of the infant on its caregiver*, New York: Wiley.

Stern, D. N. (1977) Missteps in the dance. In D. N. Stern, *The First Relationship: Infant and Mother*, Cambridge, MA: Harvard.

Stern, D. N. (1983) The early development of schemas of Self, Other and Self with Other. In J. D. Lichtenberg e S. Kaplan (eds.) *Reflections on Self Psychology*, London: Analytic Press.

Stern, D. N. (1985) *The Interpersonal World of the Infant*, New York: Basic Books.

Stern, D. N. (2000) Putting time back into our considerations of infant experience: a microdiachronic view, *Infant Mental Health Journal*, 21:21-28.

Stern, D. N. (2010) *Forms of Vitality*, Oxford: Oxford University Press.

Stern, D. N., Sander, L. W., Nahum, J. P., Harrison, A. M., Lyons-Ruth, K., Morgan, A. C., Bruschweiler-Stern, N. e Tronick, E. Z. (1998) Non-interpretive mechanisms in psychoanalytic psychotherapy, *International Journal of Psychoanalysis*, 79:903-921.

Sternberg, J. (2005) *Infant Observation at the Heart of Training*, London: Karnac.

Stolorow, R. D. e Lachmann, F. M. (1980) *The Psychoanalysis of Developmental Arrests*, Madison, CT: International University Press.

Strachey, J. (1934) The nature of the therapeutic action of psychoanalysis, *International Journal of Psychoanalysis*, 15:127-159.

Strathearn, L., Gray, P. H., O'Callaghan, M. J. e Wood, D. O. (2001) Childhood neglect and cognitive development in extremely low birth weight infants: a prospective study, *Pediatrics*, 108, 1:142-151.

Striano, T. e Rochat, P. (1999) Developmental links between dyadic and triadic social competence in infancy, *British Journal of Developmental Psychology*, 17:551-562.

Sylva, K. e Bruner, J. S. (1974) The role of play in the problem-solving of children 3-5 years old. In J. S. Bruner, A. Jolly e K. Sylva (eds.) (1976) *Play: Its Role in Development and Evolution*, Harmondsworth: Penguin.

Symington, J. (2002) Mrs. Bick and infant observation. In A. Briggs (ed.) *Surviving Space: Papers on Infant Observation*, London: Karnac.

Symington, J. (2004) Mrs Bick, infant observation and the question of un-integration. Artigo apresentado no International Infant Observation Conference, Tavistock Clinic, London.

Symington, N. (1980) The response aroused by the psychopath, *International Review of Psychoanalysis*, 7:291-298.

Symington, N. (1993) *Narcissism: A New Theory*, London: Karnac.

Symington, N. (1995) Mrs Bick and infant observation. Artigo apresentado no 75th Anniversary of Tavistock Clinic, London, August.

Thelen, E. e Smith, L. B. (1995) *A Dynamic Systems Approach to the Development of Cognition and Action*, London: MIT Press.

Tompkins, S. (1981) The quest for primary motives: biography and autobiography of an idea, *Journal of Personality and Social Psychology*, 41:306-329.

Tremelloni, L. (2005) *Arctic Spring: Potential for Growth in Adults with Psychosis and Autism*, London: Karnac.

Trevarthen, C. (1993) Playing into reality: conversations with the infant communicator. In L. Spurling (ed.) *Winnicott Studies*, Vol. VII, London: Karnac.

Trevarthen, C. (2001) Intrinsic motives for companionship in understanding: their origin, development, and significance for infant mental health, *Infant Mental Health*, special issue: *Contributions from the Decade of the Brain to Infant Mental Health*, 22, 1-2:95-131.

Trevarthen, C. e Aitken, K. J. (2001) Intersubjectivity: research, theory and clinical applications, *Journal of Child Psychology and Psychiatry*, 42:3-48.

Trevarthen, C. e Hubley, P. (1978) Secondary intersubjectivity: confidence, confiding and acts of meaning in the first year. In A. Lock (ed.) *Action, Gesture and Symbol: The Emergence of Language*, London: Academic Press.

Trevarthen, C. e Marwick H. (1986) Signs of motivation for speech in infants, and the nature of a mother's support for development of language. In B. Lindblom e R. Zetterstrom (eds.) *Precursors of Early Speech*, Basingstoke: Macmillan.

Tronick, E. (2007) *The Neurobehavioral and Social-Emotional Development of Infants and Children*, New York: Norton.

Tronick, E. Z., Bruschweiler-Stern, N., Harrison, A. M., Lyons--Ruth, K., Morgan, A. C. e Nahum, J. P. (1998) Dyadically expanded states of consciousness, *Infant Mental Health Journal*, 19:290-299.

Trowell, J., Rhode, M., Miles, G. e Sherwood, I. (2003) Childhood depression: work in progress, *Journal of Child Psychotherapy*, 29, 2:147-169.

Tuch, R. H. (2007) Thinking with, and about, patients too scared to think: can non-interpretive manoeuvres stimulate reflective thought?, *International Journal of Psychoanalysis*, 88:91-11.

Tustin, F. (1980) Autistic objects, *International Review of Psychoanalysis*, 7:27-39.

Tustin, F. (1992) *Autistic States in Children* (edição revisada), London: Routledge and Kegan Paul.

Urwin, C. (1987) Developmental psychology and psychoanalysis: splitting the difference. In M. Richards e P. Light (eds.) *Children of Social Worlds*, Cambridge: Polity.

Urwin, C. (2002) A psychoanalytic approach to language delay: when autistic isn't necessarily autism, *Journal of Child Psychotherapy*, 28, 1:73-93.

Uzgiris, I. C. e Hunt, J. M. V. (1975) *Towards Ordinal Scales of Psychological Development in Infancy*, Champaign: University of Illinois Press.

Van der Kolk, B. (2009) Proposal to include a Developmental Trauma disorder diagnosis for children and adolescents in DSM-V. Artigo apresentado na UCLA Trauma Conference, California, July.

Viding, E. (2004) Annotation: understanding the development of psychopathy, *Journal of Child Psychology and Psychiatry*, 45, 8:1329-1337.

Vygotsky, L. (1978) *Mind in Society: The Development of Higher Psychological Processes*, London: Harvard University Press.

Waddell, M. (2006) Integration, unintegration, disintegration: an introduction, *Journal of Child Psychotherapy*, 32, 2:148-152.

Wakschlag, L. S., Tolan, P. H. e Leventhal, B. L. (2010) "Research review: Ain't misbehaving": towards a developmentalized specified nosology for preschool disruptive behaviour, *Journal of Child Psychology and Psychiatry*, 51, 1:3-22.

Waska, R. T. (2002) *Primitive Experiences of Loss: Working with the Paranoid-Schizoid Patient*, London: Karnac.

Williams, A. H. (1960) A psycho-analytic approach to the treatment of the murderer, *International Journal of Psychoanalysis*, 4:532-539.

Williams, A. H. (1998) *Cruelty, Violence and Murder*, London: Karnac.

Williams, G. (1997) On introjective processes: the hypothesis of an omega function. In G. Williams, *Internal Landscapes and Foreign Bodies: Eating Disorders and Other Pathologies*, London: Duckworth.

Wing, L. e Attwood, A. (1987) Syndromes of autism and atypical development. In D. Cohen e A. Donnellan (eds.) *Handbook of Autism and Pervasive Developmental Disorders,* New York: Wiley.

Winnicott, D. W. (1945) Primitive emotional development. In D. W. Winnicott (1958) *Collected Papers: Through Paediatrics to Psyco-analysis*, London: Tavistock.

Winnicott, D. W. (1949) Hate in the countertransference, *International Journal of Psychoanalysis*, 30:69-74.

Winnicott, D. W. (1953) Transitional objects and transitional phenomena: a study of the first not-me possession, *International Journal of Psychoanalysis*, 34:89-97.

Winnicott, D. W. (1954) The depressive position in normal emotional development. In D. W. Winnicott (1958) *Collected Papers: Through Paediatrics to Psyco-analysis*, London: Tavistock.

Winnicott, D. W. (1960) The theory of the parent-infant relationship. In D. W. Winnicott (1965) *The Maturational Processes and the Facilitating Environment*, London: Hogarth.

Winnicott, D. W. (1963) The Capacity for concern. In D. W. Winnicott (1965) *The Maturational Processes and the Facilitating Environment*, London: Hogarth.

Winnicott, D. W. (1971) *Playing and Reality*, London: Tavistock.

Wittenberg, I. (1975) Primal depression in autism – John. In D. Meltzer, J. Bremner, S. Hoxter, D. Weddell e I Wittenberg, *Explorations in Autism: A Psycho-analytical Study*, Strathtay: Clunie.

Wolff, P. H. (l965) The development of attention in young infants. In L. J. Stone, H. T. Smith e L. B. Murphy (eds.) (1974) *The Competent Infant: Research and Commentary*, London: Tavistock.

Wollheim, R. (1971) *Freud*, London: Fontana.

Woods, J. (2003) *Boys who Have Abused: Psychoanalytic Psychotherapy with Victim/Perpetrators of Sexual Abuse*, London: Jessica Kingsley.

Wrye, H. K. e Welles, J. K. (1989) The maternal erotic transference, *International Journal of Psychoanalysis*, 70:673-684.

Apêndice

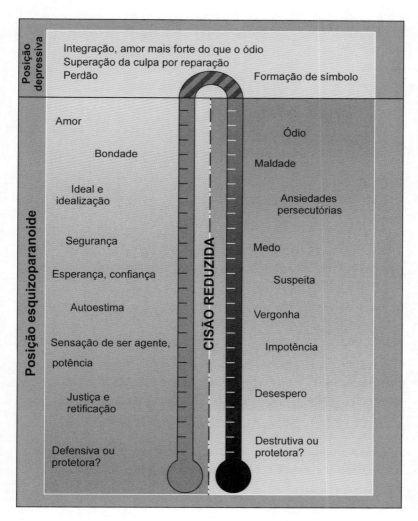

Figura A1 – Estados de integração/preocupação: momentos em que o senso de bondade é mais forte do que o de maldade.

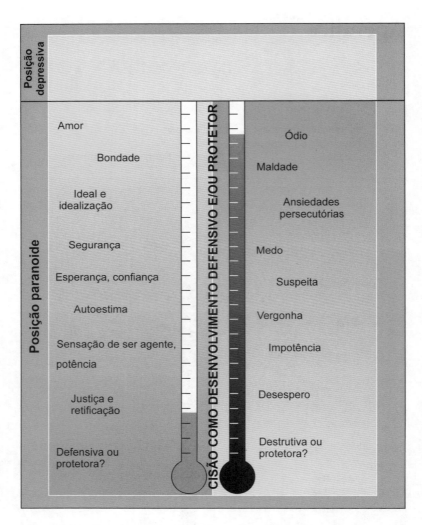

Figura A2 – Estados paranoides e/ou persecutórios: momentos em que o senso de bondade é fraco demais para superar o da maldade.

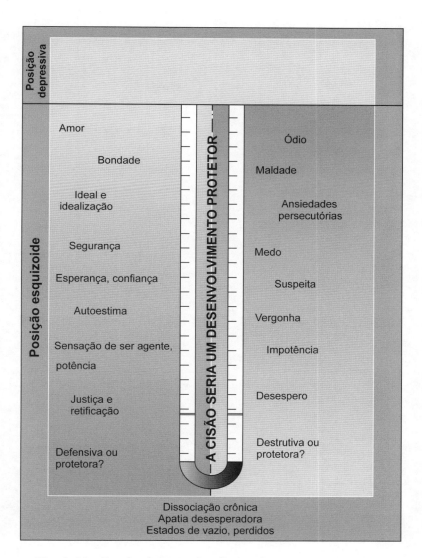

Figura A3 – Estados de vazio e/ou dissociados: momentos em que os sensos de bondade e de maldade são ambos extremamente fracos.

Índice

Abello, N. 82, 120, 343
abundância 39, 59, 64, 82
Acquarone, S. 116, 343
agressividade predatória 176
Além das nuvens (Antonioni) 99, 256
Além do princípio do prazer (Freud) 221
Aitken, K. J. 303, 317, 375
Alhanati, S. 219, 343
alteridade 115, 181, 217, 220, 263, 265
Alvarez, Alfred 87, 90, 342, 343
Alvarez, Anne 29, 34, 35, 49, 62, 116, 126, 135, 150, 173, 206, 207, 213, 230, 234, 235, 245, 264, 269, 274, 277, 281, 283, 285, 291, 299, 302, 306, 307, 308, 316, 317, 318, 324, 342, 343
anacruse 108, 113, 115, 118
Anderson, J. 203
Aprender com a experiência (Bion) 109, 111
aprendizagem: deficiência 39; de experiências prazerosas 18, 279; da realidade 120; frustração e 125, 128, 132; teoria 18

Assalto ao 13º DP (filme) 168
"Ataques aos vínculos" (Bion) 106, 110, 261
atenção em primeiro plano/no plano de fundo 67, 81
atraso de desenvolvimento 20, 55, 70, 160, 292
Attwood, A. 49, 377
ausência 107, 120, 141-143, 275
autismo 11-13, 23, 28, 33, 39, 49, 82, 107, 173, 213, 260, 295, 299, 320
autoestima 189
auto-observação 203

Balint, M. 128, 190, 191, 194, 346
Baron-Cohen, S. 308, 346
Barrows, P. 316, 346
Bartram, P. 107, 346
Bateman, A. W. 191, 204, 346
Beebe, B. 102, 141, 151, 263, 303, 305, 306, 318, 337, 346
Beren, P. 195, 196, 347
Bergstein, A. 54, 326, 347

Bick, E. 53, 234, 241-257, 264-266, 347
Bion, Parthenope 111
Bion, W. R. 18, 24, 27, 30, 31, 34, 37-40, 42, 43-44, 48, 53, 55, 69, 84, 88-89, 105-106, 108, 111-116, 125, 128-131, 140-142, 145, 147, 149, 150, 157, 159, 161, 171, 174, 180, 206, 220, 234, 244, 249, 250, 252, 256, 261, 263, 265, 270, 272, 294, 297, 302, 316, 326, 327, 335, 347
Biven, Lucy 19, 334-336, 366
Blake, P. 24, 348
Blomberg, B. 252, 348
Bloom, K. 324, 348
Bonasia, R. 215, 348
Border trilogy, The (McCarthy) 271
"botão, O" (Donne) 342
Botella, C. 24, 348
Botella, S. 24, 348
Bower, T. G. R. 108, 275, 348
Bowlby, J. 49, 136, 162, 301, 349
Boyers, Bryce 14, 349
Braten, S. 249, 349
Brazelton, T. B. 52, 69, 118, 119, 251, 263, 264, 265, 308, 349
Brendel, Alfred 93, 116, 349
Brincadeira, A (The Joke) (Kundera)
brincar com/em nome de 68, 91, 102, 275, 294, 297, 308
brincar de girar 229
brincadeira de se aproximar 107, 114
brincadeira sem sentido 271, 284
brincadeira viciante/frenética 271, 275, 276, 287, 291, 297
brincar; e formação de símbolo 275, 280; perverso 271, 275, 276, 287, 291; sem sentido 271, 284; e sintaxe 106, 116; transicional 275, 287, 291; viciante/frenético 271, 275, 276, 287, 291, 297
Britton, R. 38, 68, 111, 191, 201, 204, 225, 232, 233, 349

Brody, H. 272, 349
Brontë, C. 272, 291
Brontë, E. 175, 349
Broucek, F. J. 60-64, 191, 192, 199, 203, 205, 350
Bruner, J. 15, 37, 38, 59, 60, 63, 64, 67-69, 81, 102, 107, 150, 275, 278, 279, 304, 305, 350
Bucci, W. 87, 88, 341, 350
Buck, R. 333, 350
Burhouse, A. 304, 305, 350
busca de cuidado/holding 233, 249, 256, 257

caminhar e pensar 83, 100
capacidade e linguagem triádica 304
Caper, R. 277, 350
Carbone, Luisa 331
Caspi, A. 202, 371
causalidade 60
Centro Sainsbury de Saúde Mental 322
Centro Sure Start 323
Chamberlain, Ted 271
Chatwin, Bruce 168, 350
Chiu, A. W. 324, 350
Cidade de Deus (filme) 202
cisão (*splitting*) 47, 108-110, 136, 151, 155, 175, 241, 260, 379-381
clínicos gerais 321-322
Clínica Tavistock 65, 341
coesão do ego 245
Cogitações (Bion) 111
cognição *ver* pensar/pensamentos
Cohen, M. 249, 351
Collis, G. M. 151, 351
Companhia viva (Alvarez) 7, 12, 277
complexidade 21, 53, 99, 102, 159, 325, 326
compressão de pensamentos 105
condensação 177, 185

Conferências introdutórias (Freud) 194
conluio 74, 139, 144, 153, 163, 175, 177, 185, 227, 271, 293, 317
consciência 24, 46, 108, 156, 169, 175, 198, 311
contato visual 115, 289, 290, 308, 309, 310, 314, 329
continência 18, 31, 41, 43, 49, 53, 55, 111, 147, 148, 157, 233, 247, 254, 255, 256, 316, 327, 329, 332; funções de 18, 162, 242; *versus* responsabilidade pessoal 251
contínuo de níveis 15, 23, 48; e formação de símbolo 271, 280, 291; patologia 150, 171, 191; terapia 31 *ver também* nível descritivo/ampliação; nível explicativo; nível vitalizante/intensificado
contratransferência 17, 18, 31, 50, 53, 84, 139, 147, 150, 177, 184, 192, 202, 209, 215, 223, 291, 299, 306, 311, 319, 326, 329, 337 *ver também* transferência
Cooper, P. J. 279, 332, 363
Corboz-Warnery, A. 120, 353
Cottis, T. 215, 292, 351
Crapanzano, V. 218, 232, 351
crueldade 17, 76, 170, 172, 180, 186, 288, 292, 329
curiosidade 18, 44, 47, 60, 69, 141, 194, 232, 248, 252, 279, 280, 305, 334, 335

Davies, J. M. 215, 223, 224, 225, 233, 351
Dawson, G. 308, 351
De Bellis, M. D. 254, 351
defesas 12, 25, 246; desintegração 246; desvalorização 194; e frustração 126, 135; e superação 135, 146, 162
déficit duplo 190, 208
déficit *versus* conflito 191
déficits de comunicação 300, 306
DeJong, M. 322, 351

Demos, V. 303, 305, 351
desacelerar 18, 43,113
descansos e pausas 102, 117
desejos e necessidades 145
desespero 12, 33, 36, 45, 49, 55, 125, 135, 140, 158, 249, 321, 379, 380, 381; e brincar 183; e contínuo de níveis 23; e estados psicopáticos 17, 172; e imperativos morais 37, 145; e senso de realidade 8, 125; posições esquizoparanoides 162
desenvolvimento do ego 17, 26, 28, 37
desintegração defensiva 241, 245, 248
desistir 51, 245
destrutividade 21, 111, 132; Billy 181; diferenciação clínica 148, 167; Peter 174; Sarah 170
Director, L. 34, 352
dissociação 23, 28, 33, 42, 51, 180, 25, 246, 254, 264, 270, 321, 325, 327, 381
Divino, C. 333, 352
Docker-Drysdale, B. 178, 179, 180, 352
dopamina 18, 141, 151, 334-337
Dreyer, V. 263, 352
DSM-IV/DSM-V 133, 322
Dylan, Bob 34, 352

Edwards, Judith 33, 35, 51, 134, 135, 221, 232, 340, 352
elementos espaciais 91
elementos temporais 91
emoção 270, 289, 305: e dissociação 180; e pensar 88, 128, 130; e pensar/sentir em dois trilhos 16, 59
equação simbólica 130, 151, 178, 222, 275, 281284, 287
escala de avaliação do comportamento neonatal (NBAS) 247, 264
escuta 10, 103, 251, 288, 300, 305
esperanças/aspirações 12, 18

estados *borderline* 11, 12, 17, 23, 36, 40, 47, 55, 98, 132, 146, 150, 152, 159, 160, 167, 172, 173, 182, 204, 276
estados de vazio/esvaziamento 381
estados neuróticos 17, 37, 55, 145, 172
estados organizados 247
estados psicopáticos 8; e estados *borderline*/neuróticos 36, 146, 159; problemas técnicos 177
estados psicóticos paranoicos 14
estudos de caso: Adam 137; Alice 65; Ângela 78; Billy 180; Daniel 112; Danny 92; David 226; Dean 133; Donald 91; Harriet 255; Jacob 209; Jean 94; Jesse 330; Jill 44; Joel 134; Johnny 295; Joseph 309; Leonard 335; Linda 197; Michael 231; Nicola 237; Paul 70; Peter 197; Richard 153; Robbie 28, 49; Ruth 287; Samuel 111; Sarah 170; Toby 207, 236
"Experiência da pele nas relações iniciais de objeto, A" (Bick) 242

Fairbairn, W. R. D. 244, 320, 352
fantasias: e aprendizagem da realidade 86; e pensar 83; e pensamentos 85, 87; de vingança 45; e caminhar 83
Feldman, M. 18, 24, 54, 145, 148, 171, 337, 353
Ferro, A. 209, 286, 353
fetichismo 291
First, E. 151, 352
Fitzgerald, Anna 164, 353
Fivaz-Depeursinge, E. 120, 353
Fogel, A. 69, 303, 353
Fonagy, P. 24, 150, 259, 277, 278, 353
formação de símbolos 15, 17, 32, 37, 222, 233, 273, 274; contínuo de níveis 280; e brincar 275
fragmentação 17, 173, 252, 260, 320
fraqueza do ego 244

Freud, Anna 25, 29, 131, 147, 153
Freud, Sigmund 8, 18, 20, 31, 40, 44, 46, 47, 55, 62, 86, 107, 108, 125, 128, 132, 142, 144, 190, 193, 216-219, 221, 243, 272, 275, 291, 317, 324, 335, 354
Frick, P. J. 169, 355
frustração 40, 45, 107, 120, 275; defesas aparentes contra 126, 135; excessiva 132; e aprendizagem 44, 125, 130; psicologia e teorias de 127
função alfa 42, 45, 89, 111, 119, 130, 143, 180, 253, 257, 259, 264, 297, 338
função preservada no autismo 302
Furtwängler, Wilhelm 93

Gabbard, G. O. 204, 223, 355
Gampel, G. 337, 355
Gattermann, Ludwig 13
Gerhardt, S. S. 19, 28, 88, 102, 334, 356
Gerrard, J. 216, 223, 225, 356
Glover, E. 40, 42, 91, 102, 356
Glover, Savion 91
grandiosidade 171, 199
Green, A. 34, 221, 222, 233, 356
Greenspan, S. I. 53, 356
Grotstein, J. 109, 147, 157, 273, 297, 356

Hamilton, V. 35, 195, 199, 209, 357
Hand, Helen 132, 357
Hartmann, E. 26, 345
Hawthorne, J. 247, 357
Herbert, Zbigniew 143, 165, 357
Hinshelwood, R.D. 190, 357
hiperatividade 53, 264, 289
Hobson, R. P. 88, 220, 302, 303, 357
Hopkins, J. 42, 152
Horne, A. 24, 337, 357
Houzel, D. 307, 358
Hubley, P. 68, 102, 141, 151, 206, 305, 308, 375

Hughes, Robert 11, 46, 353
Hurry, A. 25, 358
Hutt, C. 279, 358

idealização 27, 126, 136, 138, 148, 198, 242, 330, 379, 380, 381
identificação 27, 34, 41, 47, 64, 155, 194, 208, 222, 233, 316, 320, 328 *ver também* identificação projetiva
identificação empática 47
identificação projetiva 31, 41, 43, 94, 136, 145, 147, 148, 161, 185, 194, 229, 303; gramática da 48, 150
ilusão/desilusões 40, 61, 128, 151, 280
imaginação 90, 128, 269, 271, 277
imperativos morais 145, 164
insight 23, 25, 36, 43, 173, 243, 332
integrações 53, 217; como precondição para condição de relação de objeto 249; estados esquizoparanoides 241; pré-depressivas/pré-edipianas; questões técnicas 232 *ver também* desintegração; não integrações
intencionalidade 60, 62, 243, 244
internalização 27, 88, 107, 126, 142, 143, 209, 222, 301, 303, 320
interpretações de desmascaramento 153
interrupções em terapia 59, 113, 134, 137, 157, 159, 251
introjeção 12, 26, 27, 40, 107, 126, 139, 142, 161,
Isaacs, Susan 85, 88, 130, 273, 275, 358

James, W. 218, 358
Jane Eyre (Charlotte Brontë) 272, 387
Jogo de emoções (filme) 168, 387
jogo verdadeiro 309
Jonas, H. 60, 358
Jones, E. 217, 358

Joseph, Betty 24, 31, 35, 41, 43, 145, 148, 162, 171, 175, 202, 213, 270, 276, 291, 307, 324, 358
justiça, senso de 164

Kanner, L. 307, 359
Kennell, J. H. 265, 360
Kernberg, O. 191, 192, 196, 199, 204, 212, 344
Kernberg, P. 191, 192, 196, 199, 204, 212, 344
Klauber, T. 339, 344
Klaus, M. H. 265, 360
Klein, Melanie 8, 16,, 21, 24, 27, 29, 30, 31, 38, 55, 61, 62, 68, 85, 126, 127, 128, 130, 131, 133, 135, 136, 138, 140, 144, 145, 158, 160, 162, 171, 190, 191, 194, 211, 216, 219, 220, 221, 232, 233, 242, 244, 248, 249, 253, 266, 272, 273, 274, 275, 276, 301, 303, 305, 320, 360
Klein, Sydney 159, 161
Kleitman, N. 44, 161
Knoblauch, S. 100, 361
Kohut, H. 62, 147, 205, 361
Koulomzin, M. 303, 361
Krech, David 69, 387
Kundera, M. 45, 163, 181, 362
Kut Rosenfeld, S. 153, 362

Lachmann, F. M. 29, 102, 141, 147, 151, 191, 192, 205, 263, 318, 337, 346
Lahr, John 91, 362
Lanyado, M. 24, 337, 362
Laznik, M. C. 233, 362
linguagem 24, 52, 109, 114, 151, 226, 229, 299; desenvolvimento 100, 300; e competências triádicas 304; e motilidade; protocomunicação 102, 303;
"linguagem e o esquizofrênico, A" (Bion) 108

Lee, A. 302, 308, 345
Leichsenring, F. 323, 362
Leslie, A. M. 301, 302, 362
Levi, Primo 13, 14, 362
Lewy, A. 308, 351
Lia, Marinella 340
Likierman, M. 219, 253, 320, 362
Lubbe, T. 148, 362
Lupinacci, M. A. 219, 232, 233, 362
Lynd, H. M. 192, 199, 206, 235, 363

Mack, Beverley 65, 349
Magagna, J. 249, 363
Mahler, M. 40, 140, 211, 363
Maiello, S. 89, 363
Main, M. 69, 118, 119, 150, 251, 263, 265, 308, 363
Malloch, S. 103, 118, 352
"manhês" 299, 308, 309, 316
Marwick, H. 299, 375
masoquismo 217
McLean, John 34
Meloy, J. R. 176, 363
memórias em sentimentos 24
Mendes de Almeida, M.
métodos de vitalização *ver* nível vitalizante/intensificado
Midgley, Nick 322
Miller, L. 70, 249, 272, 308, 364
Miller, S. 53, 256, 364
mindfulness 81
mito de Édipo 128, 232
Mitrani, J. L. 129, 364
modificar a realidade 115
Money-Kyrle, R. 148
monitoramento com o olhar 304
Moore, M. S. 26, 241
Morro dos ventos uivantes, O (Emily Brontë) 155, 272

motilidade: e desenvolvimento da linguagem 72; e pensar 91; e pensamentos 92
Muppet Show, The 105
Murray, Linne 78, 87, 275, 279, 308, 332, 365
Music, G. 35, 127, 132, 325, 365

não integração por desamparo 241, 242, 243, 254, 256
não integrações 241, 245, 246, 248, 249, 260, 320; desamparo 241, 242, 243, 254, 256; e coesão do ego inicial 263; e integrações anteriores 243; prioridade de necessidades 252
narcisismo 45, 197; consequência da recuperação 212; definição 190; história pregressa 193; questões técnicas 204, 205; subtipos de 189, 196, 205
narcisismo aparente 189, 205
narcisismo primário 40, 128,
narcisismo viciante 199, 202
"Natureza e a função da fantasia, A" (Isaacs) 85
necessidades 55, 129, 150; e desejos 145, 152; prioridades 250
negação 12, 92, 136, 161, 164, 177, 184, 278
Negri, R. 247, 365
Nesic, Tanya 35
Newson, J. 303, 365
neurociência 19, 28, 84, 319, 332, 335
nível descritivo/ampliação 31, 39, 81, 123, 324, 334
nível explicativo 31, 33, 57, 293, 320
nível vitalizante/intensificado 33, 81
Nugent, J. K. 52, 251, 264, 349

objeto bom/mau 27, 131, 133, 134, 136, 138, 140, 167, 175, 186, 252, 253, 274
objeto desvalorizado 19, 29, 33, 55, 189, 191, 230, 265
objeto ideal 126, 130, 139, 160, 161, 243, 281
objeto indiferente 190, 208
objeto não responsivo 205
objeto não valorizado 19, 29, 33, 189, 191, 230, 265
objeto parcial 254, 328
objetos internos 83, 84, 86, 96, 100, 129, 138, 147, 160, 185, 189, 204, 211, 301; bom/mau 138; desvalorizado 192; e brincar 270; e imperativos morais 147; ideal 139; indiferente 190; invejoso 203; não responsivo 205; não valorizado 19, 53, 55; obtuso 194; parcial 254; presente 89; vigilante 190
objeto invejoso 190
objeto vigilante 190
Ogden, T. H. 209, 286, 365
Onde os fracos não têm vez (filme) 172
opiáceos 18, 141, 151, 334
O'Shaughnessy, E. 132, 220, 242, 265, 364

pacientes com Asperger 35, 213
pacientes de pele fina/pele grossa 201, 204
"paiês" 299, 309, 316
"pangolim, O" (Moore) 241
Panksepp, J. 19, 27, 141, 334, 335, 336, 337, 365
Papousek, H. 61, 234, 246, 308, 366
Papousek, M. 61, 234, 246, 308, 366
parênteses, pensar entre 37, 60, 64, 67, 81, 150
passividade 45, 49, 52, 62, 75, 234, 245, 311
peekaboo 296

pensamento/sentimento em um trilho 59
pensar em sequência 105; obstruções e desenvolvimento para 83; questões técnicas 98
pensar em voz alta 258
pensar/pensamentos: compressão de múltiplos 105; descompressão e vínculos entre 105; e emoção 130; mantido em reserva 37, 67, 150; e motilidade 91; e fantasias 83; e experiências prazerosas 27 *ver também* pensar/sentir em dois trilhos
pensar realista 89, 90
pensar/sentir em dois trilhos 13, 16, 100, 126, 152; condições cognitivas/emocionais para 17, 59
Perez-Sanchez, M. 82, 120, 343
Perry, B. 28, 49, 133, 246, 289, 325, 332, 366
perversão/perversidade 19, 55, 186, 226, 291
perversidade polimorfa 216
pesquisa do cérebro *ver* neurociência
Pessoa, Fernando 300
Phillips, A. 220, 366
Pick, I. 338, 366
Pierazzoli, Tiziana 34
Pine, F. 47, 211, 363, 366
posição depressiva 16, 21, 37, 89, 135, 160, 162, 172, 179, 187, 191, 211, 212, 222, 245, 253, 266, 274, 342
posições esquizoides *ver* posições esquizoparanoides
posições esquizoparanoides 18, 21, 47, 131, 135, 160, 162, 191, 212, 221; integrações 241
posições perseguidas 21, 171, 285
posturas terapêuticas 15
potência 62, 146, 150 190, 208, 234, 237, 283, 316, 326, 379, 380 381

prazer 27, 39, 60, 61, 101, 127, 137, 235, 238, ; ativo que provoca pensamento 140; necessidade de 138
preparações e prelúdios 118
presença 107, 120, 140, 210,
problemas pré-edipianos 222
progressos da psicanálise, Os (Riviere) 85
projeções, *timing* de retorno 32, 43, 45
protocomunicação 316
psicologia bipessoal 90, 148, 193
psicoterapia de "manual" 325
pulso de motivação intrínseca (IMP) 103
pulsões parciais 217, 218, 220

questões técnicas 231; e características psicopáticas 185; e desenvolvimentos teóricos 148; e identificação projetiva 148; e neurociência 332; e pensamento em sequência 98; estados *borderline* e psicopáticos 12, 177; integrações 248, 254; narcisismo 204, 212

Rabung, S. 323, 362
Racker, H. 147, 366
realidade: aprendizagem da 120; hostilidade em relação a 108; possibilidade de modificar 115; senso de 8, 40, 125
realizações 34, 131, 142, 294
reclamação 8, 11, 29, 34, 49, 90, 269, 318
recuperação: consequências da 212; pequenos sinais 17, 224
Reddy, V. 61, 63, 206, 234, 235, 283, 366
regulação; da frustração
Reid, S. 35, 51, 52, 55, 62, 117, 150, 249, 264, 269, 291, 295, 302, 306, 307, 323, 324, 339, 345, 367
relações de objeto 60, 191, 221; e integrações 263, 266
relações triádicas 308

Resnik, S. 212, 367
retificação 45, 162, 379, 380, 381
revezamento na conversa 83, 99
Rey, Henri 204, 367
Rhode, M. 81, 82, 307, 367
ritmo, senso de 102
Riviere, Joan 85, 87, 88, 90, 273, 274, 361, 367
Rizzolatti, G. 249, 367
Robarts, J. 107, 324, 368
Robertson, R. 255, 368
Rocha-Barros, E. M. da 26, 27, 273, 368
Rochat, P. 305, 373
Rodrigué, E. 252, 368
Rosenfeld, H. 145, 148, 153, 171, 191, 192, 193, 194, 195, 201, 202, 204, 209, 362
Roth, P. 17, 25, 368
Rustin, M.E. 339, 341, 368

sadismo 108, 111, 157, 158, 159, 169, 194, 217, 271, 293
Salo, Frances 314, 369
Sandler, A. M. 25, 86, 219, 369
Sandler, Joseph 25, 86, 136, 147, 162, 164, 219, 369
Sander, L. 24, 40, 250, 369
Sanville, J. 295, 370
Scaife, M. 304, 370
Schafer, R. 30, 88, 370
Schore, Allan 19, 24, 27, 28, 41, 42, 99, 102, 127, 141, 246, 254, 258, 329, 332, 333, 334, 370
Search for Roots, The (Levi) 13, 362
Searles, H. 48, 223, 224, 370
Segal, H. 38, 128, 130, 133, 137, 150, 160, 178, 192, 222, 271, 273, 274, 275, 280, 281, 283, 297, 324, 330, 370
segurança: necessidade de 138
self supervalorizado 205

sensação de ser agente 59
sentimento: acesso a 13; e dependência infantil 181; memórias em 24; *ver também* emoção: e dissociação; e pensar; e pensar/sentir em dois trilhos
sentimentos infantis de dependência 183
Serviço Nacional de Saúde (National Health Service) 321
settings 9
sexualidade: caótica 230; contratransferência normal 223; desenvolvimento edipiano atrasado 208; desenvolvimento teórico 216; papel do objeto parental 236; perversa 215, 226; questões técnicas 232
sexualidade pós-edipiana 238
Shakespeare, W. 142, 227, 371
Shedler, J. 323, 371
Sherwood, V. 107, 275, 278, 279, 350, 375
Shiner, R. 202, 371
Siegel, D. J. 86, 102, 253, 332, 333, 371
significado: e sintomas 324; formas de atribuir 325; insistência no 19, 33, 269; sobrecarga 180, 186
Sinason, V. 227, 371
Sindicato de ladrões (filme) 328
sintaxe: brincar e 106, 116
sistemas dinâmicos 101
situações/relações edipianas 82, 116, 120, 198
Slade, A. 277, 298, 371
Smith, L. B. 101, 374
"Sobre o desenvolvimento do funcionamento mental" (Klein) 221
Solms, M. 219, 335, 371
sonhos 18, 26, 90, 91, 110, 129, 216, 271, 272, 276
Sonuga-Barke, E. J. S. 332, 371

Sorenson, P B. 117, 248, 371
Spillius, E. B. 131, 145, 148, 171, 358
Sprince, M. 153, 362
Steinberg, Beth 14
Steiner, J. 24, 31, 35, 41, 43, 47, 48, 149, 251, 372
Stern, D. 24, 32, 41, 55, 69, 107, 118, 141, 142, 150, 151, 180, 249, 262, 263, 265, 278, 290, 303, 305, 306, 317, 335, 372
Sternberg, J. 249, 373
Stolorow, R. D. 29, 147, 191, 192, 205, 373
Strachey, J. 190, 338, 354
Strathearn, L. 325, 373
Striano, T. 305, 373
superação e defesas 135
surpresas 40, 126, 132, 141
suspenses 115, 117, 121, 287
Sylva, K. 279, 373
Symington, J. 241, 242, 245, 252, 374
Symington, N. 88, 175, 177, 178, 185, 203, 374

Tansey, Lorde 217, 391
Target, M. 24, 259, 354
teoria/pesquisa de desenvolvimento 221, 299
"teoria do pensar, Uma" (Bion) 111
Thelen, E. 101, 374
timing de retorno das projeções 32, 43, 45
Tomassini, Luciana 211
Tompkins, S. 60, 374
transferência 17, 24, 84, 91, 126, 139, 156, 157, 180, 185, 193, 202, 215, 254, 306, 327, 331, 339, 341
transformação 19, 31, 55, 93, 147, 222, 256, 327
transtorno de desenvolvimento autístico pós-traumático 323

transtorno traumático evolutivo 323
transtornos de personalidade 203
Tremelloni, L. 213, 374
"Três ensaios sobre a teoria da sexualidade" (Freud) 194
Trevarthen, C. 28, 32, 41, 63, 68, 102, 118, 141, 151, 206, 234, 235, 249, 278, 299, 303, 305, 306, 308, 315, 317, 363, 374
Tronick, E. 46, 152, 305, 375
Trowell, J. 321, 375
Tuch, R. H. 24, 375
Turnbull, O. 219, 371
Tustin, F. 49, 55, 281, 306, 307, 324, 371, 375

urgência, senso de 34
Urwin, C. 28, 69, 88, 228, 304, 376

Van der Kolk, B. 133, 323, 376
Viding, E. 169, 376
vínculo conjuntivo 112
vínculos entre pensamentos 105

violência viciante 169
vontade 60, 70, 288
Vygotsky, L. 278, 376

Waddell, M. 252, 376
Wakschlag, L. S. 322, 376
Waska, R. T. 203, 212, 376
Welles, J. K. 215, 378
whatness 14, 15, 32, 55, 125, 143
White, S. F. 169, 355
Who is the dreamer who dreams the dream? (Grotstein) 273
Williams, A. H. 175, 376
Williams, G. 17, 54, 377
Wing, L. 49, 356
Winnicott, D. W. 32, 40, 41, 42, 55, 61, 128, 136, 140, 178, 184, 255, 257, 271, 272, 275, 280, 282, 283, 294, 295, 297, 32, 338, 340, 377
Wittenberg, I. 244, 364, 378
Wolff, P. H. 143, 251
Woods, J. 215, 292, 378
Wrye, H. K. 215, 378